BIBLIOTHÈQUE BLEUE

LES
QUATRE FILS AYMON

suivis de

JEAN DE CALAIS

et de

GENEVIÈVE DE BRABANT

TOME PREMIER

PARIS
GARNIER FRÈRES, LIBRAIRES-ÉDITEURS

BIBLIOTHÈQUE BLEUE

LES

QUATRE FILS AYMON

SUIVIS DE

JEAN DE CALAIS

ET DE

GENEVIÈVE DE BRABANT

Paris. — Imprimerie de P.-A. BOURDIER et Cie, rue Mazarine, 30.

BIBLIOTHÈQUE BLEUE

— 3 —

LES

QUATRE FILS AYMON

SUIVIS DE

JEAN DE CALAIS

ET DE

GENEVIÈVE DE BRABANT

TOME PREMIER

PARIS

GARNIER FRÈRES, LIBRAIRES-ÉDITEURS

PALAIS-ROYAL, 215 — RUE DES SAINTS-PÈRES, 6

LES

QUATRE FILS D'AYMON

HISTOIRE HÉROIQUE

CHAPITRE PREMIER

Charlemagne envoie Lothaire, son fils, sommer le rebelle duc d'Aigremont. — Horrible félonie du duc. — Charlemagne fait chevalier les quatre fils d'Aymon, et s'apprête à venger l'assassinat de Lothaire. — Les fils d'Aymon, parents de l'assassin, quittent la cour de Charlemagne, pour ne pas être obligés de combattre contre lui. — Accueil que leur fait leur mère. — Le duc d'Aigremont vient au-devant de Charlemagne, est vaincu, et demande grâce pour ses sujets au vainqueur. — Clémence héroïque de Charlemagne.

Charlemagne venait de terminer contre les Sarrasins une longue et sanglante guerre. Il avait mis à mort leur chef, et avait remporté une victoire complète. Il jouissait au milieu d'une cour brillante et nombreuse des douceurs de la paix et de l'amour de ses peuples. On se consolait au sein des plaisirs et des fêtes de la mort des seigneurs et des grands capitaines que le fer avait moissonnés. Paris était le rendez-vous de toutes les nations. Les arts que ce monarque protégeait, le luxe et la politesse qui les accompagnent, y attiraient ce qu'il y avait de plus distingué en Allemagne, en Angleterre, parmi les Normands, en Lombardie, dans toutes les parties de la France, dans les royaumes voisins, et même parmi les peuples barbares qui s'étaient emparés de l'Italie.

Les douze pairs de France ornaient la cour de Charlemagne. Parmi ces plus vaillants guerriers, on distinguait le brave duc Aymon, prince des Ardennes, et ses quatre fils Renaud, Allard, Guichard et Richard, héros dont les exploits étaient connus aux deux bouts de la terre : Renaud était le plus renommé ; sa taille de sept pieds, et les justes proportions de son corps, le faisaient regarder comme le plus bel homme qu'il y eût au monde.

Charlemagne assembla ses chevaliers et ses barons, une des fêtes de la Pentecôte, et leur parla en ces termes : « Généreux chevaliers, chers compagnons de mes victoires, c'est à votre valeur que je dois les conquêtes rapides que j'ai faites ; par vous j'ai fait mordre la poussière au téméraire Sarrasin, et j'ai chassé loin de nos frontières cette nation infidèle et barbare. Il est vrai que nous avons perdu plusieurs braves chevaliers ; ils partageraient nos triomphes et notre gloire, si d'orgueilleux vassaux n'avaient pas refusé de venir combattre avec nous, quelques invitations que je leur en aie faites. Vous le savez, courageux duc de Bretagne, vous qui, au bruit de la trompette, accourûtes à notre secours ; et vous, brave Galerand de Bouillon, qui portiez l'oriflamme, vous Lambert de Berry, et vous Geoffroi de Bourdeille, braves soutiens d'un roi qui vous chérit, vous le savez, sans vous le Sarrasin vainqueur, après avoir subjugué l'Italie, aurait porté sa fureur et sa religion sacrilége au sein de votre patrie. Les refus obstinés de Gérard de Roussillon, et de ses deux frères, le duc de Nanteuil et le duc Beuves d'Aigremont, sont la cause de nos pertes ; ils nous ont empêchés de porter plus loin la terreur de nos armes. Nous aurions pu repousser jusqu'à sa source ce torrent de barbares qui s'est répandu dans l'Europe ; mais celui qui a témoigné le plus d'obstination est le duc de Beuves. Je me propose de le sommer encore ; et s'il refuse, j'irai, le fer et la flamme à la main, assiéger Aigremont, et quand je l'aurai en mon pouvoir, je jure de ne faire grâce ni à ce duc infidèle, ni à Maugis son fils, ni à sa femme, ni à ses vassaux. »

Le sage Naimes de Bavière, le Nestor de la cour de Charlemagne, arrêta sa fureur. « Sire, lui dit-il, quelque juste que soit votre ressentiment, avant de condamner le duc d'Aigremont, je crois qu'il est de votre sagesse de lui envoyer un homme qui réunisse la prudence et l'art de parler au cœur, afin qu'il lui remontre ses devoirs, et qu'il discute ses raisons. Un souverain ne doit employer la force contre ses ennemis qu'au défaut de tout autre moyen. Les querelles des rois intéressent les peuples. Que deux particuliers recourent à la vengeance, elle ne peut être funeste tout au plus qu'à deux hommes ; mais la mort d'un million de sujets est souvent la suite du courroux d'un seul. »

Charlemagne approuva la proposition de Naimes ; il attendit que quelque chevalier se présentât pour se charger de ce message ; aucun n'osait prendre sur lui une commission si délicate : d'Aigremont était craint ; d'ailleurs presque tous les chevaliers étaient ses parents, et le prince des Ardennes était son cousin.

L'empereur, voyant leur embarras, appela Lothaire son fils, et lui dit : « Mon fils, s'il était de la dignité d'un souverain d'aller lui-même demander à son sujet raison de sa révolte, je n'hésiterais pas un moment de partir ; l'injure qu'il fait à votre père retombe sur vous ; c'est donc à vous de vous charger de cette entreprise ; je ne vous dissimule pas qu'elle est dangereuse. Beuves est cruel et perfide ; mais vous êtes le fils de son roi ; vous êtes brave ; et si ces titres sacrés ne lui en imposaient point, je vous donne cent chevaliers à votre choix pour vous accompagner. Vous direz au duc d'Aigremont que je veux bien lui accorder trois mois pour faire ses préparatifs ; mais si après ce terme il ne se rend pas auprès de nous avec ses troupes, déclarez-lui que je le traiterai en ennemi ; que j'irai mettre le siége devant Aigremont ; que je renverserai ses murailles ; que je détruirai sa ville ; que je dévasterai ses campagnes ; que sur les débris de ses tours embrasées, je ferai couler le sang du père et du fils, et que je livrerai sa famille aux bourreaux. »

Lothaire s'inclina, nomma ses chevaliers, et le lendemain il alla prendre congé du roi, qui ne put retenir ses larmes en l'embrassant, comme s'il eût prévu le sort qui l'attendait. Toute la cour vit partir le jeune Lothaire avec regret, sans que personne osât néanmoins soupçonner Beuves d'être assez déloyal pour oser porter une main sacrilége sur le fils de son roi, revêtu par son père du titre sacré d'ambassadeur.

Le duc d'Aigremont fut bientôt informé par ses espions du départ de Lothaire ; il assembla son conseil, non comme un bon prince qui cherche dans les lumières de ses sujets l'avis le plus sage, mais comme un tyran qui ne rassemble ses esclaves que pour leur faire approuver les desseins les plus injustes. « De quel droit, leur dit-il, Charlemagne prétend-il me forcer à le secourir ? est-ce parce qu'il règne sur de plus vastes États que moi ? S'il mesure l'empire sur l'étendue, ne puis-je pas le mesurer sur l'obéissance aveugle de mes sujets ? S'il se croit mon souverain, parce qu'il pense être le plus fort, à quoi se réduit son titre, dès que je puis former les mêmes prétentions que lui ? Il est vrai que j'ai fait serment de lui obéir et de lui porter secours ; mais vous connaissez tous la valeur de ces serments politiques, arrachés presque toujours ou à la faiblesse des souverains, ou à l'impérieuse nécessité des circonstances, et dont l'effet cesse avec l'impuissance de repousser une force supérieure. Tel est le cas où je me trouve : souverain absolu de mes sujets, plus fort que Charles par la situation de mes États, plus fort encore par la valeur de Gérard de Roussillon, du duc de Nanteuil, et du prince des Ardennes mes frères, et surtout par l'intrépidité de mes quatre neveux, je crains peu les menaces que Lothaire vient me faire. Aussi n'est-ce pas sur le parti que je veux prendre que j'ai à vous consulter ; je demande vos avis sur la manière dont je dois recevoir les ordres qu'il m'apporte, et sur le degré de mépris que je dois lui marquer. Je lui dois des égards comme ambassadeur ; mais comme fils de souverain, je ne lui dois rien, et c'est dans ma cour qu'il vient me braver ! »

Un vieux et sage chevalier de la cour de Beuves, appelé Béon le Juste, qui n'avait jamais rampé devant la grandeur, se leva, et demanda la permission de parler avec liberté. Il fut d'avis que le duc reçût avec respect le fils de Charlemagne. Le duc jeta sur lui un regard d'indignation ; le chevalier, sans se déconcerter, reprit ainsi : « Seigneur, un souverain doit se respecter dans ses semblables ; plus vous honorerez Lothaire, et plus vous acquerrez de droits sur Charlemagne. Quant au refus d'obéir que vous

vous proposez de soutenir par les armes, je ne puis, sans trahir votre confiance, vous dissimuler les dangers auxquels vous vous exposez. La valeur et l'intrépidité de vos parents me sont connues ; je sais que vos sujets verseront jusqu'à la dernière goutte de leur sang pour vous défendre ; mais avez-vous fait attention aux troupes nombreuses que l'empereur peut mettre sur pied, aux puissants alliés qui viendront se joindre à lui au premier signal ? La valeur la plus éprouvée doit céder au nombre. Si vous êtes vaincu, quelle grâce pouvez-vous espérer d'un souverain courroucé, qui vous traitant en rebelle.... » Le duc l'interrompit avec fureur, et le menaça du plus cruel supplice. La duchesse, la larme à l'œil, et tombant aux genoux de son mari, le conjura de prêter l'oreille aux conseils de ses véritables amis, et de faire tous ses efforts pour rentrer en grâce avec le roi. Le duc, que ce mot de grâce irritait encore, jura que non-seulement il n'obéirait point, mais que si Lothaire osait le menacer, il s'en vengerait de la manière la plus sanglante.

Le château d'Aigremont était situé sur un rocher inaccessible, entouré d'un mur impénétrable et de hautes tours; sa situation et sa force ne laissaient craindre à ceux qui le défendaient que la famine ; un fleuve coulait au pied de ses remparts. Lothaire n'avait jamais vu de forteresse si redoutable. « Monseigneur, lui dit un de ses chevaliers, le roi est le plus puissant prince de la terre; mais à quoi sert la valeur quand la victoire est impossible? Cette forteresse inexpugnable renferme autant de guerriers qu'en a votre père. Ah! plût à Dieu que Beuves et lui pussent s'accorder. Beuves est orgueilleux et fier, et les menaces de l'empereur ne sont pas moins humiliantes que terribles; annoncez-lui les ordres dont vous êtes chargé avec la plus grande douceur, affaiblissez-en l'amertume. Nous sommes cent chevaliers prêts à périr pour vous, s'il osait vous insulter; mais que pouvons-nous contre les forces de Beuves? » Lothaire approuva la sagesse du chevalier, quoique bien résolu de remplir sa commission avec exactitude, et de ne pas souffrir impunément le moindre outrage.

A peine le duc eut-il renvoyé son conseil, que Lothaire se présenta devant le château d'Aigremont; il y fut introduit avec ses cent chevaliers : on le conduisit au palais qui était rempli de troupes. Le duc l'attendait sur un trône, ayant à ses côtés la duchesse et son fils. Lothaire le salua et lui dit : « Charlemagne, qui connaît votre valeur, est étonné du refus que vous faites de lui donner le secours que vous lui devez; il m'envoie pour vous demander le motif de ce refus. Sa bonté ne lui a pas permis d'en venir avec vous aux dernières extrémités, sans s'être bien assuré de vos vrais sentiments. S'ils sont tels qu'il le désire, il est prêt à tout oublier et à vous rendre son amitié. Si au contraire vous persistez dans votre désobéissance, attendez-vous à une guerre qui ne finira que par la ruine de vos sujets, et peut-être par celle de toute votre famille ; car qui peut prévoir jusqu'où peut aller la colère d'un roi qui se croit méprisé ? Charles se doit à soi-même cette vengeance ; il la doit à la mémoire de tant de chevaliers dont votre défection a causé la mort dans les champs de la Lombardie. Le roi vous annonce donc par ma bouche qu'il attend une réponse positive ; et afin que vous ne puissiez pas l'accuser d'injustice ou de cruauté, il m'a ordonné de vous dire que si vous persistiez dans votre rébellion, il ne mettrait point de bornes à sa fureur ; qu'il détruirait vos villes et vos châteaux ; qu'il ferait passer vos sujets au fil de l'épée ; qu'il désolerait vos campagnes, et qu'il déclarerait une haine éternelle à tout ce qui vous appartient. »

Le duc d'Aigremont frémit de colère ; il jura de nouveau qu'il n'obéirait point à Charlemagne, et que dès ce moment il lui déclarait la guerre. Lothaire lui demanda s'il avait oublié qu'il était homme lige de l'empereur. Beuves le regarda avec un mépris insultant. « Malheur, dit-il, à l'insensé qui s'est chargé de l'ordre de Charles, jamais il ne lui rendra compte de sa commission. » Béon osa représenter à son maître le crime dont il allait se rendre coupable. Le duc le menaça lui-même, et lui imposa silence.

La duchesse prit le ciel à témoin qu'elle détestait cette action, et protesta qu'elle n'y avait aucune part. « Malheureux prince, s'écria Lothaire, tu cours à ta perte ; songes-tu que je suis le fils de ton roi, et que c'est dans ta propre cour que tu m'outrages ? Ah ! crois-moi, je t'en conjure, préviens les suites affreuses de ta félonie ; ton crime retombera sur ta famille et sur ton peuple ; il n'est pas de nation, quelque barbare qu'elle soit, qui ne se croie intéressée à laver dans le sang du dernier de tes sujets l'injure dont tu menaces tous les souverains dans ma personne. Beuves, sois plus jaloux de ta gloire ; songe que ton nom passera aux races futures, pour effrayer ceux qui seraient tentés de te ressembler. »

Beuves, dont la colère était à son comble, ordonna à ses chevaliers d'arrêter Lothaire. Ils parurent consternés de cet ordre ; mais, soit crainte ou désir de plaire à leur maître, un moment après ils mirent tous l'épée à la main. Ceux du jeune prince vinrent à son secours : bientôt la salle ruissela de sang. Au bruit des armes et aux cris des combattants, le peuple s'assemble autour du palais ; les chevaliers français en défendent l'entrée, et donnent la mort à tout ce qui se présente. Lothaire vendait chèrement sa liberté, il venait de jeter aux pieds de Beuves un chevalier qui l'attaquait. Beuves voulut venger sa mort ; Lothaire vole, l'atteint, et lui fait courir le plus grand danger ; mais sa chute même le sauve. Furieux à la vue de son sang, il se relève avec le secours du sage Béon, qui essaye en vain de le calmer ; il monte sur les marches de son trône, et profitant de l'avantage du terrain, il s'élance sur le jeune prince qu'entourait la foule ; il lui porte un coup si terrible, qu'il l'étend à ses pieds ; et pour mettre le comble à sa félonie, il lui coupe la tête de sa propre main. Il ne restait plus que vingt chevaliers français. D'Aigremont en fit égorger dix en sa présence, et consentit de laisser la vie aux dix qui restaient, à condition qu'ils se chargeraient de reporter à leur roi le corps de son fils, et de lui dire que c'était ainsi que le duc d'Aigremont recevait ses menaces ; que Charles devait s'attendre à le voir bientôt dans ses États à la tête de cent mille combattants, et que le plus fort serait alors le maître de faire souffrir au vaincu tel supplice qu'il jugerait à propos.

Cependant Charles était inquiet de ne pas recevoir des nouvelles de son fils ; il connaissait le caractère féroce du duc d'Aigremont. Aymon essayait de le consoler, et lui promettait d'aller lui-même tirer vengeance du perfide, s'il avait eu l'audace de manquer à ce qu'il devait au fils du roi. Charlemagne connaissait la fidélité d'Aymon, il voulut l'en récompenser ; et pour se l'attacher encore davantage, il ordonna de faire venir ses quatre fils, afin de les armer chevaliers. Aymon obéit, et le lendemain il les présenta au roi, qui fut surpris en voyant une si belle famille.

Renaud demanda d'être armé le premier; sa beauté, la noblesse qui caractérisait sa figure, le courage qui étincelait dans ses yeux, lui attirèrent l'estime de son maître. Charles se fit apporter les armes du roi de Chypre, qu'il avait tué de sa propre main devant Pampelune, et les donna à Renaud comme au plus brave; cette flamberge qui devint si redoutable dans les mains du vaillant Renaud, Charles la lui ceignit. Oger le Danois, son parent, lui chaussa les éperons, et le roi lui donna l'accolade. Renaud monta devant lui sur Bayard, ce coursier unique qui sans se fatiguer faisait dix lieues d'un seul trait : il avait été nourri dans le Brisgau, et Maugis, le fils du duc d'Aigremont, en avait fait présent à son cousin.

Lorsque les quatre frères eurent reçu l'ordre de chevalerie, le roi fit publier un tournoi pour eux. Plusieurs chevaliers s'y présentèrent, mais tout l'honneur du combat demeura aux quatre fils d'Aymon, et surtout au vaillant Renaud. Charles ne put s'empêcher de lui marquer son étonnement; il voulut qu'à l'avenir ce jeune héros combattît auprès de lui, et Renaud lui jura une fidélité à toute épreuve pour ses frères et pour lui.

Cependant l'empereur ne savait que penser de l'absence de son fils, il était dévoré d'un ennui secret, et mille songes effrayants troublaient son sommeil. Il communiqua ses inquiétudes à Naimes, qui, jugeant du duc d'Aigremont d'après la bonté de son propre caractère, rassurait le roi, qui de son côté s'accusait en secret des soupçons que l'amour paternel lui suggérait sur la loyauté du duc.

Un jour qu'ils se promenaient sur les bords de la Seine, ils virent de loin un chevalier couvert de deuil : Charles, qui le premier le reconnut pour l'un de ceux qui avaient accompagné Lothaire, pâlit; et se retournant vers Naimes : « Ah! Naimes, s'écria-t-il, mon fils n'est plus ; malheureux, c'est moi qui l'ai assassiné! ne devais-je pas connaître le perfide d'Aigremont? » Le chevalier s'approcha ; il avait encore le visage couvert de sang, et à peine pouvait-il parler. Il annonce à son maître la mort de Lothaire, et autant que ses larmes et ses sanglots peuvent le lui permettre, il raconte tout ce qui vient de se passer à la cour du duc ; il n'a pas encore fini son discours, qu'il tombe et expire aux pieds de Charles.

L'empereur, qui ne peut résister à ce spectacle, se jette dans les bras d'Oger le Danois, il inonde son sein de ses larmes en invoquant la mort. Le duc de Bavière embrasse les genoux de son maître. « Ah! sire, dit-il, ni vous, ni aucun de vos chevaliers, ni moi-même, n'eussions jamais pu prévoir une aussi détestable trahison. Il n'est aucun de nous qui ne donnât sa vie pour racheter celle de Lothaire ; nous le regardions tous comme un autre vous-même ; mais, après cet événement funeste, nos regrets et nos plaintes ne sont qu'un témoignage inutile de notre amour : les arrêts du ciel sont irrévocables, la mort se rit de nos cris impuissants. Ce ne sont pas les angoisses d'une âme sensible que demande votre fils ; c'est la vengeance d'un père outragé, c'est le courroux d'un souverain envers lequel on a violé les droits de la nature et des nations. Le sang doit couler, et non pas des pleurs stériles : courons aux armes ; il n'est pas question de vaincre, il ne s'agit que de punir. »

Ces paroles embrasèrent le cœur de Charles ; et sortant de la léthargie de la douleur, il ordonne à tous ses chevaliers et à tous ses courtisans de se disposer à marcher au-devant des tristes restes de son fils, que ses chevaliers apportaient. Il partit accompagné de Naimes, d'Oger, de Sanson de Bourgogne, et de plusieurs autres seigneurs. Ils rencontrèrent le corps de Lothaire à dix lieues de Paris ; Charles l'arrosa de ses larmes et jura de le venger ; il voua une haine implacable à Beuves, et remit le cercueil aux seigneurs de sa suite, qui le portèrent eux-mêmes dans le tombeau des rois, à l'abbaye de Saint-Germain des Prés.

Le roi s'en retournait tristement à Paris avec quelques-uns de ses plus zélés courtisans qui partageaient sa douleur, lorsqu'un chevalier vint l'avertir du départ d'Aymon et de ses quatre fils. Charles en fut indigné ; la juste haine pour d'Aigremont ne lui permit pas de songer qu'Aymon était le frère de son ennemi, il les enveloppa l'un et l'autre dans la même proscription. Dans sa fureur il traita les quatre chevaliers d'ingrats et de perfides : il se fit raconter ensuite jusqu'aux moindres circonstances de leur défection.

Lorsque Aymon, lui dit le chevalier, a été instruit de la trahison de Beuves son frère et de la mort déplorable de Lothaire, il a assemblé ses enfants et leur a dit, la larme à l'œil : « O mes amis ! la honte dont mon frère me couvre me jette dans la situation la plus accablante. Quelle que soit l'amitié qui me lie à lui, quel que soit le respect que vous lui devez, nous ne pouvons pas nous dissimuler l'atrocité de son crime. Charlemagne, justement irrité, va rassembler contre l'assassin de son fils les forces les plus redoutables. Quel parti pouvons-nous prendre dans une circonstance aussi délicate ? La justice est pour Charles ; mais les liens les plus sacrés nous unissent au plus coupable. Défendre l'un, c'est nous rendre complices de son crime ; entrer dans les projets de vengeance de l'autre, c'est violer tous les droits de la nature : quelque parti que nous embrassions, nous ne pouvons éviter les reproches de notre conscience et de l'honneur. »

Alors, continua le chevalier, Renaud a proposé un troisième parti, celui d'une entière neutralité. « Il est vrai, a-t-il dit, que nous venons de prêter serment d'obéissance et de fidélité à Charlemagne, et que j'ai promis de combattre toujours auprès de lui; mais cette promesse ne peut pas m'engager à prendre les armes contre mon oncle : d'un autre côté, le duc d'Aigremont ne sera pas assez injuste pour trouver mauvais que nous ne le secourions pas. Il sait ce que nous devons à notre roi, et son crime est trop atroce pour oser se plaindre de notre inaction. » Allard, Richard et Guichard se sont rangés à cet avis et sont partis pour les Ardennes.

Ainsi parla le chevalier, sans ajouter un mot qui pût condamner ou justifier Aymon et ses enfants; mais le roi jura de se venger d'eux, et leur voua la même colère qu'à leur père.

Cependant Edwige, l'épouse d'Aymon, était accourue au-devant de lui; elle embrassa tour à tour les quatre chevaliers et leur père. Elle avait appris les honneurs qu'ils avaient reçus de Charles, et ne pouvait comprendre pourquoi ils avaient sitôt quitté sa cour. Aymon lui raconta ce qui venait de se passer à Aigremont, et la résolution qu'ils avaient prise, de ne soutenir ni la félonie de Beuves, ni le juste ressentiment de Charles.

Edwige était alliée à la maison de France et à celle d'Aigremont. Elle ne put s'empêcher de frémir de la déloyauté du duc ; et malgré tout l'amour qu'elle avait pour son époux : « Il me semble, lui dit-elle, que toute sorte de motifs devaient vous engager à suivre le parti de l'empereur ; il est notre roi et le bienfaiteur de nos enfants. Vous manquez à la foi et à la reconnaissance que vous lui devez ; vous nuisez à vos propres intérêts : car vous ne devez pas douter qu'après avoir ravagé les états de Beuves, il ne tourne ses armes contre les parents de l'assassin de son fils. Vous m'objectez les liens du sang qui vous unissent au perfide ; est-il des liens qui puissent unir le crime à la vertu ? Répondez-moi, mes enfants, si Beuves eût assassiné votre père, renonceriez-vous à la vengeance, parce que l'assassin est votre oncle ? En violant le droit des gens, respecté des peuples les plus barbares, en outrageant votre roi, en l'assassinant dans la personne de son fils, Beuves a-t-il commis un moindre attentat ? Il vous eût privés d'un père, il prive la France d'un souverain qui marchait déjà sur les traces du sien, et qui eût fait le bonheur du monde ! Que savons-nous ! Beuves est peut-être la cause que les vastes États de Charlemagne seront gouvernés par un tyran, ou par un prince faible et pusillanime ? Que serait-ce encore si, ce que je ne puis croire, la fortune favorisant le crime, d'Aigremont était vainqueur ? Ah ! mes chers enfants, quels reproches n'auriez-vous pas à vous faire en voyant votre roi à la merci du bourreau de Lothaire ? Croyez-moi, retournez sur vos pas et servez votre maître. »

Aymon adorait Edwige ; il fut sensible à ses reproches : ses fils étaient consternés. Ils abhorraient le crime de leur oncle : ils étaient sur le point de reprendre le chemin de Paris ; mais, la tendresse de leur mère affaiblissant son courage, elle les arrêta, et leur demanda de lui donner encore quelques jours.

Cependant Charles ordonnait les préparatifs de la guerre. Il avait renvoyé dans leurs terres la plupart de ses barons et de ses chevaliers, afin qu'ils rassemblassent leurs vassaux sous leurs bannières : il les avait ajournés au champ de Mars pour le 15 du mois de mai suivant. Le duc d'Aigremont ne tarda point à être informé des projets de Charles. Il invita tous ses parents à se joindre à lui. Gérard de Roussillon et le duc de Nanteuil, ses frères, firent des levées considérables. Charlemagne était trop puissant et trop adoré pour n'avoir point d'envieux. Plusieurs seigneurs, trop faibles pour laisser paraître leur mécontentement en particulier, s'unirent à Beuves quand ils le virent soutenu d'une armée de quatre-vingts mille hommes. Il n'attendit pas que Charles fût entré en campagne. L'orgueil l'aveuglait trop pour lui donner le temps de l'attendre dans son château d'Aigremont. Si dans ses murs de roches vives et inaccessibles, défendus par des marais impénétrables, il eût attendu la victoire, il eût sans doute pu espérer de l'obtenir.

Richard, duc de Normandie, se rendit auprès de Charlemagne dès le commencement de mai à la tête de trente mille hommes, qui campèrent sur les bords de la Seine. Le comte Guichard arriva bientôt après, avec un grand nombre de chevaliers. Salomon, duc de Bretagne, le suivait de près avec l'élite de la province. Il arriva des troupes de toutes parts. Dès qu'elles furent rassemblées, Charles fit lui-même la disposition de l'ordre de bataille. Son avant-garde, composée de quarante mille combattants, était sous les ordres de Richard, de Galerand de Bouillon, de Gui de Bavière, de Nemours, Oger et Estouteville. Charles était au centre, et Naimes faisait l'arrière-garde.

L'armée se mit en marche le troisième jour. Oger, qui conduisait un corps détaché en avant, rencontra un homme d'armes qui venait à lui à toute bride. Il demanda d'être conduit à Charlemagne. Oger le présenta lui-même. Ce soldat l'avertit que l'armée ennemie avait pénétré au centre de la Champagne, et qu'elle avait formé le siége de Troyes; que le commandant suppliait l'empereur de venir promptement au secours des assiégés, s'il voulait conserver cette place importante, que Beuves pressait beaucoup.

Cette nouvelle enflamma le courage de Charlemagne ; il ordonna à Oger de hâter sa marche, et se félicita de trouver le duc d'Aigremont en campagne. Il fit dire à Naimes, à Bouillon et à Godefroi de Frise de faire marcher promptement leurs divisions, mais sans les fatiguer. Trente mille combattants de l'avant-garde firent halte à une demi-lieue de la ville, jusqu'à ce que toute l'armée eût rejoint. Oger, qui portait l'oriflamme, envoya le Troyen qu'il avait rencontré au commandant de la place, avec lequel il entretenait une correspondance secrète, pour lui faire savoir que Charlemagne était à portée de le secourir.

Enfin l'avant-garde de Beuves, commandée par Gérard de Roussillon, rencontra celle de l'armée française. Les deux armées, étant arrivées, s'arrêtèrent un moment et firent leurs dispositions. Dès qu'elles furent rangées en bataille, Gérard donna le signal du combat, en terrassant un Allemand d'un coup de lance. Il saisit son enseigne et fit son cri : sa troupe accourut. Oger donna l'impulsion à ses soldats, et le combat devint furieux. En un moment la terre fut couverte de membres épars, de casques fracassés, de débris d'armures; le sang ruisselait de tous côtés. Beuves voit son frère en danger, il s'élance, frappe Oger de Péronne, et le laisse sans vie. Nanteuil vient au secours de Beuves, et les trois frères, suivis de leurs meilleures troupes, se précipitent sur les escadrons du roi. Les Poitevins, les

Allemands, les Lombards leur opposent un mur impénétrable. Richard de Normandie est à leur tête. Un chevalier, ami particulier de Gérard de Roussillon, veut pénétrer dans le bataillon des Poitevins; Richard, qui le voit venir, l'attend et le perce d'outre en outre d'un coup de lance. Gérard veut le venger; mais Nanteuil l'arrête, et lui fait observer qu'ils ont à combattre tout le corps que le roi commandait. Comme ils délibéraient, Galerand de Bouillon tue à leurs yeux un de leurs neveux. La fureur emporte Gérard, qui fait avertir le duc d'Aigremont. Il vient avec de nouvelles troupes, et rencontre celles du du roi. La mêlée devint générale, la fureur combattait contre la rage ; mais la fureur de Charles était éclairée par la prudence. Beuves frappa Gauthier de Croismar, et du même coup perça son écu, son armure et son corps. Richard de Normandie attaqua d'Aigremont; leur combat fut terrible ; la même ardeur de vaincre les animait l'un et l'autre ; la force, l'adresse, tout fut mis en usage de part et d'autre. La haine qui transportait d'Aigremont ne lui laissait pas de réflexion pour se défendre. Richard perça son bouclier et le blessa. D'Aigremont se bat en retraite. Richard se félicite déjà d'avoir trouvé l'occasion de venger la mort de Lothaire : il le presse, saisit un moment favorable et lui porte un coup si terrible qu'il croit l'avoir tué; mais le coup tombe sur le casque d'acier de Beuves, glisse le long de son armure et sépare la croupe de son cheval du reste du corps, de sorte que d'Aigremont alla mordre la poussière. C'en était fait de lui si Richard eût pu descendre de son cheval avant que son ennemi ne se fût relevé, avec le secours de quelques chevaliers, qui exposèrent leurs jours pour sauver les siens.

Charlemagne rassemble autour de lui Oger le Danois, Naimes, Bouillon, Hoël du Mans, Salomon, Léon de Frise, l'archevêque Turpin, Estouteville, et plusieurs vaillants chevaliers. « Amis ! s'écria-t-il, vengez votre roi ; son affront rejaillit sur vous : que d'Aigremont et ses frères ne nous échappent point. » En même temps il met sa lance en arrêt, court sur Gérard de Roussillon et le renverse. Sa mort était assurée, si ses frères ne fussent venus à son secours. Oger prit un des chevaliers de la suite de Gérard pour Gérard même, lui fendit la tête jusqu'au gosier, et chaque moitié tomba sur chacune de ses épaules. Richard frémit et commença de craindre pour lui-même. Beuves, non moins étonné, osa prier le ciel de le sauver et de ne pas permettre qu'il tombât entre les mains du roi. Le ciel exauce quelquefois le vœux des méchants ; mais c'est pour les punir avec plus de sévérité, et le secours momentané qu'il leur prête n'est qu'un piége qu'il tend à leur imprudence.

Le jour était sur son déclin ; les deux armées étaient également fatiguées ; celle du duc d'Aigremont se battait en retraite, et les Français, contents d'avoir gagné le champ de bataille, ne se mettaient point en peine de poursuivre les fuyards. Charles, qui savait qu'ils ne pouvaient pas lui échapper, fit cesser le combat.

Gérard s'était retiré dans sa tente ; il maudissait le jour où son frère porta une main téméraire sur le fils de son roi. Beuves, le visage couvert de sang, vint auprès de lui, soutenu par deux chevaliers. Beuves commençait à sentir des remords ; mais il n'osait les faire paraître. Gérard, qui le croyait blessé mortellement, l'embrassa en soupirant ; car, quoiqu'il détestât le crime de son frère, ses jours ne lui étaient pas moins précieux. Il fit appeler un médecin, qui ne trouva que de fortes contusions et des blessures qui n'effleuraient que la peau. Ils envoyèrent chercher leur frère Nanteuil et les principaux seigneurs de leur parti. Cette journée en avait enlevé plusieurs, et la plupart de ceux qui restaient étaient blessés.

Lorsque le conseil de guerre fut assemblé, Gérard leur exposa la situation de l'armée, les fautes qu'on avait faites, les manœuvres qui avaient le mieux réussi, ce qu'on pouvait espérer ou craindre de la bataille qu'on se disposait à livrer le lendemain. Par le rapport des espions, Gérard avait appris où était précisément la tente de l'empereur, et quoiqu'elle fût gardée par Naimes et par Oger, il se flattait d'y pénétrer ; il connaissait un sentier qui pouvait y conduire en égorgeant deux sentinelles : il est vrai qu'il fallait tromper une garde avancée, il en donnait des moyens infaillibles. Il proposa donc, ou de surprendre Charlemagne dans sa tente, ou d'attaquer les Français au milieu de la nuit, et de profiter du désordre pour mettre le feu dans leur camp : « Je sais, ajouta-t-il, que l'un et l'autre de ces partis est également dangereux ; mais il n'y a que l'audace et la témérité qui puissent nous sauver : quand l'ambition et la politique arment les souverains, la soumission du vaincu apaise aisément le vainqueur ; mais quand la vengeance combat contre la haine, le vaincu n'a de ressource que dans son désespoir. Si nous donnons à l'ennemi le temps de nous attaquer, nos troupes, fatiguées et découragées, se croyant plus faibles qu'elles ne sont en effet, ne songeront qu'à éviter leur perte, sans oser tenter le moindre effort ; et comme elles savent le sort qui les attend si elles tombent entre les mains de Charlemagne, elles prendront la fuite sans avoir combattu, et le château d'Aigremont, se trouvant sans défense, sera la proie du vainqueur. Si, au contraire, nous pouvons surprendre son camp, le trouble et la confusion des ennemis doubleront le courage de nos soldats ; les transfuges viendront grossir notre armée, et avant que les Français aient le temps de se rallier, nous aurons celui de prendre des mesures pour nous rétablir ; et, si la fortune nous trahit une seconde fois, du moins pourrons-nous faire une retraite honorable, rentrer dans les murs d'Aigremont, et voir l'armée de Charles se consumer en efforts impuissants. »

Après avoir parlé, Gérard demanda l'avis du conseil et commença par le duc. « C'en est fait, mon frère, dit Beuves, ma défaite a dissipé mon ivresse ; j'ai trop longtemps écouté mon orgueil : j'aime le sentiment qui vous inspire. Votre amitié pour moi, le courage qui vous anime, vous font voir les entreprises les plus difficiles comme si elles étaient les plus simples. Quand vous avez formé le projet d'enlever Charlemagne, avez-vous songé que l'amour des Français est une sauvegarde qui met leurs rois à couvert d'une telle entreprise ? Quand il serait possible de parvenir jusqu'à sa tente, quand même nous l'aurions en notre pouvoir, pensez-vous que toute la France ne se liguerait point pour nous l'arracher ? Si, pour venger la mort du fils, elle a fait un armement si redoutable, que ne ferait-elle pas pour nous punir des outrages faits au père ? Vous proposez de surprendre le camp ; mais quand l'exécution de ce projet serait aussi facile que votre courage vous l'a fait croire, ne resterait-il pas toujours aux Français assez de troupes pour opposer aux nôtres ? Nous en ferions une déroute générale, que Charles pourrait mettre sur pied une armée beaucoup plus nombreuse. Il

2

ne nous reste d'autre parti à prendre, vous le dirai-je, et pourrez-vous croire que le fier duc d'Aigremont ait pu le concevoir ? c'est d'implorer la générosité du vainqueur. »

Cet avis surprit l'assemblée : Comment, disait-on, un homme assez téméraire pour faire à son souverain l'outrage le plus sanglant, a-t-il assez de confiance en lui pour espérer d'en obtenir le pardon ? Cependant on garde un morne silence : Beuves, qui connaît la grande âme de l'empereur, offre de se livrer lui-même pour sauver ses sujets. On s'oppose vainement à ce dessein : il nomme trente des principaux seigneurs de sa cour, leur donne ses instructions et les envoie vers Charles.

Au point du jour, dès que le roi eut rangé son armée en bataille, les envoyés de Beuves se firent introduire dans la tente royale ; ils se prosternèrent aux pieds du vainqueur en implorant sa miséricorde : « Sire, s'écrièrent-ils en frappant la terre de leur front, quelque horreur que le nom de Beuves doive vous inspirer, quelque haine qui vous anime contre lui, c'est lui-même qui nous envoie, non pour vous demander sa grâce, il sait trop qu'il s'en est rendu indigne ; mais pour demander celle d'un peuple infortuné qui n'est point complice de son crime. Loin de se soustraire à votre vengeance, il offre de venir se remettre lui-même avec ses frères entre vos mains. Il se reconnaît le plus criminel des hommes.

Vous l'avez fait menacer du supplice le plus ignominieux ; ordonnez, sire, il viendra lui-même au-devant de ses bourreaux, et il regardera comme une faveur de perdre la vie, s'il peut sauver à ce prix ses malheureux sujets. »

Charlemagne frémit en entendant prononcer le nom du perfide : il détourna la vue avec horreur et garda un profond silence ; mais, le rompant tout à coup : « Le barbare ! s'écria-t-il, son sang et tout celui de ses sujets me rendront-ils mon fils ? Et que m'importe le supplice d'un monstre ? C'est à l'univers que je dois l'exemple de sa mort. Il viendra, dites-vous, se remettre en mes mains, et donner sa vie pour le salut de son peuple ! Le lâche ! un projet aussi généreux n'a pu être conçu par l'assassin du fils de son roi ; c'est quelque nouvelle trahison qu'il médite, sous l'apparence d'un sacrifice digne d'un cœur plus magnanime que le sien. »

Charlemagne fit sortir les députés, et fit appeler le duc de Bavière, Oger le Danois, Galerand de Bouillon, Odet de Langei, Hoël du Mans, Léon de Frise, et les autres seigneurs de sa cour. Il leur raconta ce qui venait de se passer. La proposition du duc d'Aigremont les étonna ; mais aucun n'osa donner son avis. Naimes fut le seul qui dit au roi qu'ils étaient tout prêts à le venger ; mais qu'il n'appartenait qu'à lui d'accepter ou de rejeter toute capitulation avec le duc. Charles rêva un moment, s'écria plusieurs fois : O mon fils ! ô Lothaire ! versa quelques larmes, et fit dire aux députés d'entrer. « Allez rapporter à ce traître, leur dit-il, que je consens de faire grâce à ses sujets, à condition que son armée mettra bas les armes et se rendra prisonnière de guerre ; qu'il viendra, accompagné de ses frères, se mettre en mon pouvoir ; mais pour le convaincre qu'ils ne doivent espérer aucune grâce pour eux-mêmes, vous leur direz que vous avez vu les échafauds dressés pour leur supplice. » Charles voulut qu'on les élevât en présence des députés, et dès que cet ordre fut exécuté, il les renvoya vers leur maître, en les avertissant qu'il ne lui donnait que jusqu'à midi, et qu'une heure plus tard l'armée serait passée au fil de l'épée. Il ne croyait pas le caractère féroce de Beuves capable de sentir les malheurs de son peuple.

Le duc n'eut pas plutôt appris les intentions du roi, qu'il ordonna à ses officiers de faire désarmer les troupes, et à toute l'armée de se tenir prête à le suivre. Le duc de Nanteuil et Gérard de Roussillon refusaient obstinément d'accepter les conditions de Charles ; le duc d'Aigremont leur disait : « Pensez-vous qu'une âme aussi généreuse veuille profiter de l'avantage que nous lui donnons : il nous eût combattus jusqu'à la dernière goutte du sang de nos sujets ; mais jamais son grand courage ne s'avilira jusqu'à faire périr dans les tourments des ennemis qui se livrent à lui. » Il les détermina enfin, et ils partirent.

Le duc d'Aigremont marchait le premier et ses deux frères venaient après lui, ils étaient nu-tête, en chemise et la corde au col, suivis de quatre cents chevaliers aussi en chemise et sans armes. Tous les soldats, désarmés et nu-tête, marchaient à une certaine distance et faisaient retentir les airs de cris et de gémissements. Lorsque les trois frères arrivèrent au camp de Charles, leur armée s'arrêta et mit un genou à terre ; ils avancèrent vers la tente de l'empereur : il en sortit, et aussitôt eux et les chevaliers se prosternèrent. Charles les fit lever et leur montra les échafauds ; ils s'y acheminèrent en silence : Charles les arrêta, et ne pouvant retenir ses larmes : « Malheureux ! leur dit-il, que vous avait fait mon fils ? » Beuves fut pénétré de ce reproche, et tendant les mains vers son roi, déchiré de remords véritables, et sentant dans ce moment toute l'énormité de son crime, demanda sincèrement la mort comme une grâce. Les bourreaux étaient prêts ; les courtisans de Charles attendaient, dans un morne silence, la fin de cette tragique aventure ; Charles lui-même, se couvrant les yeux de ses mains, paraissait agité des transports les plus violents, à peine pouvait-il respirer ; des soupirs s'exhalaient du fond de son cœur, et faisant enfin un dernier effort sur lui-même : « O mon fils ! s'écria-t-il, puisse le sacrifice que je vais te faire apaiser ton ombre ; je vais t'offrir une victime plus digne de toi que de vils assassins. Oui, c'est moi, c'est ton père qui s'immole, qui te sacrifie son ressentiment et sa haine ! Sois libre, d'Aigremont, reprends les marques de ta dignité, et malgré ta trahison, renouvelle-moi le serment de fidélité que tu as rompu : dusses-tu me tromper encore, je le recevrai ; que tes frères et les complices de ton crime reçoivent le même pardon. »

Beuves embrassa les pieds de Charles, et ses sanglots étouffant sa voix, il se frappait la poitrine, tournait ses yeux vers Charles, et laissait retomber sa tête dans la poussière. Il avoua que tous les supplices qu'aurait pu lui faire souffrir le roi, auraient été moins affreux que les sentiments qu'il éprouvait dans ce moment. Tout le camp pleurait d'attendrissement, tout retentissait du nom et de l'éloge de Charles. Ses victoires n'avaient jamais été si célébrées. On n'entendait dans son armée que des cris d'admiration et d'amour. « O grand roi ! lui disait Naimes en pleurant, l'univers vaincu qui vous demanderait des fers, serait un triomphe moins glorieux que celui que vous venez de remporter. O d'Aigremont ! disait Oger, que tes remords doivent être affreux et cuisants ! O Lothaire ! s'écriait Charles, qu'il est doux, mais qu'il en coûte de pardonner ! »

Cependant, par les ordres du roi, on avait fait porter aux trois frères et aux chevaliers de leur suite des armes et des habits, on avait publié une amnistie générale dans l'armée ennemie, qui demandait à grands cris que Charles la conduisît aux entreprises les plus difficiles, et qu'elle répondait du succès. Charlemagne reçut les serments des trois frères, et leur permit, ainsi qu'aux chevaliers de leur suite, de voir tous ceux de son armée. Ils étaient les uns et les autres parents ou amis : Naimes les conduisit, et chacun des chevaliers français n'eut peut-être pas un moindre sacrifice à faire que celui dont Charles venait de leur donner l'exemple.

CHAPITRE II

Comme les courtisans ont l'art de satisfaire leurs passions au nom de leur souverain, qui ne s'en doute pas, et au préjudice de ses sujets qui voient la perfidie, en souffrent et n'osent s'en plaindre. — Trahison de Ganelon. — Mort du duc d'Aigremont. — Douleur de la duchesse. — Serments de Maugis de venger son père.

La guerre des Assassins (c'est ainsi qu'on avait nommé celle qui venait d'être terminée) avait éteint toute haine entre les sujets de Charlemagne et les vassaux d'Aigremont : les trois frères avaient promis de se trouver aux environs de Paris, au commencement du mois suivant, avec dix mille combattants aux ordres du roi. Le temps était arrivé ; d'Aigremont avait fait ses préparatifs ; au lieu de dix mille, il avait levé quinze mille hommes, les plus beaux de ses sujets, et en donna le commandement à Gérard et à Nanteuil ses frères, et ayant pris avec lui deux cents chevaliers, il dirigea sa route vers Paris. En arrivant à Soissons, il vit venir à lui une troupe d'environ quatre mille hommes. Il s'arrêta.

Cette troupe était conduite par le traître Ganelon. Il avait été témoin de l'action généreuse de l'empereur, lorsqu'il pardonna au duc d'Aigremont. Il regardait ce pardon comme une faiblesse de la part de Charles, et de la part du duc comme une bassesse qui déshonorait sa famille : il était incapable de l'envisager sous un autre point de vue : il voulut les en punir l'un et l'autre ; il était leur parent ; la haine les lui rendait également odieux, il ne respirait que vengeance. Né brave ou plutôt féroce et téméraire, le parti le plus injuste était toujours celui qu'il embrassait. Parce qu'il était méchant, il soupçonnait tous les hommes de l'être ; il ne voyait en eux que perfidie, et il n'était occupé que de projets de trahison. Il se présenta à Charles accompagné de Foulques de Morillon, de Harare et de Bérenger. « Sire, lui dit-il, ce n'est point à moi à blâmer l'action héroïque que vous avez faite à l'égard de Beuves : il a égorgé votre fils ; vous ne vous contentez pas de pardonner, vous lui permettez accès facile dans votre cour ; vous acceptez ses services. Quel est celui de vos plus fidèles sujets que vous traiteriez plus favorablement ? Cependant, sire, s'il y a quelqu'un qui

doive vous être suspect, c'est Beuves et ses frères. »
Charles lui répondit qu'il lui suffisait d'avoir pardonné pour ne jamais revenir sur le passé ; qu'à la vérité le coup que d'Aigremont lui avait porté, lui était trop sensible pour qu'il pût jamais en faire son ami ; mais aussi que plus le pardon qu'il avait accordé avait répugné à son cœur paternel, et plus il était résolu de soutenir ce qu'il avait fait. « Prince généreux et confiant, s'écria le traître, depuis quand la bienfaisance a-t-elle acquis des droits sur le cœur du méchant? Eh bien ! apprenez que d'Aigremont vous trahit encore. J'ai surpris son secret ; un de ses chevaliers, que j'ai vaincu, m'a tout avoué en mourant. Beuves n'a eu recours à la soumission que parce qu'il s'est trouvé le plus faible ; il savait bien que vous lui pardonneriez. Il vous a offert de vous servir avec dix mille hommes ; il en a rassemblé quinze mille ; il vous suivra dans vos conquêtes, vous en obtiendrez des services essentiels, afin de mieux s'assurer de votre confiance ; mais, lorsque vous engagerez quelque action générale, lorsque vos troupes seront occupées à l'attaque de l'ennemi, dans le moment où, songeant plus à votre gloire qu'à votre sûreté, vous leur donnerez l'exemple de la valeur, tremblez : c'est l'instant qu'il a choisi pour sa vengeance. Il a projeté de vous enlever au milieu de votre armée ; des ordres secrets sont donnés à ses troupes. A un certain signal, dix mille hommes doivent se réunir et

tourner leurs armes contre vos soldats ; des transfuges avertiront l'ennemi ; le désordre se mettra dans votre armée, qui ne pourra pas s'occuper en même temps de sa défense et de la vôtre ; dans cette déroute, cinq mille hommes, conduits par Beuves, doivent vous entourer, et vos troupes qui ne seront point prévenues de cette trahison, s'imaginant que ce corps est destiné à faire votre retraite, loin de s'opposer à leurs efforts, les seconderont. Tel est le plan que d'Aigremont s'est proposé. Si vous voulez m'en croire, sire, vous le préviendrez ; vous opposerez la ruse à la ruse. D'Aigremont à pris le devant de son armée ; il n'est escorté que de deux cents chevaliers : si vous me le permettez, je le mettrai hors d'état d'accomplir jamais son exécrable dessein. — Non, répondit Charles, la perfidie de d'Aigremont n'autorisera jamais la mienne. Si les avis que vous me donnez sont justes, il me sera aisé de rendre sa trahison inutile ; un complot découvert cesse d'être dangereux. Allez vous-même au-devant de Beuves, ne prenez avec vous qu'une suite égale à la sienne, recevez-le avec honneur et accompagnez-le jusqu'à Paris : vous lui direz que j'ai une entière confiance en lui et que je suis prêt à le recevoir. De mon côté, profitant des avis que vous me donnez, je le ferai veiller de près, et je sais bien le moyen de faire échouer ses projets. »

Ganelon se retira en protestant à Charlemagne

qu'il ne consulterait que son zèle. Ce perfide était depuis longtemps l'ennemi de d'Aigremont; il avait séduit une fille de Nanteuil et l'avait engagée à quitter la maison paternelle ; Nanteuil l'arracha de ses bras, et sur le refus que fit le ravisseur de l'épouser, il le défia, le blessa, le vainquit, et renferma sa fille dans une tour, où elle pleurait encore sa honte et la perfidie de son amant.

Dès le point du jour, Ganelon partit à la tête de quatre mille combattants, brûlant d'impatience de rencontrer son ennemi. Un secret pressentiment jeta l'effroi dans l'âme de Beuves, lorsqu'il aperçut les troupes de l'empereur. Le pardon généreux de Charles, les efforts que les trois frères se proposaient de tenter pour lui faire oublier le crime de d'Aigremont ne rendaient pas celui-ci exempt de remords et d'inquiétude : il se rassure cependant, il avance ; les deux troupes ne sont qu'à quelques pas l'une de l'autre. Morillon s'approche et s'adressant à d'Aigremont : « Traître, lui dit-il, voici le moment de la vengeance ; Charles t'a pardonné, mais tu dois compte à ses sujets du prince que tu leur as ravi. — Tu te sers d'un vain prétexte, répondit le duc ; c'est Ganelon que tu veux venger et non pas Charles et ses sujets. Je connais les Français ; ils regarderaient comme une infamie d'avoir des sentiments opposés à ceux de leur souverain, surtout lorsqu'il s'agit de générosité. Non, Charles et tes compatriotes désavouent ta déloyauté ; Ganelon et toi les déshonorent. »

Il parlait encore, que Ganelon donna le signal du combat ; sa troupe se déploie et cherche à envelopper celle de Beuves ; elle n'était que de deux cents hommes ; mais chaque combattant était un héros. Ganelon porta les premiers coups, et étendit à ses pieds Reigner, cousin du duc. Beuves voulut le venger, il affronte les plus grands dangers ; suivi de ses deux cents chevaliers, il s'élance sur la troupe et en massacre une partie. Tandis qu'il les attaque de front, et que Ganelon lui résiste à peine, Morillon forme un détachement de mille hommes, gagne un chemin creux et se porte sur les derrières de la petite troupe de Beuves, pour lui couper le chemin de la retraite. En effet, le duc se voyant accablé par le nombre, et ayant déjà perdu vingt-cinq combattants, veut se retirer : mais Morillon s'oppose à sa fuite. Le combat recommence. Le duc et les soixante-quinze chevaliers qui lui restaient jurèrent de se défendre jusqu'à la dernière goutte de leur sang, et surtout de ne pas se rendre prisonniers. Chacun d'eux est comme un tigre, qui, se voyant attaqué de tous côtés, combat moins pour sauver sa vie que pour entraîner les chasseurs dans sa perte. Ils ne frappent aucun coup qui ne soit mortel ; la rage leur tient lieu de valeur ; la vue du sang excite en eux l'envie de le répandre ; leurs chevaux secondent leur fureur, aucun soldat n'est renversé qu'il ne soit écrasé sous leurs pieds. C'est surtout aux chefs qu'ils s'attachent : ils percent les bataillons pour les joindre ; ils firent mordre la poussière à plusieurs ; Beuves tua du même coup Hélie et Godefroi ; Morillon allait subir le même sort ; Griffon de Haute-Feuille l'aperçoit, détourne l'épée du duc et blesse son cheval, qui chancelle, tombe et entraîne d'Aigremont dans sa chute. Le perfide Ganelon s'élance et ne rougit pas d'enfoncer sa lance dans le corps de d'Aigremont ; Griffon, plus lâche encore, le prend par les cheveux, le soulève, et perce son cœur d'un coup d'épée. Il ne restait plus que dix chevaliers de la troupe de Beuves ; Ganelon et Griffon s'approchent d'eux, et leur proposent de leur laisser la vie, à condition qu'ils porteront le corps du duc d'Aigremont dans un cercueil, comme il avait fait porter Lothaire à Paris. Les chevaliers refusèrent d'abord, et dirent qu'ils avaient promis de combattre jusqu'au dernier moment de leur vie ; Ganelon fait signe à ses soldats, et dans l'instant ils se jettent sur les chevaliers, les renversent, les désarment et viennent à bout, après bien des efforts, de les lier pieds et mains ; les chevaliers auraient préféré une mort glorieuse à des fers ; on les menace, on tient le glaive suspendu sur leurs têtes. Ganelon leur annonce que s'ils s'obstinent à refuser la vie, il va faire attacher le cadavre de Beuves à un cheval, et le faire traîner ainsi nu jusqu'à Aigremont ; qu'ils peuvent encore sauver de cet affront les restes de leur souverain, en acceptant la condition qu'il leur imposait. Les chevaliers le promirent par amour pour leur prince, à condition qu'ils ne seraient point censés prisonniers de guerre, et qu'ils seraient libres de proposer le combat à Ganelon et à ses complices, qu'ils défiaient dès ce moment. Ganelon rit de leur bravoure et les fit délier. Mais les dix chevaliers qui le regardaient comme le seul auteur du crime, n'en remplirent pas moins leurs engagements, quand ils eurent rapporté le corps sanglant de leur maître à la duchesse. Ils la firent prévenir, et elle vint au-devant d'eux avec Maugis son fils ; elle pouvait à peine se soutenir : dès qu'elle aperçut le cercueil, elle s'évanouit ; mais bientôt la colère lui rendant les forces que la douleur lui avait fait perdre, elle prend son fils par la main, fait ôter les lambeaux sanglants qui enveloppaient le corps de son époux : « Jure avec moi, mon fils, lui dit-elle, jure par ce sang, le même qui coule dans tes veines, que tu n'épargneras rien pour le venger. Initié dans des secrets inconnus au reste des humains, promets à la face du ciel, que s'il est sourd à ta vengeance, tu auras recours aux ombres infernales. Il ne peut désapprouver qu'une épouse et qu'un fils se servent de tous les moyens pour punir des perfides qui, contre la foi publique, ont ravi le jour à un père tendre, à un époux... » Elle ne put en dire davantage ; Maugis la soutenait d'une main, et jurait de l'autre de remplir le vœu de sa mère. Il prit le ciel à témoin de ses serments ; il prit du sang de son père qui coulait encore, et le jetant en l'air : Qu'il retombe, dit-il, sur ses ennemis! Ensuite, embrassant sa mère, il inondait son sein de ses larmes, la chaleur de ses soupirs la rappela à la vie ; faible et languissante, à peine pouvait-elle soutenir le jour. On la mit dans un char ; son fils l'accompagna au château d'Aigremont, d'où elle ne sortit que pour aller répandre de nouvelles larmes sur le tombeau de son époux.

Ganelon et Griffon son père retournèrent triomphants à la cour de Charlemagne, qui les reçut avec indignation. Le perfide Ganelon tenait dans ses mains l'épée de Beuves ; il se prosterne aux genoux de l'empereur, et en lui présentant l'épée : « Sire, dit-il, voilà le fer avec lequel d'Aigremont a tué Lothaire, si vous me croyez coupable pour vous avoir désobéi, frappez, voilà mon sein ; mais que tout l'univers apprenne que le plus tendre des pères ôta la vie au plus fidèle de ses serviteurs, pour avoir vengé la mort de son fils, et qu'il le fît périr avec le même fer dont on avait assassiné son prince. »

Charlemagne ne put soutenir cette idée ; et malgré le sauf-conduit donné à d'Aigremont, Griffon, qui avait persuadé à Naimes et à la plupart des seigneurs que le duc avait formé des complots contre le roi, obtint la grâce de son fils.

Lorsque la douleur de Maugis fut un peu calmée, et qu'il eut appris que Charlemagne avait accordé son pardon à Ganelon, il rassembla ses parents et ses amis. Il leur proposa de porter la guerre au sein des États de Charles; mais ses troupes et ses finances se trouvèrent dans un si grand épuisement, qu'il fallut renoncer à tout projet de vengeance, ou du moins la différer. Ils jurèrent tous de nourrir ce feu dans leur sein et de saisir la première occasion favorable qui se présenterait. Renaud surtout promit de ne pas laisser cette perfidie sans punition.

CHAPITRE III

Aymon reproche à Charlemagne l'impunité du crime de Ganelon. — Audace de Renaud. — Il tue d'un coup d'échiquier Berthelot, neveu de l'empereur. — Fuite de Renaud, de ses frères et de Maugis leur cousin.

Charles avait rassemblé dans sa cour tous les chevaliers de ses immenses États. Il avait envoyé un ambassadeur à la duchesse d'Aigremont, et l'avait fait assurer, ainsi que ses frères, qu'il n'avait aucune part à la mort du duc; qu'il n'avait pu prévoir que le zèle de Ganelon se porterait à d'aussi funestes extrémités; mais qu'il les suppliait de ne pas trouver mauvais qu'il ne punît pas un de ses plus braves chevaliers pour l'avoir vengé. Il les invitait d'oublier le passé et de venir à sa cour. La duchesse répondit que sa franchise ne lui permettait pas de dissimuler, que tant qu'elle aurait un souffle de vie elle ne respirerait que haine et vengeance; que ni elle, ni son fils ne paraîtraient point à la cour de Charles; mais qu'elle ne gênerait personne. Aymon et ses quatre fils promirent de s'y rendre comme médiateurs entre les frères du duc et le roi, et pour obtenir une satisfaction qui pût apaiser le courroux de la duchesse.

On voyait à la cour de Charlemagne ce que l'Europe avait de plus grand : on y comptait quinze rois, trente ducs, quarante comtes, et un nombre infini de seigneurs. Il y avait chaque jour de nouvelles fêtes. Le roi s'approcha un jour d'Aymon et lui dit : « Mon cousin, quoique vous m'ayez abandonné au moment où j'avais le plus grand besoin de vous et de vos enfants, je n'ai pu vous en savoir mauvais gré; d'Aigremont était votre frère et votre ami, vous ne pouviez vous déclarer ni pour lui, ni pour moi ; je ne vous en aime pas moins, et vos enfants me seront toujours chers : j'aime surtout Renaud, son audace me plaît; je le destine aux premiers emplois de ma cour, et je n'oublierai point ses frères. » Aymon remercia le roi, et prit cette occasion pour lui parler de la perfidie de Ganelon : il ajouta qu'il avait été le premier à condamner l'action atroce de Beuves, qu'il méritait une punition exemplaire, et qu'il eût dû périr par le supplice le plus infâme : « Mais, continua-t-il, après lui avoir fait grâce, lui tendre un piége pour l'assassiner, c'est un crime presque aussi odieux que celui dont il s'était rendu coupable. » Charlemagne rejeta tout sur Ganelon. « Cela ne vous justifie pas, reprit Aymon ; dès que le crime vous a été connu, vous deviez le punir : ce n'est ni pour Gérard mon frère, qui a tout oublié, ni pour moi que je réclame votre justice, mais vous la devez à l'épouse de d'Aigremont, à son fils, à l'univers entier. Peut-être, sire, avez-vous mal fait de pardonner à mon frère, mais vous avez plus mal fait encore de faire grâce à Ganelon, qui, sous prétexte de zèle pour son prince, n'a servi que sa haine particulière, et qui, en agissant sous votre nom sacré, vous charge d'un crime dont il recueille le fruit. Pardonnez, sire, si je vous parle avec cette franchise; l'univers serait bien à plaindre si les rois ne trouvaient jamais des amis ! »

Charles fut touché du discours d'Aymon, mais il ne put jamais se résoudre à punir le coupable. Renaud et ses trois frères se joignirent à leur père pour demander justice de la déloyauté de leur ennemi commun ; mais Renaud voyant qu'ils ne pouvaient rien obtenir, osa dire à l'empereur que les serments des seigneurs suzerains et de leurs hommes liges étaient réciproques; que si le vassal s'engageait de servir le seigneur, le seigneur à son tour faisait le serment tacite de protéger son vassal ; que le serment était nul dès que la condition n'était point exactement remplie, et que, puisque les parents de Beuves avaient la force en main, le roi, en ne punissant point leur oppresseur, leur rendait la liberté de recourir aux armes pour le punir eux-mêmes.

Charles fut indigné de tant d'audace : « Qui es-tu, jeune téméraire, lui dit il, pour oser juger les rois? Je sais que le serment qui les lie à leur peuple, les oblige de le protéger ; mais ton orgueil se serait-il flatté de lire dans l'âme des souverains, de pouvoir décider s'ils ont tort ou raison, et de pénétrer leurs motifs? Le dernier du peuple serait donc en droit de les accuser d'injustice dès qu'il pense autrement que lui ? Va, jeune insensé, sans les égards que j'ai encore pour ton père, j'aurais déjà puni tes propos séditieux. Garde-toi cependant de les laisser éclater dans ma cour, et crains de me forcer à une rigueur que tu rendrais nécessaire. »

Renaud s'inclina, rougit de colère, et dissimulant son ressentiment, il demanda pardon au roi d'avoir osé lui dire la vérité. Le roi le retint à dîner ; et quand tout le monde se fut levé de table, Berthelot, neveu de Charles, proposa une partie d'échecs à Renaud, qui l'accepta. Il était plongé dans la tristesse ; il avait toujours sur le cœur la mort de d'Aigremont et l'injure que Ganelon avait faite à sa famille. Le discours de Charles avait encore irrité sa blessure; en vain ses frères faisaient-ils leurs efforts pour l'apaiser. Il était dans ces cruelles agitations, lorsque Berthelot l'engagea de jouer avec lui. Ses distractions continuelles lui faisaient faire des fautes grossières : Berthelot, au lieu d'en profiter, s'en offensa ; il prit mal les excuses de Renaud, et lui répondit par des injures. Renaud, sans lui rien dire, le regarda d'un œil de mépris. Le prince, furieux, osa le frapper en présence de plusieurs chevaliers. L'impatient Renaud ne pouvant plus se modérer, saisit l'échiquier qui était d'or, et le jeta si rudement à la tête de Berthelot, qu'il l'étendit à ses pieds; tout secours devint inutile ; le malheureux prince expira, en avouant qu'il avait tort d'avoir insulté Renaud, en lui demandant pardon de cet outrage, et en lui accordant celui de sa mort.

Charlemagne était accouru au bruit. Dès qu'il apprit ce qui s'était passé, il ordonna qu'on empêchât Renaud de s'échapper, jurant de le faire périr dans les supplices. Les pairs et les barons mettent l'épée à la main, et veulent arrêter le jeune chevalier; mais les frères de d'Aigremont, leur fils et Maugis se rangent du côté de Renaud : secondé de ses frères, il s'ouvre un passage ; Maugis et les quatre fils d'Aymon, dont la prudence éclaire la valeur, sortent du palais, traversent la ville par des rues détournées, et prennent le chemin des Ardennes. Charles fit armer deux mille cavaliers pour courir après eux ; mais les princes sacrifiant tout à leur sûreté, ne s'arrêtent que lorsque leurs chevaux épuisés de fatigue tombent sous eux. Les deux mille cavaliers avaient formé une avant-garde de l'élite de leur troupe. Renaud monté sur Bayard, qui ne se fatiguait jamais, s'étant porté sur une hauteur, vit arriver cette avant-garde : il avertit ses frères et Maugis du danger qui les menaçait ; ils saisirent leurs armes et attendirent de pied ferme. Ils s'étaient aperçus que cette petite troupe ne gardait aucun ordre, et que ceux qui étaient les mieux montés, cherchaient à devancer les autres ; chacun voulait pouvoir se vanter à Charles d'avoir arrêté seul Renaud ou quelqu'un de ses frères : le plus léger de la troupe l'avait devancée de près de demi-lieue. Renaud le voyant venir, se place sur son chemin. « Rendez-vous, lui dit le cavalier, vous êtes mon prisonnier. » Renaud, sans lui répondre, l'attaque, et d'un coup de lance le renverse et lui ôte la vie : « Voilà déjà un cheval pour vous, » dit-il à Alard son frère. Un second cavalier survint, il avait la lance en arrêt et menaçait Renaud de le percer s'il ne se rendait point. Renaud détourne le fer de la lance, et le perce d'outre en outre ; il le jette à terre, et saisissant son cheval, il dit à Guichard : « En voici encore un pour vous. » Un troisième cavalier, qui voyait ce combat, redouble de vitesse, et s'écrie de loin : « Enfin je pourrai conduire Renaud à Charlemagne. — Voilà le dernier mensonge que tu diras de ta vie, » répond le fils d'Aymon ; il s'élance sur lui et le fait voler sans vie à dix pas de son cheval, qu'il saisit et qu'il donne à Richard. Les moments étaient précieux, la troupe approchait, les trois frères étaient montés ; il ne restait que Maugis, Renaud le fit monter en croupe sur Bayard ; ils partirent, et dans un moment ils disparurent aux yeux des cavaliers de Charlemagne. La nuit survint, et à la faveur de son ombre, ils arrivèrent dans le château d'Aymon. Leur mère vint au-devant d'eux. Renaud lui raconta ce qui s'était passé à la cour de Charlemagne ; elle en fut effrayée et tomba évanouie dans les bras de son fils. « Ah ! cruel, dit-elle à Renaud, vous nous perdez tous ; votre père et moi nous allons être livrés à la fureur de Charles : fuyez, prenez tout l'or que vous pourrez emporter ; n'attendez pas que votre père soit de retour, et que le roi le force peut-être à vous livrer. Ces deux mille cavaliers qui vous poursuivent ne peuvent point être éloignés ; quel que soit votre courage, le nombre vous accablera comme il a accablé d'Aigremont. Ah ! mes fils, fuyez, je vous en conjure ; n'exposez point votre mère à vous voir arracher tout sanglants de ses faibles bras. »

Renaud et ses frères suivirent ce sage conseil, ils prirent tout l'or que leur mère voulut leur donner ;

et avant que le jour parût, ils s'enfoncèrent dans la forêt d'Ardenne, et ne s'arrêtèrent que sur le bord de la Meuse ; ils choisirent l'emplacement le plus propre à leur dessein. Ils y élevèrent un château formidable sur un rocher escarpé, dont le pied était arrosé par le fleuve. Des forts élevés autour du château étaient entourés d'un fossé large et profond, défendu par d'autres fortifications : ils l'appelèrent le château de *Montfort*.

Cependant le roi fit arrêter Aymon, qui condamnait l'action de son fils et qui en était désolé. Il protesta au roi que, loin d'être son complice, il serait le premier à l'en punir. Charles voulait lui faire jurer qu'il lui livrerait ses enfants. Aymon refusa de faire ce serment détestable ; mais il promit de ne leur donner jamais aide ni secours contre son souverain. A cette condition il lui fut permis de retourner chez lui, où son épouse lui apprit ce qu'étaient devenus ses quatre fils : quelque courroucé qu'il fût contre eux, il ne lui fut pas possible de dissimuler sa joie lorsqu'il sut qu'ils étaient en sûreté. Pour ne laisser aucun soupçon à Charlemagne, il vint le rejoindre, et se mettre, pour ainsi dire, en otage dans sa cour.

CHAPITRE IV

Siége du château de Montfort ; avant-garde de Charlemagne taillée en pièces ; bataille sanglante ; trahison de Hernier de la Seine, qui introduit les Français dans le château et y met le feu ; combat au milieu des flammes ; victoire des quatre fils d'Aymon.

Les deux mille hommes que Charlemagne avait envoyés à la poursuite de Renaud et de ses frères, ayant rapporté que non-seulement on n'avait pu les prendre, mais encore que Renaud avait tué trois cavaliers, et qu'ils avaient pris les chevaux des vaincus ; le roi envoya de tous côtés pour savoir où les quatre frères s'étaient retirés. On lui dit qu'ils s'étaient arrêtés sur les bords de la Meuse, et qu'ils y avaient construit un château redoutable. Aussitôt il convoqua tous les chevaliers, les barons, les pairs et tous les seigneurs de ses États, et leur ordonna de se tenir prêts pour aller faire le siége du château de Montfort. Charlemagne fit de grands préparatifs ; et lorsque toutes ses troupes furent assemblées, on se rendit en peu de jours dans les Ardennes, et l'avantgarde se trouva sous les murs du château. Cette avantgarde était commandée par Regnier de Montpellier ; elle parut au moment que Richard, Alard et Guichard revenaient de la chasse ; ils avaient avec eux vingt cavaliers. Richard, ne pouvant pas distinguer quelle était cette troupe, la fit remarquer à Guichard. Ils se doutaient bien que Charlemagne viendrait les assiéger ; mais ils ne croyaient pas que ce fût si promptement. Richard, impatient, s'avance et demande à Regnier quelle est la troupe qu'il conduit. « C'est, dit Regnier, l'avant-garde de l'armée du roi de France, qui vient faire le siège du château de Monfort, que les fils d'Aymon ont fait élever, et où ils se sont retirés. — Vous voyez, reprit Richard, un soldat de Renaud, vous pouvez rapporter à votre maître que le château est pourvu d'hommes et de vivres, et que nous sommes déterminés à nous enterrer sous ses ruines plutôt que de nous rendre. — Ce ne sera pas toi du moins, dit Regnier, qui défendras Montfort. » En disant ces mots, il met sa lance en arrêt. Richard le laisse approcher, évite le fer, et d'un coup d'épée le jette expirant sur la poussière, saisit son cheval et l'envoie à Renaud. Ce combat particulier fut le signal d'une bataille sanglante. Renaud dans ce moment exerçait ses troupes, elles se trouvèrent sous les armes lorsqu'on lui amena le cheval de Regnier ; il se mit à leur tête et arriva au moment où les troupes de l'avant-garde se mettaient en mouvement pour venger leur général. Le premier choc fut très-impétueux ; mais outre la supériorité du nombre, l'armée du fils d'Aymon était fraîche et reposée, et le général, secondé de Richard, ne trouva aucun adversaire digne de lui : cette avant-garde, qui était de dix mille hommes, fut mise en déroute et presque entièrement passée au fil de l'épée.

Charlemagne, qui avait cru venir à une conquête aisée, fut au désespoir en apprenant la perte de ses troupes, et le butin immense que Renaud avait fait et qu'il avait conduit à Montfort. Il fut surtout fâché de la perte de Regnier. Oger lui raconta qu'il avait vivement poursuivi Richard après la bataille, mais qu'il s'était retiré dans le château et qu'il avait fait lever les ponts ; que le château lui paraissait imprenable, tant du côté de la Meuse que de celui de terre. Le roi voulut le reconnaître par lui-même ; il le fit investir et en fit le tour. Il convint que cette place était très-bien fortifiée, et que le siége serait très-long ; il déclara en même temps qu'il ne reviendrait point en France qu'il n'eût les fils d'Aymon en son pouvoir. Sa colère était si vive, qu'il jura de faire périr par les supplices Maugis, Renaud et Richard dans Montfort même. Il protesta qu'il n'accorderait jamais sa grâce à Maugis, qui avait juré par le sang de son père de venger sa mort. Il fit camper son armée autour du château et fit mettre à son pavillon une pierre précieuse qui servait de fanal pendant la nuit, et une pomme d'or d'un prix excessif. Lorsque toutes les tentes furent dressées, il fit venir Naimes, et lui ordonna de faire publier dans tout le camp que personne n'en sortît, ni ne montât à cheval jusqu'à ce que les secours qu'il allait demander fussent arrivés de France. Ganelon proposa au roi d'offrir la paix à Renaud, à condition qu'il livrerait Richard son frère et Maugis. Charles, pour éviter la guerre, y consentit ; et Naimes et Oger furent chargés d'en faire la proposition. Ils se présentèrent à Alard, et lui dirent qu'ils étaient envoyés vers Renaud pour terminer la guerre. On les introduisit auprès de lui. Renaud les reçut avec amitié ; mais lorsqu'il entendit que le roi lui proposait d'envoyer son frère et Maugis à discrétion, et que s'il refusait de les livrer, Charles lui déclarait que la guerre ne finirait que par le supplice des quatre frères, Renaud s'emporta et dit à Naimes : « Je respecte les liens qui m'unissent à vous ; sans cette considération vous m'auriez outragé pour la dernière fois. Quoi ! Naimes, vous, mon allié, mon ami, vous qui devriez vous armer pour ma défense, vous osez me proposer sans rougir une lâcheté que je sais bien que vous n'approuvez pas ! Allez, dites à votre maître que je crains peu ses menaces ; que je puis compter sur mes troupes, et que le dernier de mes soldats préférera la mort à la honte de se rendre. » En même temps, il prit Oger et Naimes par la main, leur fit voir les troupes rangées sur la place, les conduisit dans ses magasins, et leur montra les rues de Montfort remplies de fascines. « Voilà notre dernière ressource, dit-il, si par quelque événement, que je ne prévois point, le roi se rendait maître de la citadelle, chaque habitant a juré de mettre le feu à ces fascines, content de réduire la ville en cendres et de périr avec elle, pourvu qu'il prive Charles de sa conquête.»

Oger et Naimes reprirent à la hâte le chemin du camp, et dirent mot à mot à Charles ce dont Renaud les avait chargés. Le roi, étonné de tant d'audace, frémit de colère : il ordonna un assaut général ; on attaqua trois portes à la fois. Renaud qui, sans rien risquer, avait la facilité de pouvoir faire des sorties contre l'ennemi, au moyen d'une fausse porte percée dans le rocher, voyait toutes les manœuvres du camp de Charles. Il fit mettre toutes ses troupes sous les armes et attendit que les assaillants fussent bien fatigués ; lorsqu'il crut le moment favorable, il fit baisser les ponts et avancer Samson de Bordeaux avec cent cavaliers : après avoir embrassé Richard et ses frères, il les pria de déployer leurs divisions dans la plaine à la faveur de la troupe de Samson. Comme les Français entouraient la ville, ils n'étaient en force nulle part ; Renaud profita de cette circonstance, et ayant fait filer ses soldats par la fausse porte, ils se trouvèrent rangés en bataille avant que Charles pût savoir qu'ils projetaient une sortie. Richard en voulait surtout au comte d'Étampes qui avait succédé à Regnier dans le commandement de l'avant-garde. Les quatre frères, en bon ordre, se jetèrent dans le camp du roi, renversèrent les tentes et passèrent au fil de l'épée tout ce qui s'y rencontra. Renaud, monté sur l'infatigable Bayard, parcourait le camp avec la vitesse de la foudre et y causait les mêmes ravages. Charlemagne, qui dirigeait une des principales attaques de la place, ayant appris que les ennemis pillaient et ravageaient le camp, rappela ses troupes; mais avant qu'elles fussent rassemblées, Renaud ayant réuni les siennes, mit le feu dans tout le camp, et tandis que la flamme dévorait hommes, tentes, chevaux et fourrages, il attaqua le gros de l'armée de Charlemagne; mais, ô honte! il trouve devant lui le vieux Aymon son père; il ne put l'éviter; il baissa ses armes et dit à ses frères de le respecter. « O mon père! lui dit-il, l'air qu'on respire à la cour des rois est-il si empoisonné qu'il ait éteint en vous tout sentiment d'honneur et de tendresse? Vous ne vous êtes pas contenté de nous exclure de l'héritage de nos pères; complice de Charles, qui en veut à nos jours, vous venez l'aider à nous enlever notre dernier asile! Quel crime avons-nous commis contre vous? Parent du roi, au même degré que ce Berthelot qui attaqua mon honneur et ma vie, je n'ai fait qu'opposer la force à la force; s'il a succombé, il n'a eu que le sort ordinaire d'un téméraire agresseur. Que Charles soit assez injuste pour vouloir le venger, c'est à nous de nous défendre; mais qu'il vous mette à la tête de nos ennemis, c'est une lâcheté indigne d'un grand roi, parce qu'il sait bien que vous pourrez nous frapper impunément.

Et vous, mon père, de quel nom appeler votre déférence à ses ordres? Les hommes n'en ont pas encore trouvé pour exprimer certains outrages faits à la nature. »

Ce reproche fit rougir Aymon, qui mit autant de diligence à se retirer que Renaud aurait mis de soin à l'éviter, s'il eût cru le rencontrer. Comme les troupes que conduisait Aymon étaient celles du roi, Renaud ne les ménagea point; il passa les derniers rangs au fil de l'épée; il vit venir à lui Charlemagne, accompagné d'Aubry, d'Oger, du comte Henri, de Foulques de Morillon. Il rallie aussitôt ses troupes et attend de pied ferme l'armée française. Thierry osa marcher le premier contre Renaud. Alard l'aperçoit; il tenait dans le moment le fer d'une lance, il en frappe Thierry et le jette mort aux pieds de son cheval. Thierry était l'ami du vieux Aymon, qui ne pouvant se venger sur son fils, abattit la tête d'un des chevaliers de Renaud. Celui-ci modéra sa fureur, et s'écria seulement : « O ma mère! quelle sera votre douleur, lorsque vous apprendrez que votre époux fait la guerre à ses enfants? » Foulques de Morillon renforça la troupe du roi, et relevant le courage abattu des Français, il les conduisit au plus fort du combat. L'armée de Renaud hésita un moment et recula; Alard s'aperçut de ce mouvement; il prend avec lui cinquante cavaliers, se met à la tête de l'aile que Morillon avait ébranlée, se précipite sur les Français, les presse, les écarte et fait voler autant de têtes qu'il en frappe ; de son côté Renaud inspire le courage aux chevaliers qui l'entourent ; aucun coup ne porte à faux ; les épis ne font pas plus de résistance au fléau qui les écrase ; le sang ruisselle de toutes parts, les gémissements des blessés, les cris des mourants, les hennissements des chevaux excitent la fureur des combattants. Tous s'égorgent ou cherchent à s'égorger sans aucune distinction d'amis, de parents ou de compatriotes. Yon de Saint-Omer est frappé par Guyon, abattu à son tour par Guichard : celui-ci se saisit de son cheval pour en faire présent à Renaud, qui depuis longtemps avait désiré de le donner pour compagnon à Bayard. Renaud rencontra encore Aymon dans la mêlée : ils s'arrêtèrent et furent un moment immobiles ; tandis que le fils le priait de se retirer, et qu'Aymon l'exhortait de bien prendre ses précautions pour ne pas tomber entre les mains de Charles, qui avait juré sa mort, un chevalier nommé Gaymar vint attaquer le jeune héros ; il quitta brusquement son père et fit tomber la tête de Gaymar sur l'arçon de la selle d'Aymon. Ce vieux guerrier, témoin de la fureur de son fils, se retira. Charles, de son côté, voyant que la fortune lui était contraire, avait déjà ordonné la retraite, lorsque Bernard de Bourgogne étendit aux pieds de Renaud Simon le Béarnais, intime ami de Richard. Les quatre frères se réunirent, et fondant tous ensemble sur les troupes du roi, recommencèrent le carnage. Renaud tua ce jour-là de sa main environ trois cents cavaliers, les plus braves de l'armée de Charles ; Alard cherchait le comte d'Étampes, il l'aperçut dans la foule, il se fit jour et pénétra jusqu'à lui ; d'Étampes était brave, un secret pressentiment sembla l'avertir que sa dernière heure était venue. Il attendit Alard en pâlissant, il lui décocha une flèche, elle glissa sur l'écu de son ennemi. Alard pique son cheval, et d'un coup de lance, perce l'écu, brise l'armure et ouvre le sein de d'Étampes, qui expire en tendant les mains vers le ciel. Renaud, qui le vit tomber, courut vers son frère, l'embrassa et le félicita de sa victoire.

Charlemagne ordonna enfin à ses généraux de se retirer ; la retraite de son armée fut aussi meurtrière que la bataille : Renaud la poursuivit jusque dans le camp, et plusieurs chevaliers furent faits prisonniers dans leurs retranchements ; il savait qu'il est souvent dangereux de poursuivre trop loin sa victoire, et que le désespoir peut donner des forces aux vaincus : il ordonna à ses troupes de rentrer dans la place et fit l'arrière-garde avec ses frères ; il ne fut attaqué que par Aymon, qui, avec deux cents cavaliers, harcelait ses enfants : Renaud eut pû mille fois se défaire d'un ennemi aussi opiniâtre ; mais il le respecta toujours ; cependant, comme il le vit acharné après lui et qu'il exposait ses frères à être faits prisonniers, Renaud se contenta d'abattre d'un revers le col de son cheval ; tandis qu'Aymon se débarrassait, Renaud gagna du chemin : les cavaliers qui accompagnaient le vieux guerrier eurent l'imprudence de poursuivre les quatre frères, qui revinrent sur leurs pas et en abattirent cinquante ; le combat était plus animé que jamais, Charlemagne craignit qu'il n'eût des suites funestes : étonné de l'intrépidité de Renaud, il s'avance vers lui, et d'un ton d'autorité il lui ordonne de cesser et lui défend de passer outre. Renaud, tout furieux qu'il est, baisse un front respectueux, et fait signe à ses cavaliers de rejoindre l'armée qui rentrait dans la ville avec un grand nombre de prisonniers.

Charlemagne revint dans son camp ; toutes les tentes avaient été brûlées : cet événement retarda les opérations du siége qui dura treize mois, pendant lesquels il ne se passa jamais huit jours d'intervalle d'un combat à l'autre. Le roi avait juré qu'il ne rentrerait point en France qu'il n'eût emporté Montfort, et que les fils d'Aymon ne fussent en son pouvoir. Renaud avait fait faire des propositions de paix ; il avait chargé Oger de représenter au roi que jamais Montfort ne céderait à la force ; mais que s'il voulait consentir que la garnison sortît avec tous les honneurs de la guerre, et rendre son amitié à ses frères et à lui, ils lui livreraient la place ; Foulques de Morillon, qui apprit cette négociation, empêcha le roi de rien conclure.

La longueur du siége impatientait également les assiégeants et les assiégés. La situation du fort était telle que Renaud et ses frères étaient maîtres d'une grande étendue de pays où ils allaient chasser, sans avoir rien à craindre de la part des assiégeants ; ils sortaient et rentraient quand ils voulaient, à couvert des fortifications qu'il eût fallu emporter pour couper la communication du château avec ses environs. Charlemagne, voulant faire un dernier effort, assembla tout son arrière-ban. Naimes, qui voyait les difficultés de prendre Montfort, conseilla au roi de retourner en France et d'attendre un moment plus favorable ; Hernier de la Seine fut d'un avis contraire, et offrit au roi de lui livrer, en moins d'un mois, les quatre fils d'Aymon, à condition qu'on lui donnerait la ville, tout ce qui s'y trouverait et le domaine de cinq lieues aux environs. Charlemagne y consentit et promit à Hernier de lui fournir les troupes qu'il lui demanderait pour cette expédition. Hernier demanda mille bons cavaliers et un général habile. Le roi lui donna Guyon de Bretagne, et lui permit de choisir à son gré mille combattants de l'élite de son armée. Hernier ordonna à Guyon d'embusquer ses mille combattants sur la montagne, dans un bois à peu de distance d'une des portes du château.

Lorsque ces dispositions furent faites, Hernier monte à cheval, bien armé, et va tout seul se présenter à une des portes opposées ; il cria aux sentinelles d'avoir pitié de lui, qu'il était vivement poursuivi par le roi pour avoir voulu prendre la défense de Renaud en présence de la cour. Comme il était seul, il n'inspira aucune méfiance ; on baisse le pont et on l'introduit dans la place. Il demande à parler à Renaud, on le conduit au jeune héros; Hernier tombe à ses genoux et le prie de lui donner un asile contre la fureur du roi, qui veut le faire périr du même supplice qu'il destine aux quatre fils d'Aymon pour avoir voulu repousser la calomnie dont quelques courtisans les accablaient. « Toute vérité qui ne flatte point, ajouta-t-il, est odieuse à la cour des rois. On a persuadé à Charlemagne que j'entretenais une intelligence secrète avec vous ; on a séduit des témoins, et cette nuit même je devais être arrêté. L'innocence n'est pas toujours malheureuse ; un ami a découvert cette trame abominable ; il est venu secrètement m'avertir de tout ce qui se passait, et m'a facilité les moyens de m'arracher à une mort ignominieuse : une heure plus tard j'aurais été sacrifié à l'imposture. »

Renaud accabla le traître de caresses : il lui demanda des nouvelles de ce qui se passait au camp. Hernier l'assura que si Montfort tenait encore quinze jours, le roi serait obligé de lever le siège, parce que l'armée, affaiblie par tant de combats, manquait de vivres et qu'on ne pouvait plus en tirer de la France, qui se trouvait elle-même dans la disette; que déjà la plupart des chevaliers s'étaient retirés et qu'il mourait tous les jours un grand nombre de soldats.

Renaud, qui n'avait aucune raison de se méfier d'Hernier, l'engagea de rester avec lui. On chercha tous les moyens de le consoler et de lui faire espérer un meilleur sort ; on le logea dans la ville, et comme il feignit d'être fort fatigué, il demanda qu'on lui permît d'aller se reposer.

Hernier attendit que tout le monde fût retiré : on avait combattu pendant toute la journée, soldats et chevaliers, tout dormait ; on n'entendait aucun bruit. Hernier sort à petit bruit, va baisser le pont, coupe la gorge à la sentinelle, prend les clefs et ouvre la porte. Guyon de Bretagne qui était aux aguets, voyant la porte ouverte, fait glisser sa troupe à petit bruit ; on égorge quelques patrouilles, et l'on va se rassembler sur la place. C'en était fait des quatre frères et de la garnison sans la négligence des palefreniers de Renaud ; plongés dans l'ivresse la plus profonde, ils avaient laissé les chevaux à l'abandon ; celui d'Alard, plus vif que les autres, les tourmentait ; Bayard s'échappe, et ses hennissements éveillent Alard et Richard ; ils se lèvent et aperçoivent, au clair de la lune, l'éclat des armes ; ils entendent un bruit confus, ils courent dans l'appartement d'Hernier et ne le trouvent point ; ils se doutent de la trahison. Alard revient soudain auprès de Renaud pour l'avertir de tout ce qui se passe. Renaud était tout armé; il se lève; il ne trouve que trente cavaliers; il court sur la place; il rencontre Guyon avec cent combattants qui fermaient la principale rue. Renaud appelle ses frères, ils passent au fil de l'épée cette petite troupe. Les Français tenaient une partie des soldats de Renaud enfermés dans la cour du château où le sang ruisselait; lorsqu'ils entendirent que Renaud attaquait Guyon, ils craignirent d'être surpris; ils mirent le feu au château et dans plusieurs quartiers de la ville : Renaud et ses frères avaient à combattre contre les ennemis et contre les flammes; ils sortent de la ville; ils aperçoivent dans le fossé une troupe qui attendait le signal; ils s'y précipitent et ne laissent échapper personne. Ils rentrent dans le château. Un grand nombre d'ennemis avaient suivi les quatre héros comme ils étaient entrés dans le fossé, on les avait perdus de vue; les Français les cherchaient de tous côtés : les fils d'Aymon, en rentrant dans la place, ferment la porte et lèvent les ponts. N'ayant plus à craindre que le roi envoyât de nouvelles troupes, et débarrassés de celle qui était dehors, ils volent aux lieux où Hernier, avec trois cents combattants, mettaient tout à feu et à sang, à peine sont-ils arrivés que tout change de face : Hernier et les siens cherchent à s'échapper; ils veulent gagner le pont, ils le trouvent levé et la porte fermée. Les fils d'Aymon, qui avaient rassemblé leurs troupes, passent les trois cents combattants au fil de l'épée ; ils les font jeter par dessus les remparts dans les fossés : il ne réservent qu'Hernier et douze des siens.

CHAPITRE V

Danger de Renaud et de ses frères. — Hernier leur propose de leur livrer le trésor de Charlemagne. — Renaud le fait écarteler. — Retraite des quatre paladins. — Regret de Renaud à l'aspect de Montfort embrasé. — Charlemagne les poursuit avec son armée. — Renaud se retire en vainqueur. — Retraite de Charlemagne. — Combat d'Aymon contre ses enfants.

Le château et la ville de Montfort étaient toujours la proie des flammes ; elles avaient consommé tous les vivres ; la garnison avait été égorgée. Il ne restait plus aux fils d'Aymon que cinq cents hommes. Il était très-aisé à Charlemagne de prendre d'assaut ou d'affamer cette malheureuse ville. Renaud sentit tout le danger de cette situation ; il proposa à ses frères de rassembler ce qui leur restait de monde, et d'abandonner à Charlemagne une proie inutile ; ils furent tous de cet avis, et le départ fut remis à l'entrée de la nuit.

Hernier et les douze Français furent témoins de la délibération : le traître conçut l'espérance de sauver sa vie. « Je sais, dit-il aux fils d'Aymon, que je mérite la mort ; je ne demande aucune grâce ; j'ai voulu vous livrer vivant à Charlemagne votre ennemi ; il est juste que vous m'en punissiez ; mais que vous importe que ce soit plus tôt ou plus tard? Vous vous proposez de sortir et d'aller former un nouvel établissement; avez-vous songé aux forces redoutables de Charlemagne, au petit nombre de gens qui vous restent, et aux difficultés que vous aurez pour traverser le camp des Français qui vous entoure de tous côtés? Dans quelque endroit que vous alliez, il faut que vous vous ouvriez une voie à travers vos ennemis. J'en sais une; c'est celle où j'avais embusqué les mille combattants que j'ai introduits dans la place : elle est inconnue du reste des Français et peut-être de vous-mêmes; je vous dirai plus, cette route communique, par un sentier écarté, au pavillon du duc Naimes, dans lequel est déposé le trésor du roi. Je ne vous demande que trente hommes pour enlever Naimes et le trésor. Si vous acceptez les services que je vous offre, la seule récompense que je vous demande, c'est de m'employer contre vos ennemis et contre Charlemagne lui-même. — Traître, lui répondit Renaud, nous ne voulons ni de tes services ni de toi. Tu trahis dans ce moment même ou Charlemagne ou nous; qui que ce soit que tu trompes, tu n'en mérites pas moins la mort. » Aussitôt Renaud ordonne qu'on le dépouille de ses habits et qu'on l'attache par chacun de ses membres à quatre chevaux des plus vigoureux. Le lâche Hernier tombe à ses genoux, pâle et tremblant; sa trahison avait inspiré de la haine, ses larmes firent naître le mépris.

Il fut exécuté, et les douze prisonniers périrent par le gibet.

Dès que la nuit fut venue, les quatre fils d'Aymon firent monter leur petite troupe à cheval ; ils mirent au centre leur trésor et leurs équipages ; Guichard et Richard, avec cent hommes, firent l'avant-garde ; Alard et Renaud, avec cent autres hommes, escortaient le convoi. Quoique cette petite armée fût divisée en trois corps, elle n'en formait qu'un par leur marche serrée. Un petit détachement de vingt-cinq hommes, commandé par un chevalier d'une expérience consommée, précédait la troupe pour lui servir de védette, et pour fouiller les haies et les buissons, de crainte de surprise.

La troupe sortit du château dans cet ordre. Renaud ne put s'empêcher de tourner vers Montfort embrasé ses yeux inondés de larmes. « Adieu, cher et malheureux asile, s'écria-t-il, berceau de notre gloire, et qui, sans la trahison de Hernier, aurais vu briser à tes pieds toute la puissance de Charlemagne. Tu n'es plus qu'un monceau de cendres, et les fondateurs auraient de la peine à trouver, dans ta vaste enceinte, l'espace qu'il leur faudrait pour reposer leur tête. O mon cher Alard ! nous n'irons plus, au retour des combats, nous reposer sous les bosquets naissants qui couvraient ses environs. »

Alard consolait Renaud, et lui faisait espérer un meilleur sort. « Ce n'est, lui disait-il, que dans l'infortune que le héros est véritablement héros. Aucun chevalier ne vous surpasse en valeur, et le ciel jusqu'à ce jour a protégé votre vertu. Que nous importe celui-ci ou un autre? L'Allemagne, où nous allons, vous offrira des situations aussi heureuses et un climat aussi doux. La patrie d'un grand homme est partout où il porte l'exemple de ses vertus. Nous nous nous ferons partout un autre Montfort. Les cendres de celui que nous quittons sont plus glorieuses pour nous, que des palais que nous aurions acquis par une lâcheté. » Renaud embrassa son frère; il se sentit animé d'une nouvelle ardeur, et ne songea plus qu'aux moyens d'éviter le camp de Charlemagne ou de brusquer le passage.

Charlemagne n'avait point encore eu de nouvelles d'Hernier et de sa troupe; ils voyaient Montfort en flammes, et les soldats que Renaud avait laissés hors de la ville lui avaient raconté ce qu'ils avaient vu; mais ils ne comprenaient pas comment Hernier, ayant mis tout à feu et à sang, ne revenait pas; ni pourquoi le pont était encore levé. Lorsque Renaud fut parti, deux soldats qui avaient évité la mort en se cachant dans les débris d'une maison voisine de la place, rapportèrent au roi les actions héroïques des fils d'Aymond, leur départ, la mort d'Hernier, et la destruction de Monfort. « O honte! s'écria Charlemagne : quoi! ni la force, ni la ruse, ni le nombre, ne pourront mettre en mon pouvoir Renaud et ses frères? Au milieu des flammes ils me bravent encore! Charles vainqueur de l'Allemagne et de l'Italie, Charles la terreur des Sarrasins, sera donc le jouet de quatre jeunes gens! » Naimes le consola et lui reprocha d'avoir plutôt écouté Hernier que lui; il ajouta que puisque leur troupe était réduite à un si petit nombre, il fallait l'attaquer dans sa marche. Charlemagne envoya ses ordres et le camp se mit en mouvement.

Guichard, qui conduisait l'avant-garde, fut instruit aussitôt du projet de Charles; il ne lui donna pas le temps de faire ses dispositions; il fait avertir ses frères, et marche avec fierté contre le roi. Renaud ordonne à vingt hommes de conduire les équipages sur les derrières, et vient joindre ses frères avec Alard; et tous les quatre, sans donner le temps à l'ennemi de se reconnaître, frappent, tuent tout ce qu'ils rencontrent, renversent les tentes, écartent les ennemis de droite et de gauche, ouvrent une large route à leurs équipages, et jettent la consternation dans le camp. Naimes a rassemblé quelques troupes; Richard et Renaud lui font face; ils écrasent les premiers rangs, le reste prend la fuite, et Naimes est entraîné par le torrent.

Les quatre fils d'Aymon ont traversé le camp sans avoir perdu un seul homme; ils ne doutèrent pas que Charlemagne ne les fît poursuivre. Renaud fit marcher ses équipages devant, leur assigna un lieu pour le rendez-vous, et leur ordonna la plus grande diligence. Dès le point du jour, Charles suivi d'Oger, de Naimes, de Foulques de Morillon, parurent à la tête de l'armée. Les quatre frères s'arrêtent; le roi, oubliant son rang et n'obéissant qu'à sa colère, met sa lance en arrêt contre Renaud, qui en détourne le fer et s'éloigne : Charles revient sur lui plus furieux; Renaud, ne se possédant plus, s'élance; Hugues se met au-devant du roi et reçoit le coup mortel. Aussitôt Charlemagne, transporté de courroux, ordonne à ses chevaliers d'attaquer la troupe des quatre frères; mais ils firent si bonne contenance qu'elle ne put jamais être entamée : elle se battit en retraite pendant treize lieues, Charlemagne la harcelant toujours inutilement, et Renaud se battant sans cesse et tuant ou blessant quelques-uns des ennemis, sans qu'il perdît un seul de ses combattants; il parvint ainsi jusqu'à une rivière; Renaud avait l'art de passer les fleuves en présence de l'ennemi, sans avoir à craindre d'en être inquiété; il sonda le gué lui-même, traversa avec quelques cavaliers, et lorsqu'il eut frayé le chemin, il vint reprendre l'arrière-garde; Charles essaya en vain de les suivre, Renaud avait fait rompre le gué, et d'ailleurs il se fortifia si bien, que le roi eût sacrifié toute l'armée, sans qu'il lui eût été possible d'emporter ses retranchements.

Enfin Charles, désespérant de pouvoir prendre les

fils d'Aymon, assembla son conseil : Naimes fut d'avis que le roi retournât en France ; il lui représenta qu'il était d'une obstination indigne d'un si grand roi, de courir après un si petit nombre de personnes, avec une armée si formidable, et que la légèreté des fils d'Aymon les mettait à couvert de ses forces. Naimes fut d'avis qu'il suspendît sa vengeance, jusqu'à ce que ses ennemis se fussent fixés dans quelques pays. Son avis fut suivi ; Charles ramena son armée, et en passant, il fit raser les murs et les tours de Montfort.

De retour à Paris, Charles congédia ses troupes, les chevaliers s'en retournèrent chez eux ; chacun se disait en soi-même : « Il n'est pas étonnant que je n'aye pu venir à bout de surprendre quelqu'un des enfants d'Aymon, puisqu'ils ont échappé au plus grand roi du monde ; » et Charlemagne se consolait en disant : « Il faut que les fils d'Aymon soient les plus vaillants hommes de la terre, puisque ni moi ni mes chevaliers n'avons pu les vaincre. »

Le vieux duc Aymon suivait, tout consterné, le chemin de son pays ; il traversait la forêt des Ardennes avec une troupe nombreuse ; quelle fut sa surprise, lorsqu'il rencontra ses enfants auprès d'une fontaine ! Il s'arrête et demande conseil à ses amis ; mais aucun d'eux n'osa hasarder son avis entre un père et ses enfants. « Eh bien, dit le vieux Aymon, je ne consulterai que moi-même, et mon exemple apprendra à toute la terre que, lorsqu'il faut servir son roi, on ne doit rien considérer ; un vrai chevalier, lorsqu'il s'agit de l'honneur, n'a ni père, ni femme, ni enfants. » Aussitôt il envoie défier Renaud, qui refusa le combat ; mais le père inexorable fit dire à ses quatre fils de songer à se défendre, ou qu'il les traiterait comme des lâches. Aymon range sa troupe et s'avance en furieux contre Renaud et ses frères ; ils cherchèrent plutôt à éviter ses coups qu'à en porter ; Renaud se jeta au milieu de la troupe d'Aymon et la força de reculer. Aymon la rallia, et revint avec plus de furie ; l'ordre que ses enfants avaient donné à leurs combattants de ménager leur père, devint funeste : une grande partie des gens d'Aymon furent tués ; mais Renaud et Richard craignant toujours que quelque trait échappé n'allât blesser leur père, faisaient faire à leurs bataillons de fausses manœuvres. Enfin de cinq cents, leur troupe se trouva réduite à cinquante, dont encore quelques-uns étaient blessés. Renaud et ses frères toujours poursuivis par Aymon, gagnèrent une hauteur ; la situation du terrain suppléant au nombre des combattants, ils se défendirent avec avantage ; tous ceux qui s'approchaient étaient moissonnés. Alard eut son cheval tué de la main même de son père ; il allait être fait prisonnier, si Renaud eût tardé plus longtemps de venir à son secours. Aymon avait déjà saisi Alard ; Renaud frémit, et renversant son père : « Cruel, lui dit-il, c'est malgré moi que je porte sur vous une main téméraire ; mais vous m'y forcez pour vous épargner un parricide. » Il dégage Alard et le fait monter en croupe sur Bayard. Cet intrépide coursier parut plus léger encore lorsqu'il fut chargé de ce double fardeau. Renaud, après cette action, semblait avoir acquis de nouvelles forces ; il porta aux gens de son son père les coups les plus terribles et les força de reculer.

Le combat semblait fini, lorsque Hermenfroi vint attaquer Renaud et le menaça de le livrer à Charlemagne ; Renaud indigné met sa lance en arrêt et perce le chevalier : il arrête son cheval et le donne à Alard. Fier de ce présent, Alard attaque Arfroi, le le plus vaillant des chevaliers d'Aymon. Arfroi, depuis le commencement de cette guerre, avait inutilement cherché l'occasion de se battre contre quelqu'un des quatre frères ; mais celle-là fut la seule ; Alard le renversa mort du premier coup. Aymon, à qui il restait encore dix fois plus de monde qu'à ses fils, voulut venger la mort de ces deux chevaliers ; il attaqua Alard avec toutes ses forces, Renaud vient au secours, Richard et Guichard se joignent à eux, leur petite troupe était si fatiguée qu'ils combattaient seuls ; il se battirent en retraite jusqu'à une rivière, dont ils facilitèrent le passage à leurs gens ; là, tournant le dos à la rivière, ils paraissaient comme quatre rochers, contre lesquels venaient échouer tous ceux qui osaient les attaquer. S'ils avaient eu seulement cinquante combattants, c'en était fait de la troupe d'Aymon ; il ne leur en restait que quatorze. Lorsque les fils d'Aymon le virent sur les rivage opposé, ils s'avancèrent dans les flots. Leur père envoya encore après eux une partie de sa troupe qui, malheureusement pour elle, s'engagea trop avant dans la rivière ; lorsque Renaud et ses frères la virent lutter contre le torrent, ils se rapprochèrent, et allant de soldat en soldat, ils ne firent qu'élever et laisser retomber leurs lances sur leur tête, et ils les submergèrent tous l'un après l'autre.

Aymon et Renaud avaient rejoint leur monde ; chacun de son côté éprouva la même tristesse en voyant le mal qu'ils s'étaient fait l'un à l'autre. Aymon flottait entre le remords de sa dureté envers ses enfants, et la satisfaction secrète d'avoir prouvé à son roi qu'il détestait leur félonie ; il ne put refuser des larmes à leur sort ; ils avaient tout perdu, et il n'osait les secourir. Il fit enterrer les morts, et après s'être arrêté une seule nuit dans ses États, il reprit le chemin de Paris, avec les corps des deux chevaliers qu'il fit conduire après lui ; il se présenta à Charlemagne, et lui raconta tout ce qui venait de se passer ; il témoigna surtout un grand regret de n'avoir pu faire prisonniers ses quatre enfants, pour les lui remettre, faisant peu de cas du grand nombre d'hommes qu'il lui en avait coûté, s'il eût pu réussir.

Charlemagne, dont l'âme était grande et généreuse, et qui ne pouvait refuser son estime au courage de Renaud et de ses frères, jeta un œil d'indignation sur Aymon. « Depuis quand, lui dit-il, l'aigle dévore-t-il ses petits ? C'est vainement, Aymon, que vous voudriez persuader à un roi, qui est père comme vous, que vous avez fait à vos enfants tous les maux que vous dites ; ce que je puis faire de mieux en votre faveur, est de croire que vous me trompez ; car, quelque odieux que soit le mensonge, il l'est encore moins que l'aveu parricide que vous me faites. »

Aymon fut ému de honte et de colère. « Des reproches et des injures, répondit-il, sont donc la récompense des services que l'on rend aux rois ? Je les mérite sans doute, puisque mon zèle pour un ingrat m'a fait étouffer les cris de la nature ; mais on a toujours tort avec les princes, quand tout ne réussit point au gré de leurs vœux. Si j'avais resté neutre entre mes enfants et vous, vous m'auriez cru leur complice ; vous me combleriez de faveurs, si je les amenais à vos pieds. Quoi qu'il en soit, il n'en est pas moins vrai que j'ai sacrifié tous mes vassaux, que j'ai fait périr leurs troupes, et que je les ai réduits à la dernière extrémité ; si quelque flatteur de votre cour veut soutenir le contraire, je lui prouverai qu'il a menti. » A ces mots, Aymon furieux, sortit du palais du roi, et sans prendre congé, remonte à cheval, et revient auprès de la duchesse ; elle était venue au-devant de lui ; après avoir embrassé son époux, son premier soin fut de lui demander des nouvelles de leurs enfants. Aymon lui raconta tout ce qui s'était passé depuis la mort de Berthelot, jusqu'à l'accueil que Charlemagne venait de lui faire.

« Juste récompense de votre cruauté, lui dit-elle ! Eh quoi ! barbare, n'était-ce pas assez d'avoir promis au roi de ne prendre aucun parti ni pour ni contre vos enfants ? c'était le plus grand sacrifice qu'il pût exiger d'un père. Parmi les monstres des forêts, en est-il quelqu'un qui, voyant ses petits en danger, ne fasse tout ce qu'il peut pour les secourir ? et vous, sans aucune nécessité, par une vile adulation, vous les persécutez, vous faites tous vos efforts pour les livrer à un ennemi qui a juré leur perte ! Lorsque vous avez tourné vos armes contre eux, que vous les avez forcé à se défendre, que le brave Renaud s'est contenté de détourner le fer de votre lance, moins pour éviter la mort que pour vous épargner un parricide, vos entrailles ne se sont point émues ? O mes enfants ! que ne puis-je dans ce moment vous aider à supporter les maux où votre père vous a plongés !... » Aymon l'interrompit : « Ah ! chère épouse, n'ajoutez point aux remords qui me déchirent. Vous l'avouerai-je ? c'est malgré moi que j'ai combattu contre mes fils ; je croyais qu'il fallait tout sacrifier à son maître... — Oui, reprit la duchesse, tout, excepté la nature ; elle a ses droits sur l'esclave le plus abject et le plus soumis. »

Aymon, l'âme flétrie par tant de reproches, allait tomber aux pieds de son épouse ; elle le retint dans ses bras, et y retrouva les sentiments qu'il avait si longtemps combattu.

CHAPITRE VI

Extrême misère des fils d'Aymon. — Ils ont recours à leur mère. — Entrevue touchante. — Colère feinte et politique d'Aymon. — Ils sortent du château avec cent hommes d'armes, et comblés de présents et de bienfaits de leur mère. — Aymon les attaque et leur donne trois cents hommes d'armes. — Maugis est à leur tête. — Renfort de trois cents hommes. — Offre de service au roi de Gascogne.

Les malheureux fils d'Aymon, après avoir perdu leurs soldats et leur trésor, erraient dans les forêts d'Ardenne, disputant aux bêtes féroces leur nourriture, vivant de la chasse, et n'ayant d'autre asile, pour se garantir du froid, que des tanières d'animaux, ou des cavernes humides et couvertes de neige. Leurs chevaux ne trouvaient que des feuilles sèches et des racines ; à peine pouvaient-ils porter leurs maîtres. Le seul Bayard avait conservé toute sa vigueur. Les armes des chevaliers dépérissaient comme eux ; si la justice ne les eût pas dirigés, s'ils avaient été aussi cruels que leur père, ils auraient pu se servir de leur force pour mettre à contribution ses vassaux ; ils auraient pu, par des pirateries presque nécessaires, vivre à ses dépens et l'affamer dans son château. Ce qui les chagrinait le plus, c'était que dans l'état où ils étaient réduits, ils ne pouvaient aller chercher les aventures, ni offrir leurs services à quelque prince. Car, comment se présenter sans armes et sans argent ? d'ailleurs une grande partie de l'Europe était soumise à Charlemagne, et il était dangereux de se montrer sans escorte.

Renaud dit un jour à ses frères : « Nous languissons depuis longtemps dans une honteuse oisiveté ; ne nous sera-t-il donc jamais permis de sortir de de ces tristes forêts ? La crainte d'un père dénaturé doit-elle nous priver pour jamais de revoir les lieux qui nous ont vus naître et de voler dans les bras d'une tendre mère ? Quelque alarmée qu'elle doive être sur notre sort, quelle serait sa peine si elle savait notre situation ? Il n'y a cependant qu'elle qui puisse nous en retirer ; mais comment la lui faire connaître ? » Alard l'interrompit : « En allant nous-mêmes, dit-il, implorer son secours, qu'avons-nous à craindre ? Quelque irrité que soit notre père, vous savez que nous sommes chéris dans ses États, il n'oserait jamais attenter sur nous ; d'ailleurs nous sommes si changés, la nature lui parle si peu en notre faveur, qu'il aurait bien de la peine à nous remettre. »

Alard décida ses frères ; ils attendirent que la nuit fût venue et se mirent en route pour arriver le lendemain, dans le temps qu'ils savaient qu'Aymon était à la chasse. Ils s'arrêtèrent à quelque distance du château, ils s'informèrent si le duc Aymon y était; ils apprirent qu'il chassait depuis le matin avec quelques seigneurs du voisinage; ils avancèrent alors avec sûreté, non sans jeter l'épouvante et l'étonnement dans l'esprit du peuple. La maigreur de leurs chevaux, les visages pâles et livides des chevaliers, leurs barbes longues et épaisses les rendirent méconnaissables à leurs meilleurs amis; on les prenait pour de pauvres étrangers échappés au fer des Sarrasins; personne ne se douta de la vérité; ils demandèrent à parler à la duchesse, on les introduisit dans le château, qu'ils parcoururent sans rencontrer personne, ils parvinrent jusqu'à son appartement; elle se leva et vint au-devant d'eux.

« Que demandez-vous, leur dit-elle, qui êtes-vous, et en quoi puis-je vous servir? — Généreuse princesse, répondit Alard, nous sommes quatre infortunés échappés à la fureur d'un prince injuste, qui a juré notre perte, et qui nous a ôté jusqu'à la volonté de nous venger de lui. La pauvreté est le moindre de nos malheurs; le cruel! il nous éloigne de ce que nous avons de plus cher au monde. — Hélas! s'écria la duchesse, c'est sans doute de vos épouses ou de vos enfants. J'en eus quatre qui faisaient toute la joie de leur mère. Un sort cruel les éloigne de moi, peut-être ne les reverrai-je jamais;

ils sont persécutés comme vous ; comme vous ils gémissent peut-être dans une pauvreté avilissante; car, quel est le prince assez généreux pour braver, en les secourant ou en les prenant à son service, le courroux de Charlemagne? C'est ce puissant roi qui les poursuit et qui peut-être a mis leur tête à prix. — Ils auront sans doute, interrompit Richard, pris leurs précautions pour n'être pas reconnus. — Hélas! dit la duchesse, ils ne sont que trop aisés à reconnaître ; beaux, jeunes, à la fleur de leur âge, chargés d'exploits glorieux, leurs noms se sont rendus célèbres aux deux bouts de la terre..... Ah! je la déteste cette célébrité qui faisait autrefois ma gloire..... Mais pourquoi vous importuné-je de leurs éloges? pardonnez une mère qui cherche des cœurs sensibles qui puissent partager sa tendresse. Vous êtes malheureux comme mes fils, vous devez m'être chers, exposez-moi vos besoins avec confiance. »

Renaud fondait en larmes, son affliction attira les regards de la duchesse, elle le fixe, il baisse la vue en s'écriant : « Ah! Madame, pourquoi la nature ne parle-t-elle pas au cœur de votre époux, comme elle se fait entendre au vôtre? » Cette réflexion la frappa ; malgré l'épaisseur de sa barbe et le hâle qui le défigurait, elle crut démêler les traits de l'aîné de ses fils ; elle releva les cheveux qui lui couvraient le front et reconnut une cicatrice que Renaud eut dans son enfance. « Ah! mon fils, s'écria-t-elle, ah!

Renaud..... » Ne pouvant suffire à sa tendresse, elle s'évanouit ; Renaud appela du secours, et lorsque la duchesse revint, elle se trouva dans les bras de ses enfants ; elle ne savait à qui elle devait prodiguer plus de caresses ; elle leur fait mille questions à la fois, et sans leur donner le temps de lui répondre, elle ordonne qu'on leur prépare un superbe festin. Tantôt c'est du soin de leur parure qu'elle paraît occupée, tantôt c'est de celui de leur procurer du repos : elle voudrait satisfaire tous leurs besoins à la fois ; elle leur parle d'Aymon, leur raconte l'accueil que Charlemagne lui avait fait, et le repentir qu'il éprouve. Ils sont pénétrés de joie de ce retour de leur père ; ils veulent aller au-devant de lui, leur mère les arrête, l'âme d'Aymon n'était pas encore assez calme pour les voir de sang-froid ; elle se charge de le prévenir sur leur arrivée ; elle entend du bruit dans la cour du château, c'était Aymon qui revenait de la chasse ; elle les fait cacher dans un cabinet voisin, et l'attend dans le trouble et l'agitation. Il entre ; elle court à lui en fondant en larmes : « Ah! mon ami, s'écrie-t-elle, je viens d'apprendre des nouvelles de nos enfants ; réduits à l'indigence, accablés de maux, la crainte de votre courroux ne leur permet point d'aller offrir leurs services à aucun prince ni seigneur. Depuis votre dernier combat il ont erré dans les forêts. Un seul témoignage de votre amitié les ramènerait à vos genoux. »

Aymon se sentit attendri ; il était agité de différents mouvements. Il eût voulu les revoir, la crainte de déplaire à Charlemagne le retenait ; il consentait que son épouse les rappelât, il le défendait un moment après. Il avait devant les yeux les flammes qui avaient consumé Montfort ; il craignait le même malheur pour ses États. Il ne savait que résoudre, lorsque la duchesse s'élance de ses bras dans le cabinet où étaient ses enfants, et les conduit aux genoux de leur père. « Les reconnaissez-vous dans cet état, lui dit-elle, cruel ! il ne vous reste plus qu'à les livrer au roi. Ah ! s'il les voyait dans l'humiliation où vous les avez réduits vous-même, il en serait touché. » Aymon, la vue égarée, cherchant à se distraire d'un spectacle qui l'attendrissait malgré lui, étouffait ses larmes et ses soupirs. Enfin, la crainte et l'ambition l'emportant sur sa tendresse : « Fuyez, leur dit-il, fuyez le juste courroux d'un père et d'un roi. Ah ! malheureux, dans quels maux vous me plongez ! — O mon père ! s'écria Renaud, quel plus grand mal pouviez-vous nous faire ? c'est vous qui avez détruit notre dernière espérance. Je vous jure que nous ne voulons aucun mal à Charlemagne, et que nous ne désirons que de le forcer à la paix ; nous en serions venus à bout. — La paix avec des traîtres ! reprit le duc : ah ! ne l'espérez jamais ; il me soupçonne de favoriser secrètement vos desseins, et cela suffit pour que je doive m'opposer à tout accord. — O ciel !

interrompit la duchesse ; non, mes enfants, votre père ne le pense pas, je l'ai vu s'attendrir sur votre sort ; il vous aime ; il partage ma tendresse pour vous, ménagez un reste de faiblesse. — Eh bien! reprit Alard, nous allons le délivrer de notre présence importune ; mais du moins qu'il ne nous refuse point un secours qu'il accorderait à des chevaliers étrangers et malheureux. »

Aymon ne put retenir plus longtemps ses larmes. « Non, dit-il, c'est moi qui vais fuir, et ne pas vous priver de jouir des caresses de votre heureuse mère. Madame, continua-t-il, en se retournant vers elle, je ne serai de retour qu'après-demain ; vous êtes la dépositaire de mes trésors, vous pouvez en disposer comme vous jugerez à propos. Adieu, je pars. » Il l'embrasse, lui recommande le plus grand secret et va rejoindre les chevaliers avec lesquels il venait de chasser.

A peine fut-il sorti, que cette tendre mère, les embrassant l'un après l'autre, leur fit observer que, si leur père ne leur donnait pas les témoignages des sentiments qu'il éprouvait, c'était par contrainte, et qu'ils ne devaient pas l'en aimer moins ; qu'ils pouvaient être assurés de son amour, et que dans tout ce qui ne regarderait pas le roi, il ne leur serait pas contraire. Renaud et ses frères la prièrent d'être médiatrice entre leur père et eux ; ils lui jurèrent qu'ils avaient et qu'ils auraient toujours pour lui l'amour le plus tendre, dût-il les haïr.

La duchesse les fit dîner avec elle, et dans la crainte que ses sentiments ne trahissent le secret que son mari lui avait recommandé, elle fit sortir tout le monde; elle leur donna des armures et un habillement convenable à leur état; elle fit venir Mainfroi, le fils de son écuyer, jeune homme d'une sagesse et d'une valeur reconnue; elle le fit mettre à côté d'elle et lui demanda s'il ne désirait point de s'attacher à quelque brave chevalier pour mériter de le devenir à son tour. Mainfroi lui répondit que le seul chevalier qu'il eût voulu servir, était Renaud ou quelqu'un de ses frères; mais que désespérant de les revoir jamais, il avait renoncé à tout autre service qu'à celui de la duchesse. Alors elle lui dit tout ce qui se passait; Renaud embrassa Mainfroi, qui se consacra à lui dès ce moment. On lui dit de quelle importance il était que personne ne sût que les fils d'Aymon étaient avec leur mère; on le chargea d'engager trois autres écuyers qu'on lui nomma, pour partir dans la nuit du lendemain. Mainfroi promit le secret le plus inviolable et se chargea des préparatifs du voyage; il eut le plus grand soin des chevaux des chevaliers, et surtout il cacha aux trois écuyers les noms de ceux qu'ils devaient servir, ils ne les apprirent que lorsqu'ils furent hors des États de Charlemagne.

La duchesse, pendant tout ce jour et le lendemain, distribua à ses enfants le trésor de leur père, leur fit faire un équipage brillant, et Mainfroi ordonna, au nom du duc Aymon, une levée de cent hommes pour se rendre dans trois jours à Sedan.

Tout ayant été conduit dans le plus grand secret, et la nuit étant déjà avancée, ils montèrent à cheval dans la cour du château. Leur mère fondait en larmes du regret de les quitter ; elle les embrassa mille fois ; ils ne pouvaient se séparer d'elle ; ils lui recommandèrent leur père ; elle les assura de son amitié, et les exhorta de se conduire toujours aussi sagement qu'ils l'avaient fait.

Enfin ils sortirent du château ; ils trouvèrent à peu de distance de la ville leurs écuyers qui les attendaient. A peine furent-ils hors des Ardennes qu'ils rencontrèrent le duc Aymon avec trois cents hommes magnifiquement équipés. Les quatre frères en furent effrayés ; ils arrêtèrent ; Aymon quitte sa troupe, s'avance vers Renaud et lui dit en secret : « Mon fils, je suis au désespoir des maux que je vous ai causés ; c'est malgré moi que je vous ai combattus ; c'est à la politique que je vous ai sacrifiés et non à mon ressentiment. Après tout ce que j'ai fait contre vous, je suis encore suspect à Charles, que serait-ce si j'avais gardé plus de ménagements? Je ne puis me justifier d'un crime qu'en paraissant coupable d'un autre. Telle est ma situation. Adieu, les trois cents hommes qui me suivent sont à vous ; le chevalier qui les conduit va feindre de m'abandonner, il sait mon secret, il n'en abusera pas. Adieu, soyez toujours aussi braves, aussi prudents et aussi généreux que vous l'êtes »

En disant ces mots, il prend un air courroucé et s'éloigne en menaçant ses enfants ; il met sa lance en arrêt et appelle sa troupe à son secours : celui qui commandait s'approche et tourne ses armes contre Aymon, qui paraît furieux. Le commandant de cette troupe ordonne à ses soldats de se ranger du parti de ces quatre chevaliers, et leur déclare qu'à l'avenir ils seront sous leurs ordres. Cette feinte désertion fut exécutée avec une si grande vraisemblance, que dix des serviteurs d'Aymon, qui n'étaient point du secret, fondirent sur les transfuges ; ils furent repoussés et accompagnèrent leur maître à son château. Peu de jours après, il répandit le bruit que les chevaliers qui avaient débauché ses soldats et emporté son trésor, étaient ses propres enfants, qui s'étaient rendus méconnaissables à leur père et à leur mère, par un déguisement indigne d'eux ; il fit partir un courrier pour en prévenir Charlemagne qui fut la dupe de cette fable, et qui ne désapprouva pas la conduite des chevaliers envers un père si inhumain.

Le chevalier qui conduisait la troupe d'Aymon, garda le plus profond silence, jusqu'à ce qu'ils fussent éloignés de trois lieues des terres du duc. Alors il leva la visière de son casque et les quatre frères reconnurent Maugis leur cousin ; ils coururent à lui tous à la fois ; ils l'accablèrent de caresses ; ils ne concevaient pas par quel hasard il se trouvait dans les États de leur père. Maugis leur apprit que Charles avait mis sur pied une puissante armée, qu'on ignorait encore contre qui il devait diriger ses coups ; mais qu'il croyait que le duc d'Aymon était réconcilié avec ses enfants, et qu'en conséquence, il ne l'avait pas invité de le suivre : « Le bruit de la rupture de Charles avec Aymon, continua Maugis, était si bien accrédité, que je suis venu offrir mes services et ceux de mes oncles à votre père ; il m'a paru plus attaché que jamais à ce prince ; il a été sincèrement affligé des bruits qui s'étaient répandus à ce sujet ; il est vrai que dans un moment de dépit, Charles l'a accusé d'être de moitié dans les complots de ses enfants ; il n'a pas eu de peine à me persuader le contraire. Cependant, il se reproche en secret les maux inutiles qu'il vous a faits. J'ai voulu l'engager à se raccommoder avec vous. Il m'a juré qu'il n'était pas votre ennemi, mais que jamais il ne vous donnerait des témoignages publics de son amitié ; il m'a offert trois cents hommes d'armes, en me permettant d'en faire l'usage que vous voyez que j'en ai fait. Votre père désirerait que nous allassions en Espagne, pays fertile en aventures, et qui pourra nous fournir des occasions de nous faire estimer de Charlemagne, et de l'engager à nous rendre son amitié. »

Maugis parlait encore, lorsqu'ils rencontrèrent, à Reims, trois cents hommes sous les armes. Alard partait pour les reconnaître, et Renaud se disposait à combattre : « Arrêtez, leur dit leur cousin, cette affaire me regarde, et je vais d'un mot les mettre à la raison. » Maugis part, s'approche de celui qui commande, et aussitôt ce corps se divise en deux parts ; moitié se met en marche pour faire l'avant-garde, et le reste attend que les quatre cents hommes des chevaliers soient passés. Les quatres frères regardaient cette manœuvre avec surprise, lorsque Maugis vint les tirer d'inquiétude ; il leur apprit que ces hommes d'armes étaient à lui, et qu'il leur avait donné ordre de l'attendre à son retour.

Les chevaliers délibérèrent sur la route qu'ils devaient tenir. Ils convinrent qu'il fallait éviter Paris ; ils prirent des chemins détournés, marchant le plus qu'ils pouvaient à travers les forêts ; ils arrivèrent dans la Brie, gagnèrent Orléans, où ils passèrent la Loire et se rendirent enfin à Poitiers. Quoiqu'ils fussent en pays ennemi, ils se contentèrent d'y faire vivre leurs troupes aux dépens de Charlemagne.

Ils avaient projeté d'aller en Espagne ; mais ils apprirent à Poitiers que Boulag-Akasir avait chassé du trône d'Aquitaine le roi Yon, et qu'il devait l'attaquer dans Bordeaux avec une armée de vingt mille Sarrasins.

Renaud, qui ne s'était exercé depuis longtemps, proposa d'aller secourir le roi d'Aquitaine : en six jours ils arrivèrent à Bordeaux; ils firent arrêter leur troupe à Blaye, et se présentèrent chez le roi où ils trouvèrent un grand nombre de chevaliers, mais aucun ne pouvait se comparer à Renaud; sa taille majestueuse, sa démarche fière, son regard noble et doux, le faisaient admirer des hommes et adorer des femmes. Ses frères et son cousin ne le cédaient en beauté qu'à Renaud. Le favori du roi, en les voyant entrer dans le palais, fut frappé et vint au-devant d'eux : ils demandèrent d'être présentés à son maître; il était au conseil; le courtisan les pria d'attendre un moment. Renaud lui fit plusieurs questions au sujet de Boulag-Akasir, et il apprit que cet intrépide Sarrasin avait conquis depuis Arles jusqu'aux Pyrénées, qu'il était le maître de Toulouse, de Montpellier et des villes les plus considérables des bords de la Garonne, qu'il en avait brûlé plusieurs et passé les habitants au fil de l'épée.

Renaud faisait encore des questions lorsque le roi parut; il prit ses frères et Maugis par la main, et en les lui présentant : « Sire, lui dit-il, nous sommes cinq étrangers, tous chevaliers, nés dans une fortune bien différente de celle que nous possédons aujourd'hui. Nous venons vous offrir notre secours ; nous avons sept cents hommes d'armes à notre solde ; nous ne vous demandons d'autre récompense, si vous êtes content de nos services, que de nous protéger et de nous défendre, lorsque nous vous demanderons aide et secours. » Le roi parut très-satisfait de leurs offres; avant de les accepter, il voulut savoir qui ils étaient : Renaud ne se fut pas plutôt nommé, qu'Yon témoigna la plus grande joie ; il connaissait la valeur des quatre fils d'Aymon et leurs infortunes : quant à Maugis, il ne put s'empêcher de condamner l'assassinat de Lothaire; mais il blâma le roi de n'avoir pas vengé sur Ganelon la mort cruelle de Beuvès. Yon remercia le ciel de lui avoir envoyé ces vaillants chevaliers. « Si votre roi vous a proscrits, leur dit-il, si votre père vous a déshérités, un tyran s'est emparé de mes États; nos fortunes sont communes; que notre union soit sincère et durable. Vous voulez m'aider à reconquérir mon trône ; je promets de vous aider, de tout mon pouvoir, contre vos ennemis quels qu'ils soient. » Le roi les retint et voulut qu'ils fussent logés dans son palais.

CHAPITRE VII

Combat des fils d'Aymon contre les Sarrasins. — Renaud force leur roi à se rendre et à abjurer Mahomet. — Boulag-Akasir cède ses conquêtes au roi. — Renaud demande, pour toute récompense, de se bâtir un fort sur la Dordogne. — Château de Montauban. — Le roi de Gascogne lui donne sa sœur Yolande qui l'aimait en secret.

Le roi des Gascons eut avis que les Sarrasins étaient en marche, et qu'ils n'étaient point éloignés de Bordeaux. Renaud partit aussitôt et fit passer la Garonne à ses troupes. Boulag-Akasir était parti de Toulouse avec vingt mille combattants; il établit son camp à deux lieues de Bordeaux; il envoya un détachement de quatre cents Sarrasins pour lever des contributions et pour ravager tout le plat pays. Dès qu'ils parurent, la ville fut en alarmes. Renaud étant monté sur les remparts, vit qu'il y avait peu de danger; il aperçut de loin le camp des ennemis, et jugea que l'armée ne tarderait pas à se mettre en mouvement; il fait armer ses frères, s'arme lui-même, et dit à Maugis d'aller prendre le commandement de leurs hommes d'armes.

Renaud, monté sur Bayard, alla au-devant du roi et lui dit d'être tranquille, qu'il allait avec ses frères et sa troupe au-devant des ennemis; qu'après avoir chassé ce détachement, il attaquerait le camp, afin d'engager une action; il pria le roi de tenir son armée toute prête à partir au premier signal. Renaud sortit de la ville avec sa troupe, joignit le détachement et en tua une bonne partie.

Dès le commencemet de l'attaque, l'armée ennemie s'était mise en marche; ce qui restait du détachement se rallia et se battit en retraite; Maugis le suivit, et tomba dans une embuscade : on combattit avec acharnement; mais l'avantage était tout pour Maugis. Cependant Boulag-Akasir s'avance avec son armée; sa marche était rapide et fière; l'armée moins nombreuse d'Yon se déploie dans la plaine. Renaud l'anime du feu de ses regards : elle attend le signal du combat avec impatience. Boulag-Akasir, accoutumé à vaincre, s'approche de Renaud pour le frapper, son épée tombe sur un chevalier gascon et le pourfend jusqu'à la selle de son cheval; Alard veut le venger; le terrible Sarrasin se dérobe à ses coups, qui terrassent deux Sarrasins amis de Boulag. Le combat devint général; Yon, étonné des prodiges de valeur des fils d'Aymon, court à leur secours et n'abandonne plus Renaud; il anime ses troupes, qui ne donnent pas aux Sarrasins le temps de frapper; leur loi leur défendait de fuir, quel que fût le danger; ils se laissaient égorger en bénissant le Prophète. Boulag, les voyant réduits à un petit nombre, ordonne la retraite; il ne put la faire sans perdre encore beaucoup de monde : malgré Mahomet, il se détermine à la fuite; Renaud s'attache à ses pas.

Boulag montait un cheval arabe dont la vitesse égalait celle des vents; Bayard avait de la peine à le suivre; en moins de trois heures ils avaient laissé Bordeaux à plus de trente lieues derrière eux, et n'étaient point éloignés de Toulouse; le roi Yon et les frères de Renaud ne savaient ce qu'il était devenu; ils l'avaient perdu de vue dans la chaleur du combat, ils le firent chercher parmi les morts; les airs retentissaient de leurs cris. Yon cherchait en vain à les consoler; il promit de donner la moitié de son royaume pour la rançon de Renaud, s'il était pris; et si cela ne suffisait pas, il jura qu'il se donnerait lui-même. Il ne voulut point rentrer dans Bordeaux qu'il n'en eût des nouvelles; Maugis, les trois frères et Yon, escortés de deux cents cavaliers, marchèrent sur les traces des ennemis.

Cependant Renaud atteignit Boulag-Akasir; le Sarrasin vit en frémissant ce chevalier intrépide qui avait détruit une partie de son armée. « Brave chevalier, lui dit-il, vous ne ménagez pas assez votre cheval. — Que t'importe? dit Renaud, défends-toi; j'ai promis ta tête au roi d'Aquitaine, et je viens la chercher. » Le Sarrasin, ne pouvant éviter le combat, attaque Renaud, sa lance se brise sur son écu; le fils d'Aymon fond sur lui l'épée à la main, et le frappe si vigoureusement sur son casque, qu'il le jette loin de son cheval. Boulag se relève, encore étourdi de sa chute. Renaud ne voulut point combattre à cheval contre un homme à pied, il descend et attend que Boulag se soit remis ; alors ils s'élancent l'un vers l'autre et cherchent à se porter des coups funestes. Tandis qu'ils luttent, le cheval de Boulag effrayé, s'enfuit à travers les champs ; Bayard, qui semble animé de l'esprit de son maître, court après lui, l'atteint, rue, le mord, le saisit avec ses dents par la crinière, et le ramène au lieu où les chevaliers se combattaient.

Boulag avait reçu deux blessures, Renaud l'avait terrassé et se disposait à lui porter le dernier coup. « Généreux chevalier, lui dit-il, accorde-moi la vie et demande-moi le prix que tu voudras ; tout ce que je possède est à toi. — Non, répondit Renaud, garde tes dons, je ne veux rien devoir qu'à mon épée ; mais si tu tiens à la vie, il n'est qu'un moyen de la conserver : quitte ton absurde Prophète, qui n'a pu te sauver, et embrasse une religion plus pure et plus raisonnable. Promets-moi d'abjurer Mahomet et de te faire chrétien. » Boulag-Akasir avait longtemps réfléchi sur l'Alcoran, il s'était aperçu que ses dogmes n'étaient que l'apologie des goûts, des vues politiques et ambitieuses de leur auteur ; que ce qu'il contenait de plus raisonnable, était une législation accommodée au génie et au caractère des peuples que le Prophète avait soumis ou qu'il espérait de soumettre ; il ne voyait rien de divin, rien même qui ne fût au-dessous du grand homme dans sa morale. Boulag n'hésita point. « Chevalier, lui dit-il, je connais ta religion ; si je croyais que la mienne fût meilleure, mille trépas ne me la feraient point abandonner; rien n'est plus lâche que d'adopter ce que l'on ne croit pas, et d'abjurer le système même le plus ridicule, lorsqu'on le croit vrai malgré ses absurdités. Je me rends à vous, je suis votre prisonnier, voilà mon épée. » Renaud la reçoit, l'embrasse, l'aide à se relever et le remet lui-même sur son cheval, plus content de cette conquête, que s'il avait tué dix mille Sarrasins de sa main.

Boulag-Akasir et Renaud s'en retournaient à Bordeaux, se livrant à la confiance et discutant sur la religion des chrétiens et sur les mœurs féroces des enfants du Prophète, ils furent rencontrés par Yon et sa suite ; le roi, Maugis et les frères de Renaud versèrent des larmes de joie en retrouvant ce héros : il présenta Boulag au roi, en le priant d'avoir pour lui tous les égards qui sont dus à un grand capitaine et à un brave guerrier ; on le reçut avec amitié ; et lorsqu'on fut de retour à Bordeaux, Yon le présenta à tous les seigneurs de sa cour. Il déclara que c'était à Renaud, à ses frères et à Maugis, qu'il devait le royaume d'Aquitaine ; il voulut qu'on fît trois parts du butin, l'une pour Renaud, l'autre pour les quatre chevaliers, et la troisième pour son armée ; mais Renaud n'en voulut rien.

Yon, frappé de tant de générosité, ne sachant

comment récompenser Renaud, eût désiré qu'il eût voulu accepter la main de la belle Yolande sa sœur, jeune princesse âgée de dix-sept ans, de la beauté la plus parfaite, mais la crainte de susciter de trop puissants ennemis à Renaud l'empêcha de proposer ce mariage.

Yolande n'était point insensible aux vertus et aux belles qualités du fils d'Aymon ; elle avait assez hautement fait connaître ses sentiments, lorsqu'on lui raconta les grandes actions qu'il avait faites à la bataille des Sarrasins. A son retour, elle lui avait marqué sa reconnaissance avec des larmes de joie ; Renaud lui avait présenté Boulag, son prisonnier, et elle les avait félicités l'un et l'autre, l'un de sa victoire et l'autre d'être au pouvoir d'un si généreux vainqueur. La beauté, les grâces de la princesse, son caractère doux et bienfaisant avaient fait impression sur l'âme du héros ; mais sa modestie étouffait ses désirs et lui interdisait tout espoir.

Boulag, ainsi qu'il l'avait promis, avait abjuré la religion de Mahomet ; il avait promis de ne plus faire la guerre aux chrétiens, mais il désirait de revoir les lieux qui l'avaient vu naître ; il s'adressa à la princesse, et la pria d'engager le roi son frère de le mettre à rançon ; le roi ne voulut point en décider, il voulut que Renaud pût disposer de son prisonnier. Boulag offrait six mulets chargés d'or ; le chevalier exigea de plus qu'il remît au roi Toulouse et tout ce qui en dépendait. Boulag y consentit, et la liberté lui fut rendue. Yon, dont cet accord doublait les États, donna les six charges d'or à Renaud, qui refusa de les accepter en le priant de lui réserver ses bontés pour quelque autre occasion.

Cette occasion ne tarda pas à s'offrir. Quelques jours après le départ de Boulag, Renaud, ses frères et son cousin, chassaient sur les bords de la Dordogne ; comme ils s'en retournaient, Alard jeta les yeux sur la montagne qui est au delà de la rivière ; elle présentait un aspect agréable et de riches pâturages ; le sommet, sans être trop élevé, formait une plaine qui pouvait être aisément fortifiée. « Voilà une belle situation, dit-il à son frère ! Si nous pouvions trouver ici un autre Montfort, appuyés du roi Yon, Charlemagne ne l'attaquerait point impunément. » Alard lui conseilla de demander, pour toute récompense, ce terrain et la permission de le fortifier. Renaud approuva cet avis ; ils traversèrent la Dordogne et se transportèrent sur le terrain même, et après l'avoir reconnu, ils revinrent à la cour. Renaud présenta au roi et à sa sœur quatre bêtes fauves qu'ils avaient prises à la chasse. « Sire, lui dit-il, les fruits de nos délassements set ceux de nos travaux doivent vous appartenir. — Rien ne m'appartient que par vous, répondit le roi, c'est à vous que je dois et ma puissance et la tranquillité dont mes États jouissent ; le seul mécontentement que j'éprouve, c'est de vous voir rejeter toutes les récompenses que je vous ai offertes. Il semble que vous soyez si jaloux de l'avantage que vous avez sur moi, que vous craigniez de l'affaiblir en recevant des marques de ma reconnaissance. « Renaud répliqua qu'il n'avait encore rien fait qui méritât ce sentiment. « Cependant, ajouta-t-il, si, pour vous plaire, il faut accepter vos bienfaits, accordez-moi, pour toute récompense, la permission d'élever un château sur la montagne qui est au delà de la rivière. » Yon lui accorda non-seulement cette permission, mais il lui donna la montagne entière et le terrain qui l'environnait.

Le lendemain, Yon avec Renaud, ses frères et Maugis, accompagnés de plusieurs chevaliers, se transportèrent sur la montagne ; le roi trouva la situation très-belle et propre à être fortifiée. Un de ses courtisans, qui aimait Yolande, et qui n'osait faire éclater hautement son dépit contre Renaud, prit le roi en particulier et lui représenta les conséquences dangereuses du présent qu'il faisait aux fils d'Aymon. « S'ils espèrent, lui disait-il, de se mettre à couvert du pouvoir de Charlemagne dans la forteresse qu'ils se proposent de bâtir, que n'en aurez-vous pas à craindre, vous qui n'avez ni les forces de ce roi, ni ses ressources? Vous avez également à redouter et la haine de Renaud et son amitié : si jamais l'intérêt vous divise, ce qu'il a fait pour vous doit vous faire juger de ce qu'il peut entreprendre contre vous, secondé par ses frères, et avec le secours d'une forteresse que leur art rendra inexpugnable. » Le roi fut ébranlé par ce discours, mais il avait promis à Renaud et ne voulut point lui manquer. Cependant il lui dit : « Si vous m'aviez demandé la moitié de mes États, je vous les aurais accordés ; je n'ignore point qu'en vous permettant d'élever un fort sur cette montagne, je me mets en quelque façon en votre pouvoir ; mais j'ai trop de confiance en votre générosité, pour avoir à craindre le moindre attentat. » Renaud et ses frères lui jurèrent une amitié et une fidélité éternelles, et promirent de le défendre contre tous ses ennemis.

Le château fut construit en peu de temps ; Renaud le fortifia de tous côtés et éleva des tours de distance en distance sur la croupe de la montagne. Lorsque toutes les fortifications furent achevées, Renaud et ses frères invitèrent le roi d'y venir ; Yon ne put s'empêcher de l'admirer ; mais pour lui ôter tout soupçon de l'avenir, les quatre frères et leur cousin promirent que l'un d'eux resterait alternativement à sa cour pour servir d'otage, et que le roi aurait toujours une garnison dans le château. Renaud pria le roi de donner son nom à cette nouvelle cité ; il la nomma le château de Montauban, et fit publier dans toutes les villes de son royaume, que tous ceux qui voudraient l'habiter seraient exempts de tout impôt pendant dix ans.

On y courut en foule, la ville fut bientôt peuplée. Les courtisans murmuraient ; le roi convenait que tout autre que Renaud pourrait être à craindre, mais sa vertu le rassurait. Le fils d'Aymon fut instruit des craintes de la cour, il alla trouver le roi et après lui avoir renouvelé les assurances de sa fidélité, il le pria d'assembler son conseil. Le roi fit venir tout ce qu'il y avait de plus grand dans ses États, et voulut que le peuple envoyât ses députés. Lorsque le corps de la nation fut convoqué, Renaud demanda que ceux qui craignaient qu'il n'abusât un jour, lui ou ses frères, de la grâce que le roi venait de leur accorder, proposassent leurs difficultés et qu'il tâcherait de les résoudre. Quelques-uns répétèrent ce qu'ils avaient déjà dit au roi : « Nous n'avons, dit Renaud, d'autres gages à offrir que notre parole et nos personnes ; si quelqu'un peut trouver un autre moyen, qu'il l'indique, et nous sommes prêts d'accepter toutes les conditions que le roi voudra nous imposer. » Alors Godefroi de Moulins demanda au roi la permission de lui parler en particulier. Ils se retirèrent à l'écart, et après un moment d'entretien, on vit le roi, la joie sur le visage, embrasser ce chevalier, le quitter brusquement, reprendre sa place et dire à Renaud : « Vous venez de vous engager solennellement d'accepter toutes les conditions que je voudrai vous imposer. En voici une qui seule peut rassurer mes sujets, et vous ôter à jamais le pouvoir de leur nuire. Yolande est l'objet des vœux des plus vaillants chevaliers de ma cour et des princes mes voisins, elle connaît votre mérite et je sais que vous n'êtes pas insensible à sa beauté, quoique votre modestie vous ait empêché de vous déclarer. Renaud, je vous dois la couronne, nous sommes amis, soyons frères; j'espère que ma sœur ne s'opposera point à un mariage qui fera son bonheur et la sûreté de mon peuple. »

Le héros rougit, le conseil applaudit, à l'exception de quelques prétendants qui n'osèrent murmurer. Renaud, qui s'en aperçut, rendit de profondes actions de grâces au roi, et ajouta que c'était à la princesse de décider; qu'il n'y avait aucune raison d'État qui pût lui faire désirer un si grand bonheur si elle y avait la moindre répugnance, et qu'il était tout prêt à abandonner son établissement, s'il devait en coûter un soupir à une princesse aussi respectable. Le roi répondait de sa sœur, et voulait que le mariage fût résolu dans l'instant même. Renaud et ses rivaux se réunirent pour demander qu'avant de passer plus avant, Yolande fût consultée ; ils parlèrent avec tant de force qu'ils entraînèrent l'assemblée. Le roi renvoya le conseil au lendemain.

A peine se fut-on séparé, que le roi passa dans l'appartement de sa sœur et lui annonça que la nation venait de lui donner un époux; Yolande frémit:

« Eh! quoi, dit-elle, sans me consulter? — Quoique la raison d'État, reprit le roi, permette rarement aux souverains de se marier au gré de leurs penchants, Renaud a obtenu que l'on consulterait le vôtre pour savoir s'il était conforme aux vœux des peuples qui se sont déclarés. — Ah! reprit la princesse, puisque Renaud est si circonspect, ce n'est point lui qu'ils ont choisi! Il n'est point de sacrifice que je ne sois prête de faire pour vos sujets et pour vous; mais, mon frère, pourquoi ce Renaud, à qui nous devons notre gloire, le seul qui puisse protéger vos peuples, ce chevalier généreux qui foule aux pieds les récompenses, qui en mérite de toute espèce, n'a-t-il encore trouvé parmi nous que des ingrats? » Yon l'écoutait avec plaisir et gardait le silence. « Ce n'est pas vous du moins, dit-il, ma sœur, qu'il doit accuser d'ingratitude. Je vois...» Yolande étonnée l'interrompit : « Que dites-vous, mon frère? Sur quoi jugez-vous qu'oubliant le soin de ma gloire, mon cœur se soit décidé en faveur de ce jeune héros? J'ai su distinguer ses vertus, mais je me suis bornée à les admirer. Mon cœur est libre, et quelque soit l'époux que l'Etat me destine, je suis prête à l'accepter. — Je suis fâché de tant de résignation, reprit le roi, car quoique le conseil ait prononcé, un mot de votre part pouvait le faire changer. — Cruel! s'écria-t-elle, pourquoi vous plaisez-vous à m'inquiéter? Hâtez-vous, nommez-moi cet époux : si ce n'est point Renaud, tout autre m'est égal. »

Yon, qui ne doutait point des sentiments de sa sœur, avait caché Renaud et deux de ses rivaux qui avaient le plus de prétentions, de manière qu'ils pouvaient tout entendre sans être vus. Aux derniers mots qu'avait dits Yolande, le fils d'Aymon s'élança aux genoux de la princesse, et lui apprit que c'était lui que le conseil avait choisi. Elle se tourna en rougissant vers le roi, comme pour lire dans ses yeux si on ne la trompait pas encore ; le roi sourit et lui confirma que, le choix étant tombé sur Renaud, il n'avait rien voulu conclure sans l'aveu de la princesse. « Allez, mon frère, dit-elle, rassemblez le conseil, et assurez la nation que j'approuve le choix qu'elle a fait. » Le roi fit entrer les courtisans, qui dissimulèrent leur dépit et félicitèrent Renaud.

Le conseil se rassembla le lendemain, le mariage de Renaud et de la princesse fut décidé, le roi en ordonna lui-même les préparatifs, on n'oublia point les tournois ; les quatre frères et Maugis s'y distinguèrent encore plus par leur courtoisie que par leur bravouve. Cette alliance jeta le calme dans les esprits ; les fils d'Aymon se firent adorer et les Bordelais ne firent qu'un même peuple avec ceux de Montauban.

CHAPITRE VIII

Charlemagne envoie demander au roi d'Aquitaine de lui livrer Renaud et ses frères. — Refus du roi. — Déclaration de guerre. — Arrivée de Roland à la cour de Charlemagne. — Sa jeunesse, sa beauté, son courage. — Guerre contre les Sarrasins sur le Rhin. — Prodiges de valeur de Roland. — Course de chevaux, dont Renaud, qu'on croit à Montauban, remporte le prix, sous les yeux même de Charles.

Charlemagne fut instruit qu'Yon avait donné asile dans ses États aux fils d'Aymon. Les persécutions qu'il leur avait fait essuyer avaient encore irrité sa vengeance. Ce roi puissant, dont le nom seul faisait trembler les Sarrasins, qui régnaient sur une partie de l'Europe, voyait avec une peine cruelle que quatre jeunes guerriers échappaient à son courroux. Il ordonna à Oger le Danois et à Naimes d'aller à la cour d'Aquitaine, et de menacer Yon de sa colère, s'il refusait de lui remettre Renaud et ses frères.

Les députés trouvèrent Renaud à la cour d'Yon. Oger s'adressa au roi et lui dit : « Charlemagne est informé que vous avez permis à Renaud et à ses frères de se construire un fort au milieu de vos États et de former une souveraineté nouvelle au milieu de votre royaume. Quelque contraire que soit cette conduite à la saine politique, Charles s'en inquiète peu; mais ce qui l'indigne et le blesse, c'est que vous avez pris sous votre protection ses plus cruels ennemis : s'il n'a pas fait éclater sa colère contre vous, c'est qu'il veut bien croire que vous ignoriez les causes de son ressentiment. Apprenez donc que Renaud est non-seulement le neveu du duc d'Aigremont, l'assassin du fils du roi ; mais qu'il a assassiné lui-même Berthelot, neveu de ce prince. »

Renaud interrompit Oger : « Vous savez, chevalier, que j'ai tué Berthelot à mon corps défendant, pourquoi donc dites-vous que je l'ai assassiné? Si c'est pour justifier la haine de Charlemagne, c'est une flatterie indigne d'un chevalier ; si c'est pour aigrir le roi Yon contre nous, c'est une méchanceté impardonnable. Au reste, c'est mal connaître le prince que d'espérer qu'il livrera à l'ennemi le plus implacable, des chevaliers qui lui ont demandé une retraite et à l'un desquels il a accordé la main de sa sœur. »

Oger reprit ainsi : « Que votre nouveau protecteur s'attende donc à voir Charlemagne avec toutes ses forces dévaster ses États et réclamer, le fer et la flamme à la main, des coupables auxquels il est résolu de ne faire aucune grâce. » Yon répondit avec fermeté qu'il eût désiré de vivre en bonne intelligence avec Charlemagne, son parent; mais qu'il n'achèterait jamais son amitié par une perfidie ; que si le roi voulait recevoir les fils d'Aymon en grâce, il pouvait compter pour ses amis et ces quatre chevaliers et ses parents, et le roi d'Aquitaine et ses alliés.

Oger et Naimes protestèrent que, dans peu de temps, Charlemagne le ferait repentir de ses refus, et que dès ce moment il lui déclarait la guerre. Ils l'assurèrent que dès que le roi de France aurait tiré l'épée, il ne la laisserait reposer que lorsqu'elle serait abreuvée du sang de ses ennemis, et qu'il ne rentrerait dans sa capitale que la tête de Renaud à la main, après une punition exemplaire de ses complices.

Quand les ambassadeurs eurent rapporté à leur maître la réponse du roi d'Aquitaine et celle de Renaud, il entra en fureur, il voulait qu'on s'armât sur-le-champ. « Le roi Yon, disait-il, est encore fatigué de sa dernière guerre; ses États ont été ravagés par les Sarrasins; ses troupes ne peuvent qu'être affaiblies, profitons de ces avantages, nous ne ferons que nous présenter et vaincre. » Le sage Naimes modéra ses transports; il représenta à Charlemagne que ses troupes n'étaient pas en meilleur état que celles du roi d'Aquitaine, que le seul nom de Renaud effrayait les soldats français, qu'il fallait faire de nouvelles levées, et qu'il était aisé de juger, par la résistance que le château de Montfort avait faite, de celle qu'on devait attendre de celui de Montauban.

Le roi était indigné qu'on osât lui parler des fils d'Aymon comme de héros si redoutables. Il se plaignait du sort qui l'avait fait naître pour régner; il eût désiré n'être que le dernier chevalier de sa cour, il eût défié les quatre fils d'Aymon, Maugis et le roi lui-même. Il était dans cette agitation lorsqu'on lui présenta un jeune homme d'une beauté ravissante, portant dans les yeux toute l'intrépidité de son âme, joignant à la fierté du héros toute la modestie de la valeur véritable, au coup d'œil de l'homme consommé la défiance que l'homme prudent a toujours de lui-même. Ce damoisel, c'est ainsi qu'on appelait les jeunes gentilshommes qui n'étaient point encore chevaliers, parut à la cour de Charles avec les habits les plus magnifiques; mais tout respirait en lui le guerrier; il était escorté de trente écuyers, aspirant tous à être chevaliers et ayant presque tous mérité cet honneur par des exploits héroïques.

Charles alla au-devant du jeune guerrier, qui avait caché son nom pour ne devoir qu'à son propre mérite l'accueil que lui ferait le roi. Ce prince, en le voyant, se sentit pénétré d'estime et d'amitié pour lui; il lui marqua ses sentiments de manière à le distinguer de tous les chevaliers de sa cour, et ce qu'il y eut de singulier, c'est que personne n'en fut jaloux. Charles lui demanda qui il était : « Un jeune homme, répondit-il, qui s'estimerait trop heureux de consacrer ses services à son souverain, et qui n'a d'autre ambition que de marcher sur les traces du brave Milon son père, et d'imiter les vertus de sa mère, votre digne sœur… — O ciel ! s'écria le roi en embrassant Roland, je te rends grâces de m'avoir donné un neveu digne de moi, et de m'envoyer un vengeur digne de combattre contre Renaud. »

Roland pria le roi, son oncle, de l'armer chevalier, n'ayant jamais voulu recevoir cet honneur que de lui : Charles remit la cérémonie au lendemain, afin qu'elle fût plus éclatante ; il y eut des fêtes magnifiques et des tournois de la plus grande beauté. Dès que Roland fut fait chevalier, il proposa de jouter contre quiconque se présenterait. Oger, qui était fâché de ce que Charlemagne avait dit qu'il lui venait enfin un vengeur digne de se battre contre Renaud, voulut éprouver par lui-même si ce jeune guerrier était aussi redoutable qu'on le croyait. Il se présenta ; la victoire balança quelque temps. Oger paraissait avoir plus de force ; Roland, qui ménageait la sienne, marquait plus d'adresse et d'agilité ; lorsque Oger croyait le frapper de sa lance, elle frappait les airs, il était emporté par son cheval, et ne voyait plus son adversaire, qui déjà était derrière lui prêt à le frapper à son tour. Roland fit durer quelque temps cette manœuvre singulière ; bientôt, ajoutant la souplesse à la force, il attaque Oger, le presse et le renverse avec son cheval ; le jeune chevalier descend aussitôt, aide Oger à se dégager et lui offre le combat à l'épée ; ils portent et parent alternativement les coups les plus terribles ; l'épée d'Oger se casse et vole en éclats ; Roland quitte la sienne. Ils commencent un nouveau genre de combat ; ils s'embrassent et cherchent à se terrasser. Roland, plus agile, fit voir aux spectateurs qu'il n'eût tenu qu'à lui de renverser plusieurs fois Oger; mais Oger, en l'entraînant dans sa chûte, eût pu profiter d'une ressource que Roland se ménageait pour lui-même : en effet, ce jeune héros laissa à son rival l'avantage de le renverser, il entraîne Oger; à peine celui-ci est-il tombé sur Roland, que le nouveau chevalier s'échappe légèrement par-dessous Oger, le soulève, le met à son tour sous lui, appuie son genou sur la poitrine de son adversaire, le tient d'une main à la gorge, le menace de l'autre, et le force de s'avouer vaincu.

Charlemagne se félicitait des vertus de son neveu; la beauté de Roland enlevait tous les cœurs; sa bravoure lui attirait le respect de la cour et du peuple. Le roi le pressait de se préparer pour aller combattre Renaud et le roi Yon, lorsqu'on apprit que les Sarrasins avaient fait de grands dégâts depuis les sources du Rhin jusqu'à Cologne; qu'ils assiégeaient cette ville et qu'ils en avaient brûlé les environs. Les assiégés pouvaient tenir encore quelque temps; mais ils sollicitaient vivement Charlemagne de leur envoyer du secours, sans quoi ils se verraient forcés de se rendre. Charles, oubliant pour ce moment ses projets de vengeance contre Renaud, donna vingt mille hommes d'armes à son neveu, et le chargea de délivrer Cologne et de chasser les Sarrasins.

Roland partit avec Naimes, Oger le Danois, plusieurs autres chevaliers et ses vingt mille hommes d'armes, tous bien montés. Ils arrivèrent le huitième jour à la vue des ennemis : dès qu'ils aperçurent les Sarrasins, ils s'arrêtèrent et s'embusquèrent dans un ravin, derrière un bois. Au point du jour, Roland forma un détachement de douze cents hommes, qui se présentèrent devant le camp des Sarrasins et leur firent quelques prisonniers. Aussitôt l'alarme fut répandue dans le camp, et l'armée se rangea en bataille; les Français commencèrent à se battre en retraite et reculèrent peu à peu vers le bois; tandis qu'ils soutenaient les efforts de l'armée ennemie, Roland, qui avait eu le temps de faire ses dispositions, paraît tout à coup hors du bois avec douze mille hommes, fond sur les ennemis, en fait une boucherie horrible, et les force à prendre la fuite; les huit mille hommes qui n'avaient point paru avaient dépassé l'armée des Sarrasins à la faveur du bois, et leur coupèrent le chemin. Les Sarrasins, ne trouvant plus aucun moyen de fuir, se battirent en désespérés; mais leur courage et leur désespoir leur furent également inutiles; Roland s'ouvrit un passage à travers leurs bataillons les plus épais, écrasant et renversant tout ce qui s'opposait à sa marche sanglante; les Français qui le suivaient, frappaient de droite et de gauche; Oger, qui conduisait les huit mille hommes que les fuyards avaient trouvés devant eux, faisait la même manœuvre, de sorte que, l'armée des Sarrasins se voyant séparée en deux corps, chacun prit la fuite de son côté ; Oger poursuivit ceux qui fuyaient dans la plaine, et Roland ceux qui allaient vers le Rhin. Ils furent arrêtés par ce fleuve ; le comte d'Angers, l'intrépide Roland, ne craignit point d'affronter un ennemi poussé à bout, il ne fit que passer, et le rivage fut couvert de morts. Un roi des Sarrasins se défendait contre un gros de Français avec une audace qui attira l'attention de Roland ; il y courut, se fraya une route jusqu'à lui et le fit prisonnier. Almonasar, c'était le nom du roi, demanda grâce pour celles de ses troupes que le fer des Français avait épargnées, il leur ordonna de mettre bas les armes et de se rendre. Oger et Naimes, lassés de frapper et de suivre les fuyards, ramenèrent aussi un nombre infini de prisonniers à Roland, on les enchaîna tous deux à deux, et Naimes fut chargé de les conduire en France. Almonasar pria son vainqueur de le mener à Charlemagne, promettant d'abjurer sa religion, d'obéir au roi, lui et sa postérité, et de lui prêter serment de fidélité pour ses États. Roland rétablit l'ordre dans Cologne et dans ses environs, et répara les dégâts que les Sarrasins y avaient faits : il revint ensuite, avec son prisonnier, à la cour de Charles, qui le combla de caresses et de bienfaits. On ne parlait que du jeune héros ; le peuple inconstant commença d'oublier Renaud, qu'on mettait auparavant beaucoup au-dessus de Roland. Le roi, qui savait com-

bien le caprice du peuple influe sur la renommée
des héros, voulut savoir l'exacte vérité ; il interrogea
le véridique Naimes, que la prévention, la flatterie,
l'envie, n'avaient jamais aveuglé. Naimes lui raconta
les exploits de Roland, auxquels il n'aurait jamais
osé croire, s'il n'en eût pas été témoin ; il étonna
Charles par le détail des dispositions savantes qu'avait
faites Roland, il le surprit encore davantage par le
tableau de ses actions. Roland dans ce moment vint
lui présenter Almonasar, qui confirma tout ce que
Naimes venait de raconter. Charles embrassa son
neveu, et le laissa le maître de disposer de son prisonnier. Il fut renvoyé dans ses États, libre et après
avoir prêté serment de fidélité à Charlemagne.

Cependant le roi cherchait tous les moyens de
donner à son neveu quelque preuve de sa reconnaissance. Il consulta Naimes. Dans la bataille que Roland avait livrée aux Sarrasins, Naimes s'était aperçu
que le cheval du comte d'Angers secondait mal sa
valeur ; il conseilla à Charles de lui en donner un
digne d'un tel chevalier, afin que lorsqu'il combattrait contre Renaud, il n'eût pas à craindre le terrible Bayard. Charlemagne approuva son conseil ; mais
son embarras était de savoir comment se procurer un
tel cheval ; car, en fait de chevaux et d'amis, les rois
ne sont pas moins exposés à être trompés que le
moindre de leurs sujets. Naimes l'engagea de faire
publier dans tous ses États une course de chevaux

pour le premier du mois de mai suivant, et que celui à qui appartiendrait le cheval qui aurait le mieux couru, obtiendrait pour prix une couronne d'or, cinq cents marcs d'argent et cent pièces d'étoffes de soie : « il n'est pas douteux, disait Naimes, que l'énorme valeur d'un tel prix n'engage tous les chevaliers, et ceux qui auront les meilleurs chevaux, à le disputer ; et celui qui l'aura remporté se croira trop payé de son cheval. »

Charles fit publier la course, une couronne d'or toute semblable à celle du roi avait de quoi tenter le chevalier le plus loyal et le plus désintéressé. Renaud forma le projet téméraire d'obtenir ce prix, quoique le roi l'eût nommément exclu du concours, et eût ordonné qu'on l'arrêtât s'il se présentait. Renaud fit part de son idée à ses frères et à Maugis : ses frères firent tous leurs efforts pour l'en empêcher, mais Maugis, au contraire, l'encouragea et voulut être de la partie ; il les assura que par le secours de son art, il n'arriverait rien à Renaud.

Lorsque le temps fut arrivé, Renaud recommanda la garde du château à Yolande ; il savait qu'il pouvait compter sur sa vigilance et sur sa valeur ; il l'avait exercée à d'autres combats qu'à ceux de l'amour : ses bras délicats en venant de presser avec tendresse son époux, savaient porter et parer avec adresse les coups de lance les plus redoutables.

Alard, Guichard et Richard ne voulurent point se séparer de leur frère ; ils voulaient le faire escorter par trente chevaliers ; Maugis s'y opposa, et ne prit que deux écuyers.

Ils partirent de nuit et arrivèrent jusqu'à Orléans. On leur demanda qui ils étaient ; Maugis répondit pour tous qu'ils étaient Béarnais, et qu'ils allaient à la course disputer le prix. On les laissa passer sans leur faire d'autre question. Enfin ils arrivèrent à Melun deux jours avant le concours. La veille, Maugis dit à Renaud qu'il était temps de partir, il ne voulut point que ses frères l'accompagnassent, mais il prit une plante qui lui était connue, il l'écrasa entre deux pierres, en frotta Bayard derrière les oreilles, aussitôt il devint blanc comme un cygne, et Renaud même avait peine à le reconnaître. Maugis prit d'autres plantes, les pila avec le pommeau de son épée, en oignit Renaud, le rajeunit et le rendit méconnaissable à ses frères même.

Lorsqu'il eut ainsi métamorphosé son cousin et Bayard, il changea lui-même de figure, sans le secours d'aucune plante, car Maugis excellait dans l'art de la magie ; art inconnu de nos jours, auquel on a substitué des sciences vaines, plus propres à corrompre le cœur qu'à amuser l'esprit.

Charlemagne, qui craignait que Renaud ne vînt disputer le prix de la course, avait donné ordre au duc Naimes, à Oger et à Foulques de Morillon, de garder le chemin d'Orléans ; ils s'en retournaient le jour que les fils d'Aymon arrivèrent à Melun : à la taille de Renaud, il crut le reconnaître de loin ; mais quand il eut vu le cheval de près, monté par un jeune homme de quinze ans, il rit de sa méprise ; il interrogea Maugis, qui lui répondit en béarnais, et ne laissa aucun doute à Naimes. Pour mieux déguiser Bayard, le magicien lui mit une soie au pied et le rendit boiteux ; malgré ces précautions, comme ils traversaient Paris, un homme de la lie du peuple, qui n'avait jamais vu Renaud, voyant un si bel homme, s'imagina que c'était lui-même ; il saisit la bride de Bayard, il appelait du secours, lorsque Bayard lui lança un si terrible coup de pied, qu'il le renversa mort sur la place. Ce même jour, avant de partir, Maugis par distraction, avait nommé Renaud dans leur auberge ; leur hôte l'entendit et voulut les arrêter pour les livrer au roi. Ils couraient l'un et l'autre le plus grand danger ; Maugis ne put s'en délivrer qu'en donnant un coup d'épée sur la tête de l'hôte, au moment qu'il saisissait Renaud. Il le renversa sans connaissance et noyé dans son sang ; ils prirent ce moment pour monter à cheval, sourds aux pleurs et aux criailleries de la femme et des enfants de l'hôte.

Ils parvinrent enfin dans la plaine où s'assemblaient ceux qui prétendaient au prix. Une partie de cette plaine est couverte aujourd'hui par le faubourg Saint-Martin. Ils allèrent, avec les autres chevaliers, au-devant du roi. Il ordonna que la couronne, les cinq cents marcs d'argent et les étoffes de soie fussent placés à l'extrémité des lices : il donna cent cavaliers à Naimes, à Oger, au duc de Bourgogne et à Richard de Normandie, pour empêcher qu'il n'y eût aucun trouble pendant la course. Lorsque tout fut disposé, les concurrents montèrent à cheval et firent plusieurs tours. Renaud affectait d'être toujours des derniers. Lorsqu'on s'aperçut que son cheval boitait, on fit mille plaisanteries sur le chevalier ; les uns voulaient qu'on lui adjugeât le prix avant de courir ; les autres lui conseillaient de descendre et de le mener par la bride. Le roi défendit tous ces propos injurieux, que Renaud semblait ne pas entendre.

Naimes et Oger, voyant que tous les chevaliers avaient pris leur rang, firent sonner les trompettes pour qu'on se tînt prêt au signal. Maugis profita de ce moment pour délier Bayard ; le signal est donné, les chevaliers partent comme la foudre ; Bayard, qui n'avait pu être délié dans l'instant qu'on partit, était encore derrière. « Que fais-tu ? lui dit Renaud ; hâte-toi ; ne souffre pas qu'ils gagnent sur toi l'avantage. » Bayard, docile à la voix de son maître et rempli de la même fierté, s'élance, atteint les chevaliers, s'ouvre un passage au milieu de la file, devance ceux qui se flattaient déjà de remporter le prix, les laisse bien loin, et Renaud enlève la couronne et refuse tout le reste.

Les chevaliers qui avant plaisantaient Renaud, et qu'ils avaient malignement appelé le chevalier boiteux, étaient confondus ; Charlemagne lui-même ne concevait pas ce qu'il voyait. Il appela Richard de Normandie et lui marqua sa surprise ; il était d'autant plus frappé de ce cheval, qu'excepté la couleur, il ressembait parfaitement à Bayard.

Tandis que le roi et le duc de Normandie parlaient ensemble, Renaud, sa couronne à la main, revenait vers eux au petit pas. Lorsqu'il fut à portée, il salua le roi : « Si c'est assez d'une couronne, lui dit Charles, je vous en offre deux et je double le prix, pourvu que vous me laissiez votre cheval. Je prendrai soin de votre fortune, et je vous promets de l'élever si haut, que de votre vie vous n'aurez rien à désirer. — Sire, répondit le chevalier, je vous offrirais mon cheval, si tout autre que Renaud pouvait le monter. » En disant ces mots, il pique Bayard, et Charlemagne l'eut perdu de vue avant qu'il eût prononcé l'ordre de le poursuivre. « C'est Renaud, s'écria-t-il ! Chevaliers, courez après lui, qu'on l'arrête. Son écuyer n'est autre que Maugis ; ils nous ont tous trompés ; l'affront de cette journée nous est commun, que notre vengeance le soit aussi. »

Il n'y eut aucun chevalier qui ne courût avec plus de zèle pour prendre Renaud, qu'il n'avait couru pour obtenir le prix; mais la foudre est moins prompte que Bayard. Il parvient au bord de la Seine; il la passe à la nage, et s'arrête sur la rive opposée; lorsqu'il vit quelques chevaliers prêts à s'engager dans le fleuve, il remonte sur Bayard, gagne un sentier et se dérobe à leur vue. Maugis, qui savait où il devait passer, alla le joindre à Melun par un chemin détourné et plus court. Alard, Richard et Guichard furent au comble de la joie; mais Maugis ne leur donna pas le temps de le féliciter, il les fit vite monter à cheval et reprendre le chemin de Montauban, où ils arrivèrent la cinquième nuit. Yolande ne savait comment témoigner sa satisfaction et sa tendresse; elle embrassait alternativement son époux, ses frères, Maugis et Bayard.

CHAPITRE IX

Charlemagne assiège Montauban, fait sommer Renaud de se rendre. — Renaud fait une sortie vigoureuse avec ses frères. — Butin, massacre, victoire des fils d'Aymon. — Faute de Roland. — Perfidie d'Yon, roi d'Aquitaine. — Combat terrible des fils d'Aymon seuls, désarmés, livrés par Yon. — Exploits inouïs. — Secours inattendu.

Tous les efforts des chevaliers furent inutiles. Charlemagne ne respirait que vengeance; il revint à Paris très-mécontent. Il assembla son conseil, et demanda quels étaient les moyens les plus prompts pour punir les fils d'Aymon. Roland proposa d'attaquer le roi d'Aquitaine et d'assiéger Montauban. Naimes approuva ce projet ; mais il ajouta qu'il ne fallait pas l'entreprendre si l'on ne s'assurait du succès ; que le roi devait mander tous ses barons et convoquer tous les bans, avec ordre de se munir d'équipages et autres choses nécessaires pour sept ans, au cas que le siége de Montauban durât tout ce temps-là. Charlemagne fit expédier des ordres dans tout le royaume, afin que tout le monde fût rassemblé à Paris ou dans les environs, au mois de février ; la plupart des chevaliers représentèrent qu'ils venaient de faire une guerre pénible et ruineuse contre les Sarrasins, en Allemagne, et qu'ils étaient hors d'état de rentrer sitôt en campagne.

Le comte de Nanteuil, qui était à leur tête, offrit de se tenir prêt pour le mois de mai. Charles, indigné de ce délai, protesta qu'il ne prendrait que les jeunes chevaliers, et que lorsqu'il serait maître de la Gascogne, il n'en distribuerait les terres qu'à eux, et que, puisqu'il ne s'était encore trouvé personne parmi les anciens chevaliers, qui fût en état de le venger de Renaud, cet honneur était sans doute réservé à quelqu'un des nouveaux.

Renaud, qui avait des espions à la cour de Charles, fut bientôt informé de ce discours. Il vit dès ce moment les ennemis qu'il aurait à combattre, et que les principaux étaient Olivier et Roland. Cependant la proposition du duc de Nanteuil avait fait impression sur l'esprit de Charlemagne, qui, par le conseil de Naimes, fit publier qu'il suffisait qu'on se rendît au commencement d'avril à Paris.

Vers ce temps, on vit arriver Richard de Normandie, avec un grand nombre de chevaliers, Salomon de Bretagne, suivi de la noblesse de son pays, Dizier d'Espagne, avec dix mille gens d'armes, Geoffroy, comte d'Avignon, Bertrand d'Allemagne et ses Irlandais, accompagnés d'une troupe d'Africains et de mille archers. Le dernier fut l'archevêque Turpin, avec une troupe choisie, très-bien disciplinée et formée à toutes les ruses de la guerre. Le roi fit assembler son armée pour en faire la revue ; elle se trouva monter à cent mille combattants anciens, et trente mille nouveaux. Il la mit sous le commandement de Roland, et lui fit donner l'oriflamme, en lui recommandant de conduire ces braves gens comme s'ils étaient ses propres enfants.

Dès le lendemain, l'armée se mit en marche, et arrive à petite journée à la vue de Montauban. Roland, aveuglé par sa valeur, proposa d'abord de l'assiéger et d'essayer de le prendre d'assaut. Charlemagne, qui voyait mieux les difficultés du succès, eût voulu engager Renaud à capituler : « Trop heureux, disait Charles, si en se soumettant, il évitait de faire couler le sang humain. » On envoya un chevalier désarmé ; il fut introduit dans la ville, et somma Renaud de se rendre à merci et de livrer

7.

Richard à la discrétion du roi ; en cas de refus, le roi lui faisait annoncer qu'il ne ferait grâce à personne, et qu'il ferait expirer les quatre fils d'Aymon et leur cousin dans les supplices. Renaud répondit en souriant à l'envoyé : « Le roi me connaît trop bien pour me faire faire sérieusement une proposition qu'il désapprouverait lui-même, si je l'acceptais. Richard est mon frère et mon ami, fût-il étranger et mon ennemi, il suffirait qu'il m'eût demandé un asile pour que je le défendisse au lieu de le livrer ; mais si le roi veut nous rendre son amitié, nous promettre la vie sauve et nous recevoir à son service, nous nous remettrons entre ses mains, et nous lui abandonnerons ce château. »

Charles eût accepté l'offre de Renaud, s'il n'eût consulté que son cœur ; mais il croyait que sa gloire était intéressée à la punition de Maugis ou de quelqu'un des fils d'Aymon. Naimes était d'avis qu'il écoutât la proposition de Renaud ; il représenta que le château était plus difficile à emporter qu'il ne le paraissait, que les assiégés étaient en très-grand nombre, qu'à moins qu'on ne l'entourât et qu'on ne fût campé bien près de la place, ils pourraient faire des sorties très-meurtrières pour les assiégeants.

Charlemagne ne profita de l'avis de Naimes que pour ordonner que le camp fût établi autour et le plus près de Montauban qu'il se pourrait. Roland fit tendre sa tente vis-à-vis de la porte qui était à droite.

Le roi avait la sienne à la porte opposée. La ville se trouva entourée de tous côtés de plus de dix mille pavillons ; lorsque Roland eut reconnu la place, il ne fut plus d'avis de l'emporter d'assaut. Il alla même jusqu'à dire que jamais Montauban ne serait pris. Olivier lui fit observer en vain qu'ils avaient pris Lausanne, détruit la grande tour et le donjon de Constantinople. Roland persista.

Lorsque le camp fut tendu, Roland, frappé de la beauté du pays, engagea Olivier d'aller le parcourir en chassant : Renaud, informé de leur absence, appela ses frères et Maugis ; ils délibérèrent de profiter de cette occasion et d'humilier l'orgueil de ce Roland, qui croyait déjà que la Gascogne lui appartenait, parce que le roi avait dit qu'il en distribuerait les terres aux jeunes chevaliers. Ils s'armèrent ; ils prirent environ quatre mille hommes, sortirent par une fausse porte qui donnait dans le plus épais de la forêt, où ils s'embusquèrent. Renaud se fit conduire vers la tente de Roland, et en enleva le dragon qui la surmontait. L'archevêque Turpin, l'Ulysse des Français, aperçut un vol considérable de corbeaux ; il se douta qu'il y avait des troupes dans le bois : en effet, à force de regarder, il vit reluire des armes à travers les arbres. Il fit venir Oger et lui dit de s'armer au plus vite ; Oger fit mettre aussitôt le camp sous les armes. Renaud fut fâché d'avoir été sitôt découvert ; mais il ne se déconcerta point ; il dit à Maugis de rester dans le bois avec mille cavaliers, et de n'en sortir qu'en cas de besoin ; alors Renaud, avec ses trois mille combattants, paraît dans la plaine et fond sur le camp. Nicols fut le premier chevalier qu'il abatit ; il va de tente en tente, les renverse, massacre tout ce qui se présente, et demande : « Où sont Olivier et Roland ? Ne savent-ils que nous appeler traîtres et nous menacer ? Pourquoi se cachent-ils ? » L'archevêque Turpin ne put entendre calomnier ainsi les deux jeunes héros : « Renaud, s'écria-t-il, c'est parce que tu as su qu'ils n'étaient point au camp, que tu as osé l'attaquer ; je doute que tu eusses eu cette témérité, si tu avais cru les rencontrer. » En disant ces mot, il attaque Renaud ; les pièces de leurs armures volent en éclats et blessent ceux qui sont autour d'eux ; la résistance est égale à l'impulsion. Renaud, au dernier coup d'épée, fit chanceler Turpin : « Révérend chevalier, lui dit-il, prêtre d'un Dieu de paix, crois-moi, cours au pied des autels ; les combats ne sont pas faits pour toi. » L'archevêque, écumant de colère, s'élance sur Renaud pour le punir de ce reproche. La fureur des chefs passe dans l'âme des soldats ; tout s'émeut, l'action devient générale. Oger veut venger Turpin ; il attaque Richard et le renverse ; quoique Richard, dans sa chute, eût perdu la coiffe de son casque, il se releva, mit l'épée à la main ; mais son adversaire fut attaqué par Renaud qui venait venger son frère ; il lui porta de si rudes coups, qu'Oger fut renversé à son tour : sa vie était entre les mains de Renaud ; lorsqu'il le vit à terre, il saisit la bride de Boisart son cheval, qui était prêt à s'échapper, et donnant à Oger le temps de se relever : « Chevalier, lui dit-il, quel démon vous anime contre nous, qui sommes vos cousins ? Vous devriez nous secourir, et vous servez les fureurs d'un roi prévenu contre nous. Reprenez votre cheval, éloignez-vous de mes frères et de moi, et ne faites tomber vos coups que contre des étrangers. » Oger, surpris de tant de générosité de la part d'un ennemi qu'il avait voulu tuer, s'éloigna et se perdit dans la foule. Les quatre frères faisaient un carnage horrible : toute l'armée de Charlemagne était en mouvement et ne se trouvait pas encore assez forte pour leur résister. Lorsque Maugis vit qu'elle était entièrement occupée, il sortit du bois et se jeta avec ses mille hommes au plus fort de la mêlée. Les Français firent des prodiges de valeur ; lassés de combattre, affaiblis par le nombre des blessés et des morts, ils se battirent en retraite, et gagnèrent leurs retranchements ; les Gascons les forcèrent et les chassèrent hors du camp. Maugis et les trois frères firent un butin immense et rentrèrent à Montauban, où ils arborèrent sur la plus haute tour le dragon que Renaud avait arraché du pavillon de Roland. Lorsque le roi vit le dragon, il ne savait que penser ; il crut que Roland s'était emparé du château, tandis que Renaud et ses frères étaient occupés à se battre contre ses troupes ; cette pensée lui faisait supporter ses pertes avec moins de chagrin ; mais la vérité cruelle vint bientôt lui ouvrir les yeux.

Olivier et Roland revenaient de leur tournée ; ils rencontrèrent Archambaud, qui leur fit le détail de cette malheureuse journée. Il ajouta qu'on était si loin de penser que tandis qu'on se battait, ils s'amusassent à se promener et à chasser, que le roi croyait qu'ils étaient occupés à s'emparer de Montauban, et que ce qui confirmait cette opinion était le dragon de Roland qu'on voyait arboré sur une des tours du château.

Roland demeura consterné de ce récit, l'œil prêt à verser des larmes de dépit ; il courut chez l'archevêque Turpin qui le consola, et qui le conduisit dans le pavillon de Charlemagne. Le roi le vit si humilié, qu'il se contenta de lui faire remarquer que la moindre négligence à la guerre était presque toujours suivie des plus grands malheurs, lorsqu'on avait affaire à un ennemi actif et vigilant.

Charlemagne, irrité par les obstacles, jura qu'il périrait plutôt que de renoncer au siége de Montauban. Naimes ne lui conseillait point de l'abandonner ; mais il était d'avis qu'on eût recours aux moyens les plus faciles. « Quel est votre but, sire ? dit-il, c'est d'avoir les quatre fils d'Aymon en votre pouvoir. Je vous proteste que, ni Roland, ni Olivier, ni tous vos chevaliers ensemble n'en viendront à bout, si le roi Yon ne se détache de leur alliance et n'entre dans vos vues. Je suis d'avis que vous le menaciez de le chasser de son royaume, s'il ne vous livre les quatre fils d'Aymon, et que vous lui promettiez des récompenses proportionnées au service qu'il vous rendra, s'il les remet en votre pouvoir. »

Le conseil de Naimes fut approuvé ; Charles envoya un héraut à Toulouse, où le roi s'était retiré. Yon, plus avare que timide, fut tenté des offres qu'on lui faisait : il dit au héraut d'attendre sa réponse et aussitôt il assembla son conseil ; il représenta que Charlemagne, avec cent trente mille hommes, était entré dans l'Aquitaine et qu'il menaçait d'y mettre tout à feu et à sang, de détruire toutes les villes, et de s'emparer de la couronne, si on ne lui livrait les fils d'Aymon. L'un des conseillers était ce Godefroi, parent d'Yon, qui avait espéré d'épouser Yolande, et qui depuis ce temps était le plus cruel ennemi de Renaud. « Il y a longtemps, sire, dit-il, en opinant le premier, que j'ai prédit ce qui arrive aujourd'hui. Se déclarer l'ami de Renaud, c'est se déclarer l'ennemi de Charles. Eh ! quel ennemi plus terrible ! vainqueur des Sarrasins, de l'Allemagne et de l'Italie, comment pourrez-vous espérer de défendre vos États contre lui ? Ce serait donc une politique dépourvue de raison, que d'exposer votre couronne pour ces étrangers. Vous vous croyez lié par la reconnaissance, et ce motif vous fait hésiter. Je soutiens que vous ne leur en devez aucune. Ils cherchaient une occasion de se signaler, et vous leur en avez fourni une plus brillante qu'ils ne pouvaient l'espérer. Quand même il serait vrai que vous leur dussiez de la reconnaissance pour le service qu'ils vous ont rendu, ne l'avez-vous pas payé au delà de sa valeur. Des aventuriers chassés de la maison paternelle, proscrits par leur souverain, justement irrité contre eux, sans asile, n'ayant pour toute fortune qu'une valeur équivoque, sont jetés dans vos États par le hasard. Ils vous trouvent les armes à la main, prêt à marcher contre vos ennemis ; ils profitent de cette circonstance ; ils se mêlent à vos troupes ; elles sont victorieuses, et Renaud s'attribue tout l'honneur de cette victoire. Est-il donc vrai que sans Renaud, sans ses frères, vous auriez été vaincu? N'avons-nous donc jamais avant eux remporté d'avantages sur les Sarrasins ? Mais je veux qu'ils aient tout l'honneur de cette journée, de quel prix ne les avez-vous pas payés ? Renaud devient le frère du roi ; il épouse une princesse qui eût fait le bonheur du plus grand roi du monde : c'est peu ; vous vous êtes dépouillé en sa faveur du plus bel apanage de la souveraineté. Ils élèvent au milieu de votre royaume une ville inexpugnable. Qu'eût osé demander de plus Boulag-Akasir vainqueur ? Les frères Aymon ayant donc obtenu au delà du prix qu'ils pouvaient exiger, vous êtes quitte envers eux, et vous pouvez les livrer sans crainte de passer pour ingrat. Je dis plus, votre justice et votre sûreté l'exigent. Renaud est un traître ou va le devenir. Pourquoi a-t-il demandé qu'il lui fût permis d'élever le château de Montauban? S'il n'avait d'autre vue que de se mettre à couvert des armes de Charlemagne, n'aviez-vous pas assez d'autres châteaux ; vos forces n'étaient-elles pas suffisantes ; ce fier vainqueur des Sarrasins se croyait-il trop faible dans vos États, secondé de vos troupes? Non, il avait d'autres vues : Renaud veut s'emparer de l'Aquitaine. C'est contre vous et non contre Charlemagne qu'il avait besoin de se fortifier. Prévenez donc sa trahison, qui n'est que trop manifeste; votre sœur ne doit point vous arrêter. Assez d'autres s'estimeront heureux de la posséder. »

Le comte d'Anjou, qui voyait la conduite de Renaud avec le désintéressement d'un vieux militaire qui n'a rien à espérer ni à craindre de la cour, interrompit Godefroy : « La perfidie qu'on vous propose, sire, dit-il, mérite toute votre indignation, elle est suggérée par l'animosité, et n'est fondée que sur la calomnie. Les fils d'Aymon ne sont coupables ni envers Charlemagne ni envers vous. Lorsque d'Aigremont eut assassiné Lothaire, tout jeunes qu'ils étaient, ils furent les premiers à blâmer leur oncle ; ils ne prirent aucun parti dans cette querelle, parce qu'ils savaient que la vengeance de Charlemagne était juste, et parce qu'il eût été contre la décence de défendre un assassin. Lorsque après avoir pardonné d'Aigremont, Charles refusa de punir le traître Ganelon, Renaud et ses frères blâmèrent le roi, parce qu'ils croyaient sa conduite blamâble. Le bouillant Berthelot, piqué des murmures de Renaud, son cousin, osa l'attaquer et le frappa en présence de toute la cour ; Renaud n'employa qu'une juste défense et Berthelot succomba. Le roi n'a cessé, depuis ce temps, de persécuter les fils d'Aymon ; il a suscité contre eux leur propre père ; je ne parle point de la trahison qu'on employa pour surprendre le château de Monfort, c'est un des droits de la guerre ; mais la trahison qu'on vous propose blesse tous les droits humains et sacrés. Si un simple particulier est condamnable lorsqu'il viole l'hospitalité qu'il a donnée, quel crime ne commet pas un souverain qui n'acccorde un asile que pour avoir plus de facilité de trahir le malheureux qui s'est cru en sûreté sous sa protection ? L'asile que vous avez donné à Renaud et à ses frères n'est pas gratuit ; vous ne pouviez le leur refuser sans ingratitude. Vous leur devez non-seulement l'Aquitaine, qu'ils ont sauvée, la seule ressource qui vous restait et que vous ne pouviez conserver sans eux ; mais encore Toulouse et tout ce qui en dépend ; vous savez que Renaud refusa d'admettre Boulag-Akasir à rançon, qu'il ne vous eût abandonné ses conquêtes. Qui est-ce qui aurait pu se plaindre, si dans ce moment Renaud eût exigé pour lui ce qu'il vous fit rendre lorsque vous vous y attendiez le moins? On lui fait un crime d'avoir demandé la permission d'élever une forteresse pour sa sûreté. Ne vous a-t-il pas donné tous les otages que vous lui avez demandé? Ne vous a-t-il pas exhorté de prendre contre lui-même toutes les précautions que la méfiance pouvait suggérer, de sorte que si les projets qu'on lui impute étaient vrais, il serait toujours dans l'impossibilité de les exécuter? Quand il n'aurait pas en sa faveur la conduite la moins suspecte et la plus soutenue, ne suffit-il pas que vous ayez promis de le défendre et de le protéger contre ses ennemis, comme il s'est engagé de vous secourir envers et contre tous? Vous êtes lié par le serment le plus solennel; il ne vous est pas permis de le violer. Je compte pour rien l'amitié que vous lui avez jurée, et l'alliance que vous avez contractée avec lui : on sait quelle est la force de ces liens auprès des souverains ; mais si, malgré tout ce que vous devez aux fils d'Aymon, vous les livrez à leurs ennemis, Charlemagne sera le premier à vous mépriser, à vous en punir peut-être, et toutes les nations s'élèveront contre votre ingratitude. »

Le conseil d'Yon fut partagé; Godefroy reprit la parole et détermina le roi à la trahison. Il écrivit à

Charlemagne qu'il mettrait, avant dix jours, les fils d'Aymon en son pouvoir; qu'ils se rendraient, par son conseil, dans la plaine de Vaucouleurs, désarmés, portant en leurs mains des roses et des branches d'olivier en signe de paix; qu'il pouvait faire tenir dans les bois des environs des troupes toutes prêtes pour s'emparer d'eux. Il remit sa lettre à un des chevaliers de sa cour qui accompagna le héraut du roi.

L'envoyé remit la lettre et ajouta que le roi promettait d'en exécuter le contenu de point en point, à condition que de son côté, Charlemagne retirerait ses troupes et remplirait les engagements qu'il avait pris par son héraut. Le roi renouvela ses promesses et les accompagna de serments.

Lorsque le roi d'Aquitaine fut bien assuré de la parole de Charlemagne, il ne songea plus qu'à exécuter son perfide projet. Il part pour Montauban et dit aux fils d'Aymon qu'il a fait leur paix avec Charlemagne et qu'il vient pour les en féliciter; il leur fait un faux récit de négociations, et leur apporte de la part de Charlemagne quatre manteaux d'écarlate fourrés d'hermine et quelques bijoux que le roi avait ajoutés à ce présent, pour les faire mieux tomber dans le piége : « Il est convenu, dit-il, que demain vous vous rendrez tous les quatre sans autres armes que vos épées, et sans autre suite que dix chevaliers et comtes de ma cour, dans la plaine de Vaucouleurs, avec les manteaux que Charlemagne vous a envoyés, montés sur des mulets, et portant dans vos mains, en signe de paix, des roses et des branches d'olivier. Le roi doit vous y attendre avec le duc Naimes de Bavière, Oger et ses douze pairs; vous tomberez à ses genoux, et lui il vous pardonnera et vous remettra en possession de tous vos châteaux. »

Renaud n'avait aucune méfiance du roi Yon: mais il craignait quelques piéges de la part de Charles. Yon le rassura et lui dit que Charles avait engagé sa foi. « Au surplus, ajouta-t-il, si vous avez le moindre doute, n'y allez pas; il n'a traité qu'avec moi seul, il est vrai que j'ai promis : tout retombera sur moi; qu'importe? — Non, reprit Renaud, il n'est pas juste que pour vouloir nous obliger, vous vous trouviez compromis et chargé de toute la haine du roi de France; nous nous rendrons dans la plaine de Vaucouleurs. »

Alard, Richard et Guichard n'eurent pas plutôt appris ce traité qu'ils tombèrent dans la plus profonde tristesse. « Si cette paix, disaient-ils, est véritable, pourquoi le roi veut-il que nous allions la signer sans armes et sans suite? Méfions-nous de quelque trahison. — Non, dit Renaud, Charlemagne ne poussera pas la perfidie jusqu'à ce point : d'ailleurs il faudrait qu'Yon fût du complot, et ce serait un crime que de le soupçonner. »

Qui pourrait peindre les craintes et les alarmes d'Yolande, lorsque Renaud alla prendre congé d'elle?

« Ah ! du moins permets, disait-elle, que j'aille expirer en te défendant; ils n'ont pu ni te vaincre, ni te séduire, ils veulent te tromper. » Renaud lui représentait en vain qu'il faudrait supposer Yon le plus perfide des hommes. « Eh! serait-il le premier, disait-elle, qui aurait sacrifié sa sœur à de vils intérêts? Je me méfie de l'univers entier, quand il s'agit de mon époux : non, mon cher Renaud, vous ne vous livrerez point à vos ennemis. C'est les armes à la main qu'un héros traite de la paix, et non comme le commandant d'une ville prise d'assaut. »

En vain le presse-t-elle dans ses bras, en vain ses lèvres brûlantes demeurent-elles attachées sur les lèvres de son époux; Renaud a promis, Renaud est inébranlable. Malheureux! il jugeait les autres par lui-même; et il croyait les rois incapables de trahison. Ses frères l'engagèrent de demander au roi qu'il leur fût du moins permis d'aller au rendez-vous sur leurs chevaux; Yon ne voulut point y consentir, de crainte, disait-il, que le roi ne crût qu'il le trahissait. Il répéta encore que, s'ils craignaient quelque piége, ils étaient les maîtres de manquer à la parole qu'il avait donnée à l'empereur.

Enfin Renaud et ses frères partirent accompagnés de dix seigneurs. Yon gémissait dans le fond de son âme; mais l'avarice et la crainte étouffaient ses vrais sentiments; s'il avait cru qu'il y eût plus d'avantage à trahir Charlemagne, il l'eût trahi en faveur des fils d'Aymon; mais le roi était plus puissant, et ils n'avaient que de la vertu. Cependant Renaud, pendant la route, levait quelquefois les yeux vers le ciel; il était triste, et je ne sais quel pressentiment lui faisait éprouver d'avance le sort qui l'attendait. Alard aperçut quelques larmes qui s'échappaient de ses yeux. « O mon frère et mon ami! lui dit-il, voilà les premiers pleurs que je vous vois répandre; si vous soupçonnez quelque perfidie, nous ne sommes pas encore arrivés, revenons à Montauban. — Ce n'est pas, répondit Renaud, sur moi que je pleure, c'est dans la crainte qu'il ne vous arrive quelque malheur à cause de moi. J'ai promis, et, dussé-je périr, il faut que j'exécute ma promesse. Laissez-moi aller seul; si Charles nous a tendu un piège, il n'y prendra du moins que moi; si la paix est en effet conclue, il se contentera des excuses que je lui ferai de votre absence. » Les frères de Renaud lui protestèrent qu'en la vie et en la mort ils ne l'abandonneraient point.

Ils arrivèrent enfin dans la plaine de Vaucouleurs, qui depuis la trahison de Charlemagne a changé de nom. Elle était entourée de forêts épaisses qui s'étendaient à plus de dix lieues. La Dordogne et la Gironde la traversaient avant d'aller se jeter à la mer; sur la gauche, était un rocher escarpé, divisé par une ouverture étroite où deux hommes pouvaient à peine entrer de front; quatre chemins aboutissaient à cette plaine, l'un traversait la France, l'autre allait en Espagne, le troisième en Galice, en Portugal, et le quatrième au royaume d'Aquitaine. Cette plaine était située entre Bordeaux et Bayonne. Chaque chemin était gardé par cinq cents hommes embusqués dans la forêt.

Renaud et ses frères furent étonnés de ne voir personne dans la plaine, la traversèrent jusqu'au pied du rocher. Alard lui proposa une seconde fois de s'en retourner à Montauban. Désarmés comme nous le sommes, vingt chevaliers suffiraient pour nous prendre. Renaud, qui commençait à soupçonner Yon, et qui avait rempli sa promesse, était prêt de suivre le conseil de son frère, lorsque Foulques de Morillon parut la lance baissée contre lui : « Ah! s'écria Renaud, je ne le vois que trop, nous sommes trahis; le roi, ajouta-t-il, en s'adressant aux dix seigneurs qui les escortaient, nous a confiés à vous; c'est à vous à nous secourir, secondez-nous. » Godefroi jeta un regard de mépris sur Renaud, et lui répondit brusquement qu'il était trop brave pour avoir besoin de son secours. Renaud indigné tire son épée, et d'un revers sépare sa tête de son corps. Les neuf autres chevaliers prirent la fuite et ne durent la vie qu'à la monture de Renaud qui ne put les suivre. « Mes amis, dit-il à ses frères, puisque nous ne pouvons éviter la mort, vendons-leur chèrement notre vie, ne nous séparons point, et prenons garde de tomber vivants entre les mains de ces traîtres. » Ils s'embrassèrent, mirent leurs manteaux autour de leurs bras, et attendirent leurs ennemis l'épée à la main. Quoique montés sur des mulets, Morillon fut étonné de leur audace; il leur dit qu'Yon les avait livrés; que toute défense leur était inutile, et qu'il leur conseillait de se rendre. « Insensé, lui répondit Renaud, lâche! qui ne rougit pas d'attaquer des chevaliers désarmés, n'espère pas nous avoir vivants, et crains pour toi-même, si tu as le courage de te battre à armes égales; mais si tu as l'âme d'un vrai chevalier, écoute ce que je te propose. Au lieu d'être le complice de la plus détestable trahison, laisse-nous retirer; nous quitterons le traître Yon, et nous servirons Charlemagne : nous te donnerons le château de Montauban. Si tu crains la colère du roi, nous promettons de te servir avec quatre cents gens d'armes bien disciplinés. Si cette proposition ne te convient pas, en voici une autre : choisis vingt chevaliers, mets-toi à leur tête et combats contre nous; si vous pouvez nous vaincre nous leur pardonnons d'avance notre mort; mais si, tout désarmés que nous sommes, nous remportons la victoire, tu nous laisseras retirer à Montauban. Ce que je te propose est plus pour ton honneur que pour notre conservation. » Foulques rejeta ces propositions, et sans lui donner le temps de se mettre en défense, il lui porta un coup de lance et lui perça la cuisse. Renaud et son mulet mordirent la poussière. Alard, qui crut son frère mort, s'écria : « C'en est fait, il ne nous reste d'autre parti que de nous rendre. Notre soutien est tombé, n'espérons point de pouvoir nous défendre seuls contre tant de monde. » Ils avaient affaire aux trois cents hommes que conduisait Morillon.

« Que parlez-vous de vous rendre ? s'écria Renaud, j'espère de punir la déloyauté de Foulques avant de mourir. » En disant ces mots, il se dégage, arrache avec effort le fer de sa lance et crie à Foulques : « Traître, descends et viens, si tu l'oses, te battre avec moi l'épée à la main. » Morillon pousse lâchement son cheval contre Renaud et lève son épée ; le fils d'Aymon, plus adroit, l'évite, s'élance sur la croupe du cheval de son ennemi, lui enfonce son épée dans le corps, et le jette à terre sans vie. Ainsi Renaud se trouva parfaitement monté ; il se fit donner la lance et l'écu de son ennemi, et dit à ses frères de ne pas se séparer. A ces mots, il se jette au milieu des Français, baisse sa lance sur le duc de Croy et l'étend à ses pieds ; il prend son épée, frappe Enguerrand et partage sa tête en deux ; onze chevaliers et nombre de combattants expirèrent sous ses coups.

La fureur l'avait emporté plus loin qu'il ne voulait ; il se retourne ; il voit Alard qui avait pris un cheval, un écu et une lance d'un chevalier qu'il avait tué. Quoiqu'il fût blessé, il joignit Renaud, et tous les deux firent un carnage horrible des Français ;

Richard et son frère étaient à pied, leurs mulets avaient été tués ; ils se firent jour jusqu'à Renaud, et lorsqu'ils furent tous ralliés, il fut impossible de les entamer, ils entassaient les morts autour d'eux ; mais au lieu de les attaquer, les Français formèrent un peloton auquel ils donnèrent une impulsion à laquelle les fils d'Aymon ne s'attendaient point. Ils se trouvèrent encore séparés. Richard se retira vers la roche ; Guichard, seul et à pied, fut saisi par surprise et fait prisonnier ; il avait tué plusieurs combattants ; il en tua deux en se débattant entre les mains de ceux qui l'avaient pris ; il était couvert de blessures ; on le lia comme un criminel sur un cheval, et on l'emmenait. Renaud s'en aperçut, et rejoignant Alard : « Courons, lui dit-il, délivrons Guichard ou périssons avec lui ; l'infamie de la mort que Charlemagne lui destine rejaillirait sur nous. — Comment percer jusqu'à lui, disait Alard ? — N'importe, attaquons. » Aussitôt, s'abandonnant à leur courage, ils fondent sur les Français qui escortaient le prisonnier, les dissipent et parviennent jusqu'à lui. Alard, après l'avoir délivré, lui donna le cheval même où on l'avait attaché, une lance et une épée de quelqu'un de ceux qu'il avait tués. Guichard se vengea cruellement de l'affront qu'il avait reçu ; il leur manquait Richard : après Renaud, c'était le plus brave des quatre fils d'Aymon. N'en pouvant plus de fatigue et du sang qu'il avait perdu, il s'était couché au pied du rocher, n'ayant pas eu la force de le gravir. Il avait tué de sa main cinq comtes, quatorze chevaliers et plusieurs soldats. Gérard de Vauvert, cousin de Foulques, l'ayant aperçu presque expirant, vint sur lui, et de sa lance lui fit au ventre une si large blessure, que les boyaux paraissaient; il ne douta pas qu'il l'eût tué et il alla publier sa mort. Richard eut encore assez de force pour se relever, et d'une main bouchant sa plaie, il court après son assassin, le frappe sur son casque, et le coup glissant en travers, il lui enlève la tête et l'épaule droite ; Gérard tomba mort d'un côté, et Richard, que cet effort avait encore affaibli, tomba de l'autre ; il ne lui restait presque plus de sang dans les veines.

Ses frères, qui ne le voyaient point, inquiets de son sort, accablés d'ailleurs par le nombre, s'acheminèrent vers le rocher où ils cherchèrent à se faire un retranchement. Renaud aperçut le malheureux Richard presque sans vie, entouré d'un grand nombre de Français qu'il avait tués. « Descendez, dit Renaud à ses deux frères, et tandis que je soutiendrai l'effort des assaillants, soulevez Richard et portez-le dans l'ouverture du rocher. O brave Richard ! ajoutait-il en pleurant et en écartant les ennemis, tu es donc la première victime qu'Yon a immolée à Charlemagne ? puisse ton ombre être témoin de ta vengeance ! » Tandis qu'il soutenait toute la fureur des combattants, Alard et Guichard enlevèrent Richard sur leurs écus, et le transportèrent sur le rocher, au milieu d'un nuage de flèches ; ils virent qu'il n'était point mort, ils l'embrassèrent avec des larmes de joie : « Mes chers amis, leur dit-il d'une voix faible, je me trouve mieux, allez secourir Renaud ; que je le voie encore avant de mourir : si vous pouvez gagner ce retranchement, je ne désespère point encore de la victoire. »

Alard et Guichard coururent au secours de Renaud ; il avait lui seul abattu trente combattants dans le peu de temps que ses frères avaient été absents ; leurs chevaux avaient été pris, mais ils en trouvèrent d'autres, car il restait plus de chevaux que de cavaliers. Ils repoussèrent les ennemis, et se battant en retraite, ils gagnèrent l'ouverture du rocher, et se bornèrent à en défendre les approches.

C'est alors que parut Oger à la tête de trois mille hommes ; il vint sommer Renaud et ses frères de se rendre : « Jusqu'à présent, leur dit-il, je n'ai pas voulu paraître ; vous êtes mes cousins, et j'ai dû vous ménager ; votre obstination et ma patience me rendraient coupable envers le roi, si je tenais plus longtemps mes troupes dans l'inaction. Je veux bien ne pas les aider, mais je ne puis vous défendre ; tout ce que puis, c'est de vous conseiller de vous en rapporter à la clémence de Charlemagne. — Mon cousin, dit Renaud, si c'est là tout ce que vous pouvez faire pour nous, vous deviez vous dispenser de me le proposer. »

Richard avait repris des forces ; il pria Guichard de déchirer son manteau et de le ceindre pour soutenir ses entrailles ; lorsqu'il n'eut plus à craindre pour sa blessure, il se souleva, et s'adossant au rocher, il étonna ceux qui l'avaient cru mort ; Alard était étendu derrière le rocher, perdant tout son sang d'une flèche qui lui avait percé la cuisse : l'exemple de Richard le ranima ; il banda lui-même sa plaie, et se montra aux Français qui ne comprenaient pas comment ils avaient pu résister si longtemps.

Cependant Oger fut touché de la situation de ses cousins : il fit suspendre l'attaque du rocher. Il dit à ses troupes qu'il espérait de les réduire à se rendre et qu'il allait leur parler. Il s'approche de Renaud, sans armes, il lui demande de lui permettre de venir sur le bord de l'ouverture ; lorsqu'il est à portée de se faire entendre : « Mes amis, leur dit-il, je suis fâché de ne pouvoir vous secourir, je l'ai promis au roi ; mais quoique mes conseils vous paraissent si mauvais, j'en ai un à vous donner. S'il ne peut vous sauver, du moins retardera-t-il votre perte. Vous allez être assaillis par toutes les troupes ; ce n'est pas avec vos épées et vos lances que vous les empêcherez de gravir ce rocher, n'eussiez-vous qu'à frapper pour les abattre à mesure qu'elles se présenteront, vous seriez hors de combat par la fatigue seule, avant que la moitié fût tombée sous vos coups. Il vous reste une ressource, c'est de rassembler autant et de si grosses pierres que vous le pourrez, de les mettre à portée de l'ouverture du rocher, et de les faire rouler sur les combattants à mesure que les soldats graviront. Pour vous prouver qu'il ne dépend pas de moi de vous secourir, je reste jusqu'à ce que vous ayez fait une assez grande provision de pierres. »

Ce conseil parut sage à Renaud, qui en remercia son cousin ; mais qui ne put lui pardonner de se rendre complice de la perfidie d'Yon, et de la vengeance injuste de Charlemagne. Renaud et Guichard, comme les moins blessés, montèrent au haut du rocher pour ramasser les pierres qu'ils trouveraient. Renaud jeta les yeux sur la plaine ; il contemplait avec satisfaction les ennemis qu'ils avaient détruits. Le champ de bataille où deux armées se sont battues offre souvent un moindre nombre de morts et de blessés. Ils estimèrent que ce nombre pouvait aller à quinze cents. En regardant dans la plaine, ils aperçurent, au delà de la forêt, une troupe nombreuse, ils crurent d'abord que c'étaient des Français ; mais, en regardant plus attentivement, Renaud reconnut Bayard et Maugis. « Oh ! mon frère, s'écria-t-il en embrassant Guichard, c'est Maugis que le ciel nous envoie ; dis-le à nos frères, et surtout qu'Oger n'en sache rien : ciel ! ô ciel ! je te rends grâces. » Renaud revint auprès d'Oger, tandis que Guichard alla apprendre à Alard l'heureuse découverte qu'ils venaient de faire.

CHAPITRE X

Suite du combat précédent. — Les fils d'Aymon secourus par les Gascons conduits par Maugis. — Nouveaux exploits. — Oger vaincu par Renaud, insulté par Roland, n'en paraît que plus grand. — Maugis raconte à Renaud comment il a appris la trahison du roi d'Aquitaine. — Il rend au jour Richard, et guérit les blessures d'Alard, de Guichard et de Renaud.

Cependant les troupes s'impatientaient du long séjour qu'Oger faisait sur la montagne. Il voulait descendre pour leur laisser commencer l'attaque : « Eh quoi ! mon cousin, lui dit Renaud, seriez-vous assez dénaturé de ne pas nous accorder encore quelques moments pour nous reposer ; encore une heure, et non-seulement nous permettrons à vos troupes de nous attaquer ; mais encore à vous-même, pour que Charlemagne n'ait aucun reproche à vous faire. » Oger y consentit, leur promit qu'ils ne seraient attaqués que lorsque l'heure serait expirée. Il descendit de la montagne pour aller calmer l'impatience des Français. Il dit à ceux-ci que les fils d'Aymon étaient presque décidés à se rendre ; mais qu'ils demandaient quelques instants pour prendre une dernière résolution. Les chefs voulaient attaquer le rocher malgré lui ; mais il menaça de couper la tête au premier qui serait assez hardi de faire le moindre mouvement sans son ordre.

Le temps accordé n'était pas à moitié écoulé, que la joie suspendant les douleurs d'Alard et de Richard, ils se sentirent en état de combattre : « Mes amis, dit Richard à ses frères, autant que j'ai pu en juger, la troupe que Maugis conduit est d'environ cinq mille hommes ; et les Français ne sont pas au-delà de quatre mille. Ce n'est pas assez que Maugis la venge, il faut qu'il nous venge. Si les Français doutent de son arrivée, ils fuiront ; ne leur laissons point le temps de s'en apercevoir, descendons au bas de la montagne ; présentons-nous au combat, Maugis ne doit pas être loin ; tandis que nos ennemis s'acharneront après leur proie, il déploiera ses troupes dans la plaine et pourra les prendre de tous côtés. »

L'avis de Richard fut suivi ; Renaud et Guichard descendirent les premiers. Richard et son frère les suivaient. Les Français ne doutèrent pas qu'ils ne vinssent se rendre. Oger courut à eux. « Pourquoi, leur dit-il, avez-vous quitté votre asile ? Si c'est pour vous rendre à Charlemagne, il fallait mieux expirer les armes à la main, car je ne dois pas vous cacher que ce prince a juré qu'il voulait vous traiter avec la plus grande rigueur ; si c'est pour combattre, le lieu que vous occupiez était inaccessible, ou du moins vous pouviez, avec le secours que je vous avais indiqué, vous y défendre longtemps. — Nous voulons combattre, répondit Renaud, et nous espérons encore de vous vaincre. Le peu de repos que vous nous avez donné, nous a rendu nos forces, et nous voulons encore tenter la fortune. » Oger les prit pour des insensés, il retourne à ses troupes, et leur dit l'intention de ses cousins ; les Français paraissaient furieux d'avoir si longtemps attendu. Oger leur donne le signal et se retire ; à peine se sont-ils ébranlés, que Maugis, sortant du bois, se déploie dans la plaine ; il avait fait glisser ses troupes le long de la forêt ; elles s'étaient avancées, sans que personne s'en fût aperçu, jusqu'à l'autre extrémité de la plaine, et lorsque Maugis parut, les Français se trouvèrent enveloppés par leurs ennemis. Le premier qui s'offrit à ses coups fut Oger. Il le frappa d'un coup de lance et lui fit une large blessure dans le flanc : Oger voulait se venger ; mais heureusement Bayard, sentant son maître, emporte Maugis auprès de lui, s'ouvrant un passage à travers les Français qu'il déchire avec ses dents, et que Maugis renverse avec sa lance. Maugis embrasse Renaud, Alard et Guichard, car Richard avait été obligé de remonter sur le rocher.

Les Gascons pénètrent dans le centre des ennemis, en font un horrible carnage et les mettent en déroute ; les Français veulent fuir ; les troupes embusquées dans la forêt les arrêtent, les repoussent dans la plaine, et font partout ruisseler le sang. Renaud, monté sur Bayard, voit Oger, court à lui, et d'un coup de lance le jette à trois pas de son cheval ; il descend aussitôt, il arrête le cheval, et en le rendant à Oger : « Comme notre parent, lui dit-il, vous ne vouliez pas tremper vos mains dans notre sang ; mais vous avez conduit trois mille hommes contre vos cousins, trahis et désarmés, pour les livrer à leur ennemi, qui n'attendait ses victimes que pour les faire périr dans les supplices. Allez, je suis assez vengé ; mais je vous conseille de vous retirer. »

Maugis, qui avait fait amener son cheval de bataille, s'était jeté parmi les ennemis ; il perça Guimard d'un coup de lance, abattit la tête d'Allain, et fit son cri de guerre, le carnage devint général ; les troupes de Charlemagne diminuaient de moment en moment ; elles accusèrent Oger d'être la cause de leur déroute ; elles l'attribuaient au temps perdu dans l'inaction où leur général les avait fait languir pendant deux heures. Oger, accusé par les siens et vivement pressé par ses ennemis, pousse son cheval dans la Dordogne et la passe à la nage. Renaud, le voyant sur l'autre rive. « Mon cousin, lui cria-t-il, vous trahissez les intérêts du roi : vous fuyez et vous nous abandonnez ses troupes. — Perfide ! répondit-il à Renaud, tu m'appelles traître, et c'est toi qui me trahis ; sans moi tes frères et toi seraient prisonniers :

c'est moi qui ai donné le temps à Maugis d'arriver. Attends-moi, si tu l'oses. Je le veux bien, dit Renaud. » Aussitôt Oger repasse le fleuve et se présente au combat. Son cousin eut pitié de lui ; son cheval pouvait à peine le soutenir, son armure ruisselait de sang : Renaud refusa, mais Oger avait été appelé traître ; il dit à son cousin de se défendre. Aussitôt ils se frappent, leurs lances se brisent, leurs écus jettent des faisceaux d'étincelles : chacun tombe blessé de son côté, ils se relèvent, mettent l'épée à la main, et se portent les coups les plus terribles; tandis qu'ils se battent, leurs chevaux, aussi furieux que leurs maîtres, commencent entre eux une autre espèce de combat; ils se mordent, se déchirent ; l'agile Bayard rue, hennit, écume et frappe son adversaire à la tête, à la croupe, dans les flancs. Oger courut pour les séparer ; mais Renaud, impatient de terminer son combat, le renverse d'un coup d'épée et le blesse à la hanche. Oger revient sur lui, frappe Renaud sur son casque et le fait chanceler. Oger veut recommencer; mais voyant arriver Alard, Maugis, Guichard et leurs troupes, il remonte à la hâte sur Boisart, son cheval, et ne s'aperçut qu'il n'avait point de selle que lorsqu'il eut passé la rivière. Renaud l'en railla; Oger le défia de passer pour venir recommencer à se battre. Renaud avait accepté le défi, il allait passer la rivière, Alard et Maugis l'arrêtèrent, remercièrent Oger d'avoir donné le temps à Maugis d'arriver; et après qu'ils eurent massacré ou forcé ce qui restait de Français de passer la Dordogne, ils allèrent auprès de Richard.

Oger, couvert de blessures, excédé de fatigue et sans selle, rentra dans le camp de Charlemagne. Personne ne doutait que les quatre fils d'Aymon ne fussent pris; il n'y avait presque point de chevaliers et de seigneurs qui ne fussent leurs parents, leurs amis; ceux que leur mérite avait rendus leurs rivaux et leurs ennemis, commencèrent à les regretter dès qu'ils les crurent perdus, effet ordinaire de l'infortune, qui change la haine la plus envenimée en une tendre commisération; mais quelle fut la surprise de Charlemagne, lorsque Oger lui eut fait un fidèle rapport de tout ce qui venait de se passer, qu'il lui eut appris que de trois mille Français, il ne s'en était sauvé que trois cents, et qu'il s'estimait fort heureux lui-même de n'avoir pas péri sous les coups de Renaud. L'impétueux Roland ne put entendre ce récit sans frémir. Il était fâché que Charles eût préféré Oger pour arrêter les fils d'Aymon; il dit hautement qu'il était un lâche pour s'être laissé battre par un chevalier sans armes, ou un traître qui avait empêché ses troupes d'agir. Oger ne put souffrir ces reproches et l'accusa lui-même de lâcheté : « Parce que vous me voyez blessé, lui dit-il, vous osez me tenir des propos insultants, dont vous ne me croyez pas en état de me venger; mais je vous défie et veux vous faire voir que les forces expirantes d'un guerrier tel que moi, sont au-dessus des bravades d'un jeune téméraire. » Roland mit l'épée à la main. Oger, couvert encore de sang et de poussière, sans tirer la sienne, saisit le fer de celle de Roland, et lui dit : « Jeune homme, regarde ces blessures avant que je me mette en défense, afin que tu puisses savoir le jugement qu'on portera de toi après notre combat. Si je suis vainqueur, on dira que tu n'avais que de l'orgueil sans courage, puisqu'un homme faible et épuisé de sang t'a donné la mort; si je suis vaincu, on publiera que tu n'es qu'un vil assassin, qui a profité de ma faiblesse pour m'insulter. Maintenant viens et combattons. » Roland laissa tomber son épée, demanda pardon à Oger, et le remercia. Celui-ci reprit : « Vous m'avez accusé de trahison et de lâcheté, je dois me justifier de l'un et de l'autre. C'est au roi à s'informer de ma conduite; vous, Roland, vous me ferez raison de l'imputation de lâcheté. »

Charlemagne leur défendit de se battre, jusqu'à ce qu'Oger fût rétabli de ses blessures; mais il ne put cacher son dépit de la perte inutile de ses troupes et de la victoire de Maugis et des fils d'Aymon.

Cependant Renaud, ses frères et Maugis, après avoir rassemblé et fait camper leurs troupes pour le reste de la journée, s'en allaient vers la roche, où ils craignaient de trouver Richard sans vie. Les trois frères soupiraient, Maugis les consolait. Alard qui voyait la tristesse de Renaud, demanda à son cousin ce qui s'était passé au château de Montauban, et par quel hasard ou plutôt par quel miracle il était venu à leur secours.

« J'avais bien de la peine à me persuader, dit Maugis, que Charlemagne eût sitôt changé à votre égard; je ne savais comment concilier son projet de prendre Montauban, le siége dût-il durer sept ans, avec ce traité de paix à des conditions si douces. Je craignais qu'il n'eût trompé le roi d'Aquitaine; car jamais je n'aurais pensé que le roi vous trahît. Je vous ai vu partir avec la plus grande douleur. Je venais de vous faire mes adieux, lorsque j'ai passé dans l'appartement du jeune Gaudard, ami, secrétaire et confident du roi Yon. Je l'ai trouvé dans le chagrin et dans les larmes; elles l'ont empêché d'abord de m'apercevoir. Je ne l'ai tiré de sa rêverie, qu'en le secouant brusquement. — Ah! seigneur, m'a-t-il dit, pardonnez-moi ma distraction; vos cousins sont-ils partis? — Ils sont déjà bien loin, lui ai-je répondu; pourquoi me faites-vous cette question? elle m'alarme. — Hélas! a-t-il repris, puissent-ils ne pas arriver dans la plaine de Vaucouleurs! Je l'ai pressé de s'expliquer. Il m'a répondu qu'il ne pouvait pas m'en dire davantage; que son devoir l'obligeait au secret, quel qu'il fût. J'ai vainement employé les prières les plus pressantes; enfin j'ai été jusqu'à la menace. — Vous vous y prenez mal, chevalier, m'a-t-il dit, quand les

prières ne peuvent rien sur une âme honnête, soyez
assuré que les menaces sont encore plus impuissantes.
J'ai autant d'envie de vous révéler le secret dont je
suis dépositaire, que vous en avez de le connaître;
mais il ne dépend pas de moi. — Je suis revenu à la
prière; je lui ai représenté que s'il y avait à craindre
pour vous, son silence rendait inévitable un malheur
qu'on pourrait peut-être encore prévenir. Enfin il
s'est laissé toucher, il allait me révéler toute la trahison, lorsque le roi l'a fait appeler : il m'a dit de
l'attendre et n'est revenu que deux heures après. Il
m'a raconté que Charles avait fait proposer au roi
Yon de lui livrer les quatre fils d'Aymon; qu'à cette
condition, il lui promettait de retirer ses troupes de
la Gascogne, d'augmenter ses États de plusieurs villes
et chateaux, mais que s'il continuait à les protéger,
il devait s'attendre à la guerre la plus sanglante; que
l'Aquitaine et la Gascogne seraient livrées à la discrétion du soldat, les habitants passés au fil de l'épée,
et ses villes réduites en cendres; que non-seulement
Charlemagne le priverait de sa couronne; mais qu'il
le ferait périr des mêmes supplices qu'il destinait aux
fils d'Aymon. Le roi, flatté des promesses de Charlemagne, et intimidé par ses menaces, a porté l'affaire
à son conseil, soit qu'il n'ait pas osé se charger lui
seul d'un crime atroce, soit qu'il ait voulu trouver
des approbateurs; enfin il a écrit à Charles qu'il promettait de lui livrer ses ennemis, qu'il les enverrait

dans la plaine de Vaucouleurs, et lui a désigné l'habit qu'ils porteraient, le cortége qu'il leur donnerait, en un mot toutes les marques auxquelles ils pourraient être reconnus. L'honnête Gaudard a ajouté, qu'il avait fait tout ce qu'il avait pu pour parler à quelqu'un de vous en particulier, et que s'il l'avait pu, il vous aurait donné les moyens d'éviter le piége, sans qu'il eût compromis le roi. »

« Quand Gaudard, continua Maugis, m'a eu mis au fait de la trahison, je n'ai pas hésité de lui faire part du projet que je venais de concevoir de voler à votre secours; il m'y a exhorté; il craignait qu'il ne fût trop tard. Vous êtes parti à quatre heures du matin, il en était huit, il fallait rassembler les troupes. Heureusement elles étaient sous les armes : j'ai pris le prétexte d'un grand fourrage; en deux heures tout le monde était à cheval; j'ai pris six cents cavaliers les mieux montés, pour marcher avec moi, et j'ai donné ordre au gros de la troupe de me suivre avec autant de diligence qu'il se pourrait. Je suis parti du camp à dix heures, dans trois nous avons fait notre route. Vous savez le reste. » Alard, à son tour, rendit compte à Maugis de tout ce qui s'était passé à Vaucouleurs.

Pendant tous ces récits, ils parvinrent au pied du rocher; ils tremblaient et désiraient de trouver Richard. Renaud n'osait y gravir, il pleurait comme s'il eût été certain de sa mort. Ils le trouvèrent, en effet, étendu à terre, sans mouvement; il soutenait ses entrailles qui sortaient de sa plaie, ses chairs étaient livides et tout indiquait la mort. Si les larmes, les caresses, les embrassements pouvaient rappeler à la vie, ceux de ses trois frères l'auraient rendue à Richard. Maugis le voyait d'un œil sec. « Promettez-moi, leur dit-il, de venir avec moi au camp de Charlemagne, et de m'aider à venger la mort de mon père, et je m'engage de rendre le jour à Richard. » Ils n'eurent pas besoin de recourir aux serments; Maugis portait toujours avec lui des plantes dont lui seul connaissait la vertu, et un baume qu'il composait lui-même. Il y avait une fontaine dans ce rocher; il se fit apporter de l'eau pure, lava bien la plaie, fit rentrer les entrailles, y exprima le suc des plantes, retrancha les chairs livides, recousit la peau, appliqua sur le tout de son baume, fit avaler à Richard quelques gouttes d'un élixir qu'il avait extrait de divers minéraux, et fit soulever le malade qui commença à respirer; bientôt il ouvrit les yeux, reprit l'usage de ses sens, et comme s'il se fût éveillé d'un songe, il demanda à ses frères si Maugis était arrivé, si Oger et ses Français l'avaient attendu? Maugis l'embrassa, lui dit que les ennemis avaient été mis en déroute, et l'exhorta de rester encore une demi-heure tranquille et couché sur le dos; il regarda la plaie, elle était déjà consolidée. Renaud, Alard et Guichard avaient des blessures considérables; Maugis les fit déshabiller, leurs corps étaient remplis de contusions et couverts d'un sang noir et épais ; il s'était figé dans les endroits blessés. Maugis les fit bien laver par son écuyer, il exprima le suc des mêmes plantes dans leurs plaies, y appliqua de son baume, en frotta tout ce qui était meurtri de son élixir; en moins d'une demi-heure ils furent tous guéris ; Richard était le plus faible par la grande quantité de sang qu'il avait perdu; la nuit était déjà avancée, et depuis la veille ils n'avaient rien mangé; Maugis avait eu soin de faire prendre à sa troupe des vivres pour trois jours; il envoya son écuyer au camp, il rapporta du vin et des provisions abondantes; ils soupèrent tous, reprirent leur gaieté, oublièrent leurs maux au sein de l'amitié, et s'endormirent jusqu'au lever du soleil.

Maugis et les fils d'Aymon étaient trop bien gardés par leurs troupes, pour avoir à craindre la moindre surprise, d'ailleurs ils en étaient adorés ; l'amour du soldat pour ses généraux le rend vigilant pour lui-même et pour eux. Le sommeil leur rendit toute leurs forces, et quand les premiers rayons du soleil frappèrent leurs paupières, ils avaient oublié les maux de la veille et ne se souvenaient plus que de leurs triomphes.

Les héros se disposèrent à reprendre le chemin de Montauban. Ils placèrent Alard et les prisonniers au centre, formèrent leur avant-garde des troupes les plus fraîches, sous la conduite de Richard et de

Maugis. Renaud et Guichard commandèrent l'arrière-garde.

Renaud ne pouvait se consoler de la trahison du roi d'Aquitaine, et quoiqu'il fût bien éloigné de penser qu'Yolande fût sa complice, son cœur oppressé avait bien de la peine à lui pardonner d'avoir un frère capable d'une telle bassesse.

CHAPITRE XI

Retour des fils d'Aymon à Montauban. — Alarmes et remords du roi d'Aquitaine, il se réfugie dans un couvent ; Roland l'y découvre et l'enlève : Renaud vole à son secours et le dégage, après un combat sanglant, des fers de Roland. — Roland est blessé.

Les fils d'Aymon et Maugis entrèrent dans Montauban au milieu des acclamations du peuple. Yolande, avec ses deux fils, courut au-devant de son époux ; mais il repoussa la mère et les enfants. « Perfide ! dit-il, de quel front oses-tu m'approcher, après le crime de ton frère ? Si tu n'es point sa complice, pourquoi ne m'as-tu pas encore vengé ? Pourquoi, quand j'arrive à Montauban, ne me livres-tu pas Yon dans les fers ? Va, remène-lui tes enfants, je ne les reconnais plus ; un sang trop impur coule dans leurs veines. Yon, le traître Yon, est leur oncle, et ce titre, ils pourraient aussi le donner aux frères de Renaud. Ote-les, ôte-toi de mes yeux ; leur présence m'afflige, et la tienne...— Arrête, Renaud, arrête, s'écrie Yolande, en embrassant les genoux de son époux ; ah ! si tu me méprises assez pour croire que j'aie pu soupçonner la trahison de mon frère, et n'avoir pas marché sur tes pas avec tes enfants, quand tu t'obstinas malgré moi d'aller à Vaucouleurs, je ne veux ni de ton amour, ni de la vie. Ce fut hier, après le départ de Maugis que j'appris tout : dès que je connus le danger, je formai mille projets ; le dernier auquel je m'arrêtai, ce fut de te devancer à la cour de Charlemagne, d'expirer à ses yeux ou d'obtenir ta liberté. Les préparatifs de mon voyage étaient faits ; j'emmenais mes enfants avec moi : nous sortions des portes de Montauban, lorsqu'un des hommes d'armes de Maugis nous arrêta, et nous annonça que votre libérateur était arrivé assez à temps pour vous sauver tous ; j'embrassai ce brave soldat ; offense-toi, Renaud, si tu le veux, des témoignages de ma joie ; je le conduisis dans ton palais, et pendant qu'il me racontait tout ce qui s'est passé, je lui servais d'écuyer, dans la crainte qu'un autre, en l'interrompant, ne me fît perdre un mot de son récit... Que d'horreurs ! ah ! Renaud ! »

A ces mots, Yolande tombe évanouie aux pieds de son époux, qui, ne pouvant plus résister à sa tendresse, appelle Richard pour l'aider à la soulever : bientôt les larmes et les baisers de Renaud l'eurent rendue à la vie. Leurs enfants embrassaient tour à tour Yolande, leur père et leurs oncles. L'un de ces enfants, à qui Renaud, par amitié pour son beau-frère, avait donné le nom de Yon de Montauban, semblait prêt d'expirer de plaisir sur les lèvres de son père; Renaud, à qui le nom d'Yon était devenu odieux, n'appela plus son fils qu'Aymon de Montfort, pour n'être plus exposé à prononcer le nom d'un traître.

Il ne songeait qu'aux moyens de se venger du roi d'Aquitaine ; les plus cruels lui paraissaient encore trop doux, lorsqu'un héraut vint se jeter à ses pieds et réclamer sa protection pour ce même Yon, que Roland tenait dans ses fers, et auquel il était prêt à faire souffrir la mort. « Qui ? lui !.... Roland !... s'écria le fils d'Aymon ; eh ! de quel droit, Roland prétend-il venger les outrages faits à Renaud ? Par quelle aventure le perfide Yon est-il tombé entre les mains de Roland ? — Seigneur, répondit le héraut, pardonnez si, dans le récit que vous exigez, tout n'est pas de la même gravité. Parmi les gens d'armes que Maugis conduisit à votre secours, était un cavalier protégé de ce Godefroy, qui dans le conseil du roi Yon, le détermina à vous livrer au roi. Dès que vos frères et vous eûtes mis les Français en fuite, ce cavalier se glissa dans le bois et alla droit à Bordeaux ; il demanda à parler au roi. Sire, lui dit-il, les fils d'Aymon reviennent triomphants de la plaine de Vaucouleurs. Yon se fit raconter dans le plus grand détail tout ce qui s'était passé ; il se crut perdu, et ne songea plus qu'à échapper à votre vengeance. Dès que la nuit fut venue, il s'échappa de son palais déguisé, et s'écriant de temps en temps : Oh! ma sœur, ma sœur ! combien vous me détesterez, quand vous saurez qu'il n'a pas tenu à moi que Renaud et ses frères ne périssent sur un échafaud ! Lâche que je suis ! les menaces de Charles devaient-elles me faire commettre la plus détestable des trahisons? Eh ! qu'avais-je à craindre, ayant Renaud pour me défendre? Cependant Yon s'avançait vers un bois ; le moindre bruit, une feuille agitée par le zéphir le faisait trembler; partout il croyait rencontrer un des fils d'Aymon. Quand il eut gagné le bois, il ne fut pas plus tranquille ; il croyait voir reluire un casque, et c'était la rosée d'une feuille qui réfléchissait les rayons de la lune : s'il se sentait frappé par une branche errante, il se croyait percé de la lance de Renaud ; à tout moment il croyait entendre le galop de Bayard, et il précipitait ses pas. Le cavalier qui l'accompagnait, aussi timide que lui, l'épouvantait encore. Enfin, accablé de peur et de fatigue, le roi, plus faible que coupable, et dont toute la cour était réduite en ce moment à un seul et pauvre soldat, lui demanda ce qu'il avait à faire. Le cavalier, après avoir longtemps rêvé, ne trouva que deux partis, l'un de passer en Espagne, de prendre le turban, de se mettre sous la protection des Sarrasins, et de céder son trône à celui des princes qui le sauverait de Charlemagne ou de Renaud; l'autre, de prendre l'habit de moine, parce que certainement Renaud ne l'attaquerait jamais sous cet habit, quand même il viendrait à le rencontrer. Ce dernier avis parut au roi le plus sage, et il résolut de le suivre. A l'extrémité du bois, est la riche abbaye de Saint-Ildefonse, retraite paisible d'une vingtaine d'Augustins réformés, qui partagent leur temps entre la bonne chère, la chasse et le sommeil, priant au surplus pour les preux chevaliers et pour leurs dames. C'est là que le bon roi Yon résolut de se retirer. Il part; à mesure qu'il approche du monastère, sa peur diminue; il arrive enfin, se fait ouvrir les portes, et demande à parler à l'abbé.

« Malheureusement pour Yon, le portier déjeunait avec Pinaut, Vandale de nation, qui dans la dernière guerre de Pepin, s'étant réfugié en France, fut tour à tour homme d'armes et espion, tantôt des Sarrasins, et tantôt des Français, servant et trahissant l'un et l'autre parti au gré des circonstances et surtout de ses intérêts; pendant la paix, il était commissionnaire des moines, chef de brigands, et faisant tout, hors le bien. En buvant, en jasant avec le frère portier, il apprit, mais en grand secret, que l'abbé venait de recevoir parmi ses moines un homme de très-grande importance, moyennant une fondation qui triplait les revenus du couvent, que l'abbé lui avait promis de le cacher si bien que de longtemps ni Charlemagne, ni Roland, ni les fils d'Aymon n'en auraient des nouvelles, et qu'il pouvait boire et dormir tranquillement; mais quel était ce personnage? C'est ce que Pinaut ne savait point encore. Il fit ce raisonnement en lui-même : c'est un grand qui se cache et qui fuit, donc on le cherche; cherchons donc à notre tour ceux qui le poursuivent. Il se mit en quête, trouva le cavalier qui avait accompagné Yon, l'enivra, et sut une partie de ses secrets. Pinaut imagina que puisqu'on prenait tant de précautions pour cacher le roi Yon aux fils d'Aymon et à Charlemagne, ils avaient un grand intérêt à savoir sa retraite, et que par conséquent il y avait un grand intérêt, pour Pinaut, de la leur découvrir. Il résolut d'abord d'aller révéler son secret aux fils d'Aymon; puis imaginant qu'il pourrait tirer une meilleure récompense de Charlemagne, il changea de dessein. Comme Pinaut a six pieds onze pouces de hauteur, et qu'il fait trois lieues quand les autres n'en font qu'une, il prit le chemin de Vaucouleurs, quoiqu'il soit le plus long. Il rencontra votre troupe, qui retournait triomphante à Mautauban; il coupa à travers les bois et arriva enfin au camp de Charlemagne.

« Pinaut se trompa de tente, il entra dans celle de Roland, et croyant parler au roi, il lui raconta tout ce qu'il savait d'Yon, de sa retraite, de son froc et de votre marche. Roland a juré qu'il vous attaquerait. Oger, qui ne demande pas mieux que de voir Roland aux prises avec vous, et qui ne serait pas fâché que vous humiliassiez l'orgueil du jeune chevalier, s'est mis de la partie avec Olivier, Richard de Normandie et Guidelon ; ils ont marché à la tête de quatre mille hommes. Pinaut leur servait de guide ; quoiqu'il dût prendre un autre chemin, il les a conduits à l'abbaye de Saint-Ildéfonse. L'abbé, qui ne se doutait de rien, est allé les recevoir à la tête de tous ses moines, et après les premiers compliments, il les a invités de venir se mettre à table ; c'était l'heure du dîner. Roland l'a remercié brusquement, et lui a dit : — Seigneur abbé, quand j'aurai envie de dîner, je vous en avertirai, ce n'est pas pour le moment de quoi il s'agit ; il faut me dire ce que vous avez fait du traître le plus lâche qu'il y ait au monde ; il ne vous sert de rien de faire l'étonné : je sais qu'il est dans votre couvent, je prétends qu'il me soit remis pour en faire une punition exemplaire.

« L'abbé, voyant qu'il était inutile de dissimuler : —Seigneur, a-t-il dit à Roland, j'ai promis au roi Yon qu'il serait à couvert de toute insulte dans ce saint asile, de ne révéler à personne l'endroit où il est caché. Si un chevalier est esclave de sa parole, un religieux ne l'est pas moins de la sienne, et pour rien au monde je n'y manquerai. — Je dois la respecter sans doute, a repris Roland, et je vais faire fouiller partout. — Vos recherches seraient inutiles, répond le moine ; il est si bien caché que ni vous, ni vos chevaliers, ne sauraient le trouver ; il dépend de mon secret, et mon secret est inviolable. Roland, que ce discours impatientait, a répondu au moine : — Personne ne connaît mieux que moi le prix d'un secret, gardez le vôtre, je vous en loue et je ne vous presse plus ; mais comme j'ai résolu de punir Yon, et que je suis aussi invariable dans mes résolutions, que vous dans les vôtres, je vais faire mettre le feu aux quatre coins de l'abbaye, et sans que vous violiez votre parole, Yon se trouvera puni ; vous n'aurez rien à vous reprocher ; j'aurai exécuté mon projet et nous serons tous contents. Qu'Oger, avec deux mille hommes, aille investir le couvent, je le charge d'embraser la partie du midi ; Guidelon mettra le feu à celle du nord ; Olivier incendiera la partie du couchant, et Richard de Normandie, celle du levant : il détacha aussitôt cinquante hommes d'armes pour enfoncer les portes de l'abbaye, et aller dans la sacristie prendre toutes les torches qu'ils y trouveraient. Quand l'abbé a vu les haches levées, il est tombé aux genoux de Roland ; il a promis de lui remettre Yon : — Mais, a-t-il ajouté, songez, seigneur, qu'Yon est moine, et qu'en cette qualité vous n'avez aucun pouvoir sur lui. Roland a regardé l'abbé avec un sourire amer, a élevé sa lance, et l'a laissé tomber de tout son poids sur l'épaule de l'abbé : — Voilà, lui a-t-il dit, comme j'aime que l'on soit fidèle à son serment. L'abbé, qui croyait avoir l'épaule démise, n'a rien répondu, crainte de plus sinistre aventure, a conduit Roland dans un caveau, lui a montré une petite porte qui donnait sous le fût d'une colonne, où Yon était caché ; Roland l'a fait descendre et sortir du caveau ; il était sous l'habit de saint Augustin et tout tremblant : — Sire moine, lui a dit Roland, révérend chevalier, pardonnez si je trouble votre solitude; mais il faut dans le moment que vous vous décidiez sur deux partis que j'ai à vous proposer. Qu'aimez-vous mieux, ou venir tout à l'heure auprès de Charlemagne, lui rendre compte des fils d'Aymon que vous aviez promis de lui livrer, ou de rompre une lance avec Roland, qui veut venger ses cousins de votre trahison? choisissez. Le roi moine n'a voulu se déterminer ni pour l'un ni pour l'autre parti : il a réclamé contre la violence qu'on faisait à un religieux qui n'avait plus rien à démêler avec le monde, et a menacé Roland de la colère céleste; le paladin, sans écouter ni ses réclamations ni ses menaces, l'a aussitôt fait enlever et l'a fait attacher sur un cheval, le visage tourné vers la queue, afin que toute sa troupe pût le voir à son aise pendant la marche : c'est dans cet équipage, indigne d'un roi, qu'il le conduit à Charlemagne, et que je l'ai rencontré. Dès qu'il m'a aperçu, il m'a appelé par mon nom, quoiqu'il lui soit défendu de parler à personne : mais comme c'est Pinaut qui est chargé de mener son cheval par la bride, et que je le connais, je me suis approché du guide ; il m'a raconté tout ce que vous venez d'entendre. J'ai demandé au Vandale la permission de parler au roi, qui m'a dit tout bas : — J'ai indignement trahi Renaud et ses frères, je mérite toute leur indignation ou plutôt leur mépris ; mais je connais leur générosité, va, vole à Montauban, expose mes malheurs et mon crime à Renaud, et ne lui parle seulement pas de mon repentir. »

Le héros se tut, Renaud morne et pensif, interrompait de temps en temps son horrible silence par des cris et des soupirs. Enfin, regardant son épouse et ses frères en fondant en larmes : « Eh! c'est un roi, dit-il, qui s'est ainsi dégradé, c'est un roi que Roland traite ainsi ? Armons-nous, mes frères, allons arracher Yon, tout lâche qu'il est, des mains de Roland. — Qui ? ce perfide ! s'écrie Alard, ce traître qui a voulu nous livrer à notre ennemi ! non, Renaud, non, jamais ! qu'il périsse ; et puisque Roland veut nous venger, qu'il soit son bourreau ! — Mon frère ! mon frère, reprit Renaud, nous serions bien peu dignes du titre de chevalier, si nous n'avions pitié d'un homme qui se repent : Yon nous a trahis ; mais il nous avait secourus. Errants, loin de notre patrie et de la maison paternelle, persécutés par Charlemagne, livrés à l'indigence, c'est lui qui nous a recueillis, qui nous donna un asile, des États et son amitié : il m'a fait un don plus précieux encore, celui d'une femme aimable et vertueuse : voilà, mes amis, de quoi nous devons nous souvenir, et non d'une trahison qui fut plutôt l'effet de sa faiblesse et de sa crainte, que de sa méchanceté. Il connaissait toute la haine de Charlemagne contre moi ; Yon a tremblé et s'est cru perdu : ses conseillers qui tremblaient pour eux-mêmes, et qui peut-être étaient secrètement gagnés par les présents de Charles, lui ont fait des peintures effrayantes des maux auxquels il allait exposer ses peuples ; ils lui ont persuadé que son refus allait attirer sur eux tous les fléaux d'une guerre malheureuse ; ils l'ont empêché sans doute de me communiquer ses alarmes ; hélas ! des maux que souffrent les peuples, ce ne sont pas les rois qui sont les plus coupables ; ce sont leurs courtisans ; ils ont l'art de faire de leurs souverains l'instrument de leurs propres vengeances : le roi nous aimait ; mais Godefroy nous portait envie, et nous n'avons été les victimes que de l'envieux. Si nous avions eu l'amitié de Godefroy, il eût représenté à son maître qu'avec notre secours il était assez fort pour résister à Charlemagne, et le roi l'eût cru et ne nous eût pas trahis : ainsi, mes chers amis, Yon est moins criminel que vous ne le pensez ; mais le fût-il mille fois davantage, ce serait une raison de plus pour oublier sa trahison ; ne voyons en lui que notre bienfaiteur, mon beau-frère, l'oncle de vos neveux, enfin un roi malheureux, au pouvoir d'un jeune téméraire. »

Après avoir ainsi parlé, sans attendre la réponse de ses frères, Renaud fait sonner les trompettes, et ses troupes se rendent aussitôt sur la place, il se met à leur tête, et lorsqu'elles furent hors de Montauban : « C'est au secours, leur dit-il, de votre roi prisonnier, et destiné peut-être à des supplices infâmes, que je vous mène : sa honte rejaillirait sur vous : il faut le délivrer ou périr. »

Les troupes, le peuple qui les avait suivis, étonnés de la générosité de Renaud, s'écrièrent : « Il faut délivrer Yon notre roi ; mais Renaud est seul digne de l'être. »

A peine Renaud et ses frères furent-ils sortis de Montauban, qu'ils aperçurent la troupe de Roland : ils s'arrêtèrent et se rangèrent en ordre de bataille. Oger sentit une secrète joie en voyant Renaud. « Le voilà donc enfin, dit-il à Roland, voyons maintenant si vous serez plus heureux que moi. Si vous le faites prisonnier, je vous tiens pour le plus valeureux chevalier qui fut et qui sera jamais. » L'archevêque Turpin ricanait en secouant sa tête chauve ; Olivier souriait, et le duc de Naimes conseillait à Roland de ne pas se mesurer avec lui. Roland, qui ne doutait de rien, regarde Naimes avec dédain et range sa troupe. Cependant l'archevêque Turpin lui fit observer que Renaud avait beaucoup plus de monde que lui. « Que m'importe, dit Roland, ne savez-vous pas que les Gascons ont plus d'adresse et d'esprit que de valeur? Quand cela serait vrai, reprit l'archevêque, je sais aussi, qu'avec un général tel que Renaud, les moins braves deviennent des héros, et que c'est le général qui fait le soldat. »

De leur côté, les frères de Renaud l'exhortaient d'éviter le combat avec Roland, qui, selon l'opinion commune, avait reçu du ciel le don d'être invulnérable. « Il y a tant d'autres chevaliers, lui disaient-ils, avec qui vous pouvez combattre à avantage égal! attaquez la troupe entière, nous vous seconderons, nous la taillerons en pièces; mais évitez Roland. — Mes amis, leur dit Renaud, je connais tout le prix de ce jeune héros; d'ailleurs il est neveu du roi : s'il veut la paix, je ne demande pas mieux; mais s'il veut combattre, je ne le crains point, tout invulnérable qu'il veut se faire croire, je trouverai peut-être le moyen de dissiper un préjugé qui lui est trop favorable. » Comme il parlait encore, il vit Roland qui s'avançait vers lui. « Mon frère, dit-il à Alard, retenez les troupes; que personne ne quitte ses rangs jusqu'à ce que je l'ordonne. » Aussitôt il pique Bayard et fend l'air jusqu'à ce qu'il ait joint Roland; alors, en présence de deux troupes, il descend de cheval, l'attache à un arbre, met sa lance à terre, et le front courbé, fléchissant un genou devant Roland. « Prince, lui dit-il, voici le temps de terminer nos haines. Vous êtes neveu de Charlemagne, et mon cousin; soyez notre médiateur, rétablissez la paix entre Char-

lemagne et nous ; qu'il nous rende son amitié, et j
lui jure, pour mes frères et pour moi, toute foi et tout
loyauté, je remettrai Montauban en son pouvoir, e
Bayard vous appartiendra : Bayard, que je ne don
nerais pas pour une province; nous quitterons l
France, et nous irons porter nos armes, au nom d
roi, contre les Sarrasins. Il n'y a point de sacrifice
que le roi ne puisse exiger de nous, tant nous dési
rons la paix, quelque avantage que la guerre puiss
offrir à des chevaliers sans fortune, abandonnés pa
leurs parents. »

Roland fut touché de la prière de Renaud ; mais i
l'assura que jamais les fils d'Aymon n'obtiendraien
rien de Charlemagne, à moins qu'ils ne consentissen
à lui livrer Maugis. « Nous mourrons tous, repri
Renaud en se levant et en reprenant sa lance, nou.
mourrons tous plutôt que d'acheter la paix par un
telle lâcheté. » Il ceignit son épée, monta sur Bayard
et revint tout armé près de Roland. Il prit un to
plus fier : « Roland, dit-il à son cousin, garde-toi d
penser qu'aucune crainte m'ait engagé à m'humilie
devant toi. Je t'ai rendu ce que je te devais, comme
neveu du roi, et comme mon parent ; j'ai cru trouver
en toi un ami, un défenseur contre l'oppression ;
j'ai cru que tes vœux, comme ceux d'un vrai chevalier, étaient pour la paix, que tu avais en horreur la
discorde et les haines entre parents ; mais loin d'être
sensible à ma prière, ton orgueil met à la paix une

condition non-seulement impossible, mais vile et flétrissante : elle m'indigne et m'offense. Mais afin que tu n'ailles pas te vanter à la cour de Charles que le bruit de ta valeur m'a fait tomber à tes pieds, pour te demander grâce, combattons et voici les conditions que je te propose. Si je suis vaincu, je consens que tu me livres à la colère de Charlemagne ; si tu l'es, tu viendras avec moi à Montauban, où tu n'éprouveras avec nous, ni haine ni colère, mais amitié franche, paix, douceur et loyauté. » Roland exgigea que Renaud lui donnât sa parole, et Renaud lui répéta les mêmes propos, qu'il appuya de son serment. Roland demanda encore un moment pour aller rapporter à ses chevaliers les conditions du combat ; il leur dit que Renaud voulait combattre seul à seul ; mais Olivier, Oger, l'archevêque Turpin, et tous les chevaliers, s'y opposèrent. « Renaud, lui dirent-ils, est votre parent et le nôtre, et le combat ne finirait que par la mort de l'un des deux. De quelque côté que tournât la victoire, nous en serions également affligés. C'est assez que le combat soit général, et si dans la mêlée vous vous rencontrez, vous pourrez essayer vos forces. » Roland, obligé de céder à ces conseils, rangea sa troupe en bataille ; Renaud conduisit la sienne en grand capitaine, et se jeta le premier au milieu des Français : un chevalier s'offrit sur son passage ; il ne fit que pousser Bayard sur lui, et le chevalier fut foulé sous les pieds de Bayard ; il presse la première ligne des Français et la rompt ; Richard, excité par son exemple, frappe, renverse, écrase tout ce qui échappe à Renaud : il fait un si grand carnage autour de lui, que Renaud étonné suspend ses coups pour l'admirer. « Que fais-tu, Renaud? s'écrie Richard, pénètre dans les escadrons, disperse, divise les Français, empêche qu'ils ne se rallient. »

Cependant les Français invoquent à grands cris le secours de Roland, il accourt furieux ; il appelle Renaud, qui brûle de le combattre et qui laisse respirer les combattants ; il remet son épée dans son fourreau, saisit une lance courte, mais terrible par sa grosseur. « Pourquoi, dit-il à Roland, vous êtes-vous dérobé si longtemps à mes yeux ? » Aussitôt ils courent l'un contre l'autre. Hector, Salomon de Bretagne, et l'archevêque Turpin, voyant que Roland était armé de son épée, tremblèrent pour Renaud. « Nous voyons avec douleur, dirent-ils à Olivier, que le plus généreux chevalier du monde va périr : voyez avec quelle précipitation l'épée de Roland tombe sur Renaud ; il est vrai que Renaud rend ses coups inutiles, et qu'il les détourne adroitement ; mais le pourra-t-il encore longtemps avec sa lance? Allez du moins dire à Roland que, puisqu'il veut combattre, il se serve des mêmes armes que son adversaire. — Chevaliers, interrompit Oger, vous vous effrayez en vain ; laissez Roland se servir des armes qu'il jugera

à propos ; il n'y en a point que Renaud redoute, je
connais mieux que vous ; Roland n'est pas plus
craindre pour lui que tout autre. » On crut q
l'envie faisait ainsi parler Oger, et les chevali[er]
prièrent Olivier de faire cesser ce combat ; mais l'i[m]
pétueux Roland ne voulut rien entendre, et les m[e]
naçant du courroux de Charlemagne, retourna v[ers]
Renaud et lui dit : « Chevalier, vous évitez as[sez]
adroitement mon épée, voyons maintenant si v[ous]
vous garantirez du fer de ma lance. — Peu m'impor[te]
répondit Renaud, la lance ou l'épée, tout m'est égal
Alors ils coururent l'un contre l'autre, avec u[ne]
égale ardeur ; mais l'ardeur de Renaud était éclair[ée]
et se jouait de l'impétuosité de Roland ; ils se fra[p]
pèrent avec tant de fureur que leurs lances, quoiq[ue]
d'une grosseur énorme, se réduisirent en poussiè[re]
leurs écus se heurtèrent, et leurs chevaux, repous[sés]
l'un par l'autre, retournèrent malgré eux en arriè[re]
jusqu'à l'endroit d'où ils étaient partis : celui de R[o]
land s'abattit avec son cavalier ; Renaud, fier su[r le]
sien, regardait en riant son rival embarrassé, se [dé]
battre sur le sable ; Renaud, qui ne voulut point p[ro]
fiter de son avantage, cria : *Montauban!*

Cependant Roland se relève, écume de fureu[r]
prend son épée, et veut abattre la tête de son chev[al]
« Grâce, grâce, lui crie Renaud ; hélas ! il a fait p[lus]
que vous ne deviez attendre, il s'est relevé, et Bay[ard]
en est tout honteux. » Aussitôt Renaud saute à ter[re]

Bayard, comme s'il eût entendu les propos de son maître, s'élance sur le cheval de Roland, le frappe à coups de pied et le déchire avec ses dents : le fougueux Roland court à Bayard pour le percer de son épée : « Arrêtez, chevalier, lui crie Renaud, quel champion choisissez-vous aujourd'hui ? En voici un plus digne de vous, laissons faire nos chevaux et combattons. » Roland rougit de colère : « Tu me menaces, Renaud, s'écria-t-il, attends, voici de quoi rabaisser ta fierté. » Renaud ne l'attendit point, il courut à lui, et porta sur son casque un si rude coup d'épée, qu'il l'ouvrit; mais Flamberge glissa sur l'écu sans effleurer la peau ; le neveu de Charlemagne fut étourdi du coup, il recule de crainte d'un second, et levant Durandal, cette épée plus redoutable que les armes d'Achille, il avance et frappe ; Renaud lui oppose son écu, et l'écu tombe coupé en deux, aux pieds de Renaud. « Nous voilà quittes tout au moins, lui dit Roland. — Non, reprit le fils d'Aymon, ton orgueil veut quelque chose de plus. » Ils allaient recommencer, leur fureur irritée annonçait le combat le plus terrible ; mais Maugis, plus prudent, arrête Renaud et le fait monter sur Bayard ; Oger et Olivier forcent Roland d'en faire autant. Oger avait bien de la peine à contenir la joie qu'il ressentait d'avoir vu Roland abattu par Renaud; Roland humilié rugit, appelle et défie son adversaire : « Mon cousin, lui dit Renaud, nos chevaliers ne le veulent point ; mais tâchons de nous dérober à leurs regards, passons la rivière à la nage, et seuls dans le bois, nous verrons à qui demeurera la victoire. » Roland y consentit, mais Olivier qui soupçonna leur dessein le ramena malgré lui.

Mais comme Renaud allait passer la rivière, il aperçut une troupe d'environ cent hommes d'armes, et un religieux au milieu d'eux; il fond sur ce peloton, reconnaît le roi Yon, et s'écrie : « Lâches, qui prenez plus de précautions pour garder un moine, que si vous conduisiez dix paladins armés, fuyez, laissez le roi. » Il frappe en même temps un chevalier et le renverse; le reste se dispersa devant lui, comme à la fin de l'automne les feuilles s'éparpillent au souffle d'un vent impétueux. Renaud, resté seul avec Yon, ne lui fit point de reproches, il se contenta de lancer un regard plus terrible pour le coupable que la punition la plus sévère. Le malheureux et faible roi tombe aux genoux de Renaud et s'écrie: « Mon crime est digne du supplice le plus honteux; la seule grâce que je demande à Renaud est de ne périr que de sa main, j'aurai moins à rougir que de tomber entre celles de Charlemagne. J'ai été coupable par la crainte de le devenir; le duc d'Anjou m'a fait trembler pour mes sujets, il m'a rendu traître pour sauver mon royaume des fureurs de Charlemagne, et parce que le ciel vous a protégés contre ma perfidie et la sienne, Charles m'accuse de l'avoir trahi; il me fait un crime de votre liberté; mais hâtez-vous, délivrez-moi d'une odieuse vie. » Renaud fit relever Yon, le fit monter à cheval, et le fit conduire derrière sa troupe.

CHAPITRE XII

Richard est fait prisonnier par Roland. — Charlemagne s'empare du prisonnier malgré son vainqueur, et le condamne à un supplice infâme. — Enchantements de Maugis, qui le rend méconnaissable ; il découvre ce qui se passe au camp, en donne avis à Renaud, qui fait embusquer ses troupes. — Noble fermeté des chevaliers qui refusent d'escorter la conduite de Richard au supplice. — Lâcheté d'un courtisan.

Le combat avait recommencé entre les Français et les Gascons au moment où Renaud était parti pour passer la rivière. Ses trois frères et Maugis furent attaqués par Roland, Oger et Olivier. Ils voulurent se montrer dignes de Renaud, et le camp des Français fut couvert de morts. Roland ne se possédait pas ; mais ce qui acheva de le mettre hors de lui, ce fut Oger qui lui dit : « Seigneur, avez-vous observé que votre cheval est blessé à la cuisse, et que votre écu est fracassé? mais que vois-je? voilà du sang qui coule de votre côté : ah! puisque le brave Roland est blessé, il faut que Renaud soit mort, ou tout au moins votre prisonnier. » Roland, qu'on ne plaisantait pas impunément, porta la main sur la garde de son épée et menaça Oger; mais Olivier se mit entre eux deux et les sépara.

Ce fut dans ce moment que le jeune Richard s'approcha de Roland et le défia; Roland, qui ne le connaissait pas, lui donne à peine le temps d'achever, et poussant son cheval sur lui, il le renverse : Richard ne s'étonne point, il remonte, presse Roland, qui s'aperçoit enfin que c'est un des fils d'Aymon qu'il a en tête; mais au lieu de combattre seul à seul avec lui, craignant sans doute de se compromettre en se battant avec tout autre que Renaud : « A moi, Français, s'écrie-t-il, c'est Richard, c'est un des fils d'Aymon, qu'il serve d'ôtage pour ses frères. » Aussitôt un escadron de Français environne Richard; son cheval est tué sous lui, il se dégage, et quoiqu'il se voie prêt d'être accablé par le nombre, il met l'épée à la main, blesse dangereusement le comte Antoine, tue un chevalier qui veut le faire prisonnier, écarte les plus hardis, et donne la mort à tous ceux qui attentent à sa personne. Cependant on lui crie de tous côtés : « Rendez-vous, où vous nous forcerez à vous donner la mort. » Entouré de toutes parts et voyant qu'aucun effort humain ne peut le dégager : « Je me rends; où est Roland? s'écrie-t-il, c'est à lui que je remettrai mes armes. » Un chevalier fut assez téméraire pour vouloir se saisir de son épée; Richard le regarda avec mépris : « Tu ne mérites que d'en éprouver les coups, » lui dit-il, en lui abattant la tête;

et aussitôt il s'approche de Roland, lui remet son épée toute sanglante, et se rend à lui, comme au plus brave chevalier.

Renaud fut averti de ce malheur lorsqu'il ne fut plus temps de le réparer, et qu'on eut fait partir Richard pour le camp de Charlemagne : Alard et Guichard, qui ignoraient la captivité de leur frère, rencontrèrent Renaud accablé de tristesse. Lorsqu'il leur eut raconté le désastre de Richard : « Ah ! mon frère, s'écrièrent-ils, pourquoi nous avez-vous engagés d'aller au secours du traître Yon ? » Guichard, à ces mots, jette un regard furieux sur le roi, et veut l'immoler à son frère ; déjà son épée était levée, Renaud lui retient le bras : « Arrêtez, mon frère, lui dit-il, c'est à moi qu'Yon s'est rendu, c'est moi qui dois le punir ou le défendre ; soyons ses juges et non pas ses bourreaux. Je le mets sous votre garde, conduisez-le à Montauban, et moi je vole au camp de Charlemagne ; je lui enlèverai Richard ou je périrai avec lui. » Il partait, mais Alard se jette au-devant de lui, saisit Bayard par le frein, et Guichard l'arrête par derrière.

Renaud faisait ses efforts pour s'arracher des mains de ses frères, lorsque Maugis survint. Il leur demanda le sujet de leurs plaintes et de leurs larmes ; il les écouta avec un front calme et tranquille, il blâma le projet inutile de Renaud : « Allez, lui dit-il, vous reposer à Montauban, c'est moi qui irai au camp de

10.

Charlemagne, et si Richard n'est point mort, je vous réponds sur ma tête de le ramener avec moi. Cessez toute plainte et comptez sur la parole de votre ami. »

Les trois fils d'Aymon rentrèrent tout consternés dans Montauban avec Yon leur prisonnier, dont les remords augmentaient par la perte de Richard. L'épouse et les enfants de Renaud vinrent l'embrasser; Yolande ne put s'empêcher d'accabler son frère des plus sanglants reproches; leurs larmes coulèrent en abondance quand ils apprirent que Richard était entre les mains de Charlemagne; mais Maugis, qui arriva un moment après, les consola et ranima leurs espérances. Maugis comptait trop sur les secrets de son art pour avoir la moindre inquiétude; il se retira un instant, et passa dans son appartement pour se préparer; il se mit tout nu; il avala le suc d'une herbe, dont la vertu était telle que son corps parut subitement enflé, il frotta tous ses membres du suc d'une autre plante et ils devinrent noirs et livides, ses yeux tournèrent dans sa tête, et son front parut couvert d'ulcères, il se revêtit de haillons, et dans cet état il se présenta aux fils d'Aymon qui ne le reconnurent point; sa tête était affublée d'un vieux chaperon; il tenait dans sa main un long bâton de pèlerin. Renaud fut étonné de voir dans son palais un mendiant si pauvre et si malade, il allait ordonner qu'on prît soin de cet infortuné, lorsque Maugis le tira d'erreur. « Voilà, dit-il, avec quelles armes je vais combattre Charlemagne et délivrer Richard. » Il part, et dans moins d'une heure il devance Roland au camp du roi; il le traverse en boitant et appuyé sur son bourdon; il alla devant la tente de Charlemagne; il attendit que le monarque en sortît. « Grand prince, lui dit-il, d'un ton hyppocrite, puisse le ciel vous préserver des traîtres! — Je te sais bon gré de tes vœux, lui dit Charlemagne, il n'y a que Dieu qui puisse préserver les rois de la trahison, ils ne sont que trop environnés de piéges! Combien de fois le traître Maugis ne m'a-t-il pas trompé? Pauvre, hermite, chevalier, il prend toutes les formes qu'il veut. — Hélas! hélas! sire, reprit le faux mendiant, les bons pâtissent toujours des méfaits des méchants : si Maugis est un traître, les pauvres gens ne lui ressemblent pas; puisse le ciel lui rendre tout le mal qu'il m'a fait! — Et d'où viens-tu, reprit Charlemagne? — Sire, je viens de Jérusalem d'adorer le Saint-Sépulcre. Hier, je passai à Balançon, j'avais avec moi dix pèlerins; une troupe de brigands sortis de Montauban, nous attaquèrent; ils tuèrent mes compagnons, les dépouillèrent, et je ne me sauvai que parce qu'ils me crurent mort. Quand ils se furent retirés, je m'en allai dans un petit hameau où je demandai qui étaient les scélérats qui avaient tué mes compagnons. Hélas! mon bon prince, je ne m'y serais jamais attendu, on me dit que c'étaient les gens des quatre fils d'Aymon et de leur cousin Maugis. Eh!

mon Dieu! leur dis-je, le mauvais métier qu'ils font là pour des gentilshommes! et l'on me répondit que leurs maîtres étaient si pauvres, si pauvres, qu'ils étaient obligés pour subsister de faire arrêter et dépouiller les passants. Au portrait que ces bonnes gens me firent de Maugis, j'ai lieu de croire que c'est lui-même qui me lia et qui me mit dans l'état où je suis. Ah! bon et généreux sire, je ne veux de mal à personne, mais je serais bien joyeux si j'étais vengé de ces assassins publics. — Ce que tu me racontes, lui dit Charlemagne, est-il bien vrai? — Oui, sire. — D'où es-tu? — De Bretagne. — Comment t'appelles-tu? — Kerlinet le sincère, et je suis assez riche dans mon pays. Sire, vous êtes roi, et vous devez me faire raison des brigands. — Eh! mon ami, je ne puis m'en faire raison à moi-même, et crois que si Maugis tombe jamais entre mes mains, je ne l'épargnerai point. »

Les chevaliers, témoins de cette conversation, furent si touchés de l'air de franchise du pèlerin, qu'ils engagèrent le prince à l'indemniser de ce qu'il disait que les brigands de Montauban lui avaient volé. Charles y ajouta encore, et le faux mendiant, en faisant un grand signe de croix, s'inclina jusqu'à terre; il ajouta qu'il mourait de faim, et le roi ordonna qu'on ne le laissât manquer de rien. Maugis donna mille bénédictions au prince, et en le regardant en face, il lui dit: « J'ai fait bien du chemin, j'ai vu beaucoup de pays, mais je n'ai jamais rencontré un si beau, si aimable prince. »

Le pèlerin parlait encore quand Roland, sa suite et Richard enchaîné, entrèrent dans le camp au bruit des trompettes. Oger, Hector et Naimes représentaient à Roland qu'il n'était pas d'un preux chevalier de livrer Richard, son parent et le leur, à un prince qui avait juré la mort des fils d'Aymon. « Il est votre prisonnier, lui disaient-ils, vous êtes le maître de sa liberté et de sa vie? Ne serait-il pas plus généreux de le mettre à rançon. » Roland était presque déterminé à le renvoyer sur sa parole, mais Ganelon, pour faire sa cour à Charlemagne, avait devancé la troupe et l'avait informé de tout ce qui s'était passé dans le combat, et surtout de la captivité de Richard. Charlemagne en tressaillit de joie ; il courut au-devant de son neveu, le félicita de sa conquête, lui demanda son prisonnier et lui annonça la vengeance la plus terrible. « Sire, lui dit Richard, je suis en votre pouvoir, vous pouvez ordonner de ma vie ; mais songez que Renaud me vengera, et que tant qu'il pourra monter sur Bayard, il n'y a ni ville, ni château qui puisse vous mettre à couvert de sa fureur. » Le roi entra dans un tel emportement qu'il frappa Richard de son sceptre. « Un juge, lui dit Richard, qui frappe un accusé, se rend indigne d'être son juge, et l'accusé devient son égal. Défendez-vous. » Il était prêt de s'élancer sur lui ; mais on l'arrêta, et quelques chevaliers eurent le courage de blâmer leur souverain.

Richard cependant reconnut Maugis sous les traits du pèlerin. Dès ce moment il se crut en sûreté : « Quel supplice me destine la générosité de mon vainqueur, dit-il, en s'adressant à Roland ? » Le neveu de Charlemagne ne put s'empêcher de rougir. « Ton vainqueur, répondit Roland, t'eût rendu la liberté, si le roi m'en eût laissé le maître. — Qu'importe, reprit Richard, n'est-ce pas pour lui faire ta cour que tu me livres à sa vengeance ? Eh bien, que Charlemagne prononce, à quel supplice me condamne-t-il ? — Au supplice des traîtres, répondit le roi : un gibet est le prix que je réserve à tes exploits, puissé-je y envoyer tes frères et Maugis ! — Sire, répondit Richard avec un sourire amer, vous êtes bien puissant ; mais je doute que jamais ce projet s'exécute. »

Maugis, qui en avait assez entendu, se glisse au travers du camp et vole à Montauban. Renaud, en le voyant arriver seul, ne douta pas que Richard n'eût péri : il se livra à la douleur, et comme elle est toujours injuste, il fit un crime à Alard et à Guichard de n'avoir pas combattu à ses côtés ; mais Maugis les rassura. Il leur raconta tout ce qu'il avait vu, et l'arrêt infâme que Charlemagne avait prononcé. « Armons-nous, ajouta-t-il, ne perdons pas un instant ; allons attendre Richard au lieu de son supplice, que ce lieu, destiné à l'infamie, soit le théâtre de notre triomphe et de notre gloire. La vertu sait tirer parti de tout; elle convertit le cyprès en laurier, et d'un rameau de chêne se fait une couronne immortelle. » Renaud fit sonner les trompettes ; il recommanda à ses troupes la plus grande subordination ; il se met à leur tête ; Alard et Guichard firent l'arrière-garde, et en moins d'une heure, par l'art de Maugis, ils furent portés au lieu où l'arrêt devait être exécuté ; ils s'embusquèrent dans les bois des environs ; mais les troupes étaient si fatiguées, qu'en arrivant elles tombèrent dans un profond sommeil.

Cependant Charlemagne avait assemblé ses barons et ses pairs. « Aigremont, leur dit-il, plongea ses mains dans le sang de mon fils ; Renaud a donné la mort à Berthelot, mon neveu ; ces affreux parricides étaient encore impunis ; mais enfin, grâce à Roland, le ciel m'offre une victime. Les lois divines et humaines condamnent les enfants d'Aymon, et le supplice de Richard est un exemple que je dois à l'univers. Que sur la plus prochaine montagne, Richard, attaché à un gibet infâme, apprenne à toute la terre à respecter les rois ; mais le trajet est long, et je crains que ses frères et Maugis ne l'enlèvent sur la route. J'ai besoin d'un homme intrépide, d'un chevalier qui ne les craigne point. J'ai jeté les yeux sur vous, Bérenger ; vous tenez de moi le pays de Galles et l'Écosse, vous m'avez juré de me servir ;

la plus grande preuve de fidélité que vous puissiez me donner, c'est de vous charger de cette entreprise et de protéger l'escorte qui doit conduire Richard.

— Sire, répondit fièrement Bérenger de Valois, j'ai juré de vous servir en choses qui ne pourraient compromettre votre honneur ni le mien. Je sais tout ce que je dois à mon souverain ; mais reprenez vos bienfaits s'il faut les acquérir à ce prix. »

Charlemagne proposa le même service au comte Idelon, à qui il avait donné la Bavière ; il offrit d'y joindre encore la ville de Melun ; mais Idelon refusa avec indignation. Le roi crut surprendre Oger en lui disant qu'il n'avait pas de meilleur moyen de se justifier de la trahison de Vaucouleurs, dont Roland l'avait accusé, et il lui promit en outre pour récompense le duché de Melun. Oger répondit que, si quelqu'un le soupçonnait d'avoir trahi la cause du roi, il avait à son côté de quoi se justifier ; mais qu'il aimerait encore mieux être accusé d'une trahison dont il serait innocent, que de commettre réellement une bassesse aux yeux de toute la France. Il fit plus, il ajouta qu'il défendrait Richard, son cousin, contre quiconque oserait porter sur lui une main flétrissante.

L'archevêque Turpin, que Charlemagne voulut charger de cette commission, objecta sa qualité de prêtre. « Mais, lui dit Charlemagne, je vous ferai pape. — Je ne veux point de la papauté à ce prix, reprit Turpin, quand même vous y ajouteriez la France et l'empire. Ce qui est mal, tous les empires du monde ne sauraient le rendre bien. »

Salomon de Bretagne fut traité d'ingrat pour n'avoir pas voulu accepter le duché d'Anjou, et se charger des ordres du roi.

Enfin il s'adresse à Roland son neveu ; mais celui-ci commença par remercier les chevaliers de leurs refus, et protesta que Richard était son prisonnier, et qu'il le défendrait si on voulait non-seulement le faire périr d'un supplice infâme, mais encore attenter à ses jours. « Il n'est pas étonnant, ajouta-t-il, qu'il y ait des rois injustes et cruels ; mais il est honteux d'imaginer qu'il y ait des hommes assez lâches pour se faire un plaisir d'être les ministres de leurs injustices et de leurs cruautés, seulement pour leur plaire. »

Charlemagne essuya encore le refus d'Hector de Langres, à qui il offrait encore les comtés de Clermont et de Montferrand. Richard de Normandie répondit à la proposition du roi, qu'il accompagnerait Richard, à condition que le roi lui donnerait deux cents preux chevaliers bien armés, et que Charles conduirait l'escorte.

Charlemagne était sur le point de renoncer à son entreprise, et de suivre le conseil de Ganelon, qui proposait d'enfermer Richard dans un cachot, de diminuer peu à peu ses aliments, et de le faire ainsi périr de faim ; mais Charles craignit que dans l'intervalle Renaud et Maugis ne l'enlevassent.

Oger, impatient de ces délibérations, rompt l'assemblée ; il est suivi de Richard de Normandie et de l'archevêque Turpin : ils montent à cheval, font assembler leurs hommes d'armes, et protestent que, si quelqu'un était assez hardi pour mener Richard au supplice, ils sauraient bien l'en punir ; ils allèrent à la tente où le fils d'Aymon était gardé ; ils le trouvèrent enchaîné comme un vil scélérat ; ils se disposaient à briser ses fers. « Chevaliers, leur dit-il, c'est trop vous exposer à la disgrâce du roi ; je sais combien vous désireriez de me rendre la liberté; mais j'aime mieux périr que de vous causer la moindre peine. Soyez tranquilles sur mon sort, le ciel prendra ma défense quand il en sera temps ; je ne vous demande qu'une grâce, c'est de dire au roi de ne pas différer si longtemps mon supplice. » Oger frémit de cette résolution ; mais Richard le rassura, et sans leur dire sur quoi il fondait ses espérances, il leur dit que plus tôt on le ferait partir et plus tôt il serait délivré, et qu'il les priait de ne faire aucune entreprise qui pût déplaire à leur roi, parce que tout effort de leur part lui serait plus funeste qu'utile.

Cependant des Rives, vil courtisan, qui n'attendait que l'occasion d'une bassesse pour mériter les bonnes grâces de son maître, se présenta au roi, et ffrit de conduire Richard à la montagne. Charlemane fut au comble de la joie; il accepta son offre. « Va, lui dit-il, conduis Richard, je te donne douze ents cavaliers ; si Renaud se présente, tu le combatras. Tu n'auras pas mes pairs et mes barons, mais ompte sur Ganelon, sur les deux fils de Foulques e Morillon, sur Griffon de Hautefeuille et sur Piabel ; s'ils n'ont pas la valeur d'Oger, d'Olivier, de urpin, de Naimes et de Roland, ils ont plus de se et d'adresse, et quand il s'agit de combattre un nemi redoutable, qu'importe la fraude ou la ver?» Ainsi parlait Charlemagne, non qu'il fît aun cas de des Rives, ni qu'il estimât les chevaliers 'il lui donnait pour le soutenir autant que ses irs ; mais il voulait être vengé. « Sire, lui dit des ves, qui ne pouvait se dissimuler la honte dont tte commission le couvrait, outre le désir que i de prouver qu'il n'y a rien que je ne sois prêt sacrifier à mon souverain, un autre motif m'a ené de vous offrir mes services. Renaud tua mon le au gué de Balançon, je vous rends grâces de voir offert cette occasion de me venger. — Brave Rives, lui dit Oger, la vengeance est la passion héros. » Des Rives exigea encore que le roi défît à ses barons et à ses pairs de lui reprocher sa mission aux ordres de son roi. Oger ne put enre de sang-froid cette demande ridicule : « Qui? s! s'écria-t-il, vous faire un crime de votre obéissance ! Allez, nous vous promettons de regarder toujours l'action que vous allez faire, comme la plus mémorable et la plus éclatante de votre vie. Vous allez entreprendre ce que les chevaliers les plus renommés et les plus intrépides n'ont osé exécuter : sans doute vous avez plus de courage que Roland, et si jamais l'envie essayait de donner à la commission dont le roi vous honore une interprétation peu favorable, vous lui fermeriez la bouche par ce seul mot : J'ai fait ce qu'Oger, Olivier, Roland et vingt autres n'ont osé faire. Et de plus, n'allez-vous pas venger Foulques de Morillon votre oncle ? La vengeance est du droit des gens. »

CHAPITRE XIII

Richard est conduit au supplice ; Renaud le délivre, aidé de Maugis et du roi d'Aquitaine. — Des Rives est mis à la place de Richard. — Méprise d'Oger. — Combat entre Charlemagne et le fils d'Aymon. — Offre généreuse de Renaud ; dangers que courent Charlemagne et Roland.

Des Rives, qu'enflaient les éloges ironiques d'Oger et du roi même, se croyait au-dessus des plus grands héros. Il alla lui-même à la tente de Richard, et après l'avoir fait lier, il le fit monter sur un mulet et marcher à ses côtés : en passant devant la tente du roi, il lui demanda ses ordres : il ne lui en donna d'autre, sinon de le délivrer promptement de Richard. « Plût à Dieu, sire, lui dit-il, d'un ton plein d'arrogance, que ses frères fussent aussi en mon pouvoir ! »

Tout le camp fondait en larmes, Richard avait un air riant ; Oger, à qui il avait dit son secret, ne faisait semblant de rien ; mais il suivit d'un peu loin, avec les autres barons et les pairs, la troupe conduite par des Rives ; elle arriva sur la montagne, sans qu'il eût paru aucun des hommes d'armes de Renaud : Richard dit à des Rives que, s'il voulait lui donner la liberté, il lui ferait présent d'une telle somme, qu'il n'y aurait aucun chevalier qui n'enviât sa fortune ; mais des Rives parut inexorable. « J'en suis fâché, dit Richard ; car, quoique nous soyons arrivés à la montagne, je crains que vous ne veniez pas à bout d'exécuter les ordres du roi, et du moins la somme que je vous propose vous resterait. »

Cependant Renaud et sa troupe dormaient encore ; Richard commença d'être inquiet. Il demanda à des Rives de lui faire venir un religieux pour le soutenir et l'exhorter dans ce moment terrible ; des Rives hésitait. Oger s'approcha : « Par saint Denis ! est-ce que vous avez juré aux mânes de Foulques de Morillon, votre oncle, de lui sacrifier l'âme et le corps de Renaud et de ses frères ? » Des Rives consentit enfin. Richard fit durer tant qu'il put sa confession et ses discours avec le prêtre ; mais Renaud et Maugis ne paraissaient point. Le religieux feignit un évanouissement, et pour gagner du temps, il demanda à des Rives la permission de retourner à son couvent et d'envoyer un autre religieux à sa place, des Rives refusa ; mais Oger et l'archevêque Turpin le forcèrent d'y consentir, par leurs menaces. Alors le religieux, au lieu d'aller à son couvent, courut au lieu où Renaud était embusqué.

Quel était donc ce religieux, qui, par un saint mensonge, sauva la vie à Richard ? Ce confesseur était le roi Yon lui-même. A son retour à Montauban, accablé de remords, confondu par les reproches de sa sœur, honteux des maux qui avaient été la suite de sa perfidie, il n'avait pas songé à quitter le froc ; il avait suivi Renaud hors de Montauban, et avait été transporté avec les troupes des fils d'Aymon au lieu de l'embuscade ; il les avait tous vus se plonger dans le sommeil : lui seul, tyrannisé par son repentir, ne put jamais s'endormir ; il était descendu dans la plaine, et cherchait une église où il pût prier le ciel de lui pardonner son crime ; il se trouva à la porte du couvent où l'on vint demander un religieux de la part de Richard ; c'est à lui qu'on s'était adressé, et il s'offrit. Il ne fit pas semblant de connaître le fils d'Aymon devant des Rives ; mais il eut tout le temps de lui parler secrètement, et de lui annoncer le prochain secours de son frère. Il l'avertit du sommeil où sa troupe était plongée ; enfin, craignant que le secours n'arrivât trop tard, il feignit une indisposition pour aller avertir Renaud.

Lorsque le roi d'Aquitaine arriva, il trouva les troupes prêtes à marcher. Renaud avait été éveillé par Bayard, qui, ne dormant point, avait vu d'une hauteur tout ce qui se passait. Bayard ne pouvait voir des chevaliers armés, sans songer à combattre ; il courut auprès de son maître : en vain il essaya de l'éveiller par ses hennissements ; ce moyen ne lui réussissant point, il frappa si rudement de son pied sur l'écu qui servait d'oreiller à Renaud, qu'il l'éveilla : Bayard revint à son poste, Renaud le suivit, et vit Richard entre les mains du religieux.

Le roi d'Aquitaine dit à Renaud qu'il était temps de se montrer ; qu'il avait pour lui les pairs et les barons, et que s'ils ne le secondaient pas, du moins ils ne lui seraient pas contraires. Alors Renaud se mit en marche. Des Rives aperçut les Gascons avant personne, ce qui produisit un effet singulier. Le lâche tomba aux genoux de Richard, comme si c'était lui qui dût subir le supplice. Tandis qu'Alard et Guichard entourent la troupe de Charlemagne, Renaud et Maugis se saisissent de des Rives. Ganelon, Pinabel, les fils de Foulques, veulent en vain faire quelque résistance, ils sont désarmés et mis hors de combat ; mais Oger, Turpin, Olivier et les pairs se retirèrent, voyant que les fils d'Aymon pouvaient se passer de leur secours, et pour ne pas encourir inutilement la disgrâce du roi.

Cependant Maugis voulait percer des Rives du fer

de sa lance, Renaud l'arrêta : « cette mort serait trop glorieuse, dit-il, pour un lâche qui n'a pas rougi d'offrir lui-même de conduire à un supplice infâme un des plus braves chevaliers, condamné contre toutes les lois ; il n'y aurait point de tyrans, s'il n'y avait pas de flatteurs dans les cours : que des Rives leur serve d'exemple. Descends, traître. »

Des Rives était sur l'échafaud avec Richard ; et comme il venait de descendre, Renaud le prit au bout de sa lance par-dessous sa cotte-d'armes, le tint quelque temps en l'air, et ensuite le posa à terre : et tandis que Maugis déliait Richard, Renaud déshabillait des Rives de toutes pièces, et Richard les revêtait ; quand il fut armé, il monta sur le cheval du lâche, et cet animal sembla prendre un nouveau caractère sous un plus noble poids. Richard armé supplia Renaud de faire grâce à des Rives. « Non, mon frère, lui dit Renaud, si des Rives n'était qu'un homme de la lie du peuple, sorti un instant de la foule, pour se reperdre dans l'oubli, je dédaignerais une telle victime, et sa lâcheté punie ou impunie serait sans conséquence ; mais c'est un homme de naissance, le neveu de Foulques, un courtisan, qui, à la faveur de son nom, approche du trône pour le souiller ; qui, averti, par le refus de tant de braves chevaliers, de l'indignité d'une action déshonorante, s'y est prêté avec bassesse, et a lui-même sollicité son déshonneur ; il faut, mon frère, que son exemple fasse trembler ses semblables. La punition des gens du peuple s'oublie, se perd dans la foule ; les punitions exercées sur les grands, quand ils sont coupables, ne s'effacent jamais de la mémoire : et certes c'est une grande injustice de les épargner ; car, à crime égal, un grand est toûjours plus coupable qu'un homme de la lie du peuple, qui ne doit avoir ni la même élévation dans l'âme, ni la même force pour résister à ses penchants vicieux, ni les mêmes motifs, ni la même délicatesse sur l'honneur. Que les courtisans apprennent, par l'exemple de des Rives, que c'est trahir les rois que de leur obéir en choses malhonnêtes ; et que les rois injustes seraient inutilement méchants, s'ils ne trouvaient point de complices. Parle, des Rives, regardais-tu le supplice d'un prisonnier qui s'est rendu, sur la bonne foi de son vainqueur, comme une chose juste ? » Des Rives fut forcé de convenir que, selon les lois de la chevalerie, Charlemagne ne pouvait disposer du prisonnier de Roland sans l'aveu du vainqueur : il convint encore que Renaud et ses frères ayant offert de se soumettre au roi, il ne pouvait pas les traiter en rebelles, et qu'enfin c'était une chose indigne d'un chevalier, de briguer la commission humiliante de conduire à la mort un autre chevalier, fût-il coupable.

Après tous ces aveux, faits à haute voix, Renaud dit à des Rives de se préparer à mourir. Des Rives pleura, se jeta à ses pieds, demanda grâce ; mais Renaud fut inflexible, il le fit périr par les mains du même bourreau, et au même gibet, qui étaient destinés pour Richard.

Renaud, après avoir remercié les chevaliers, rassembla sa troupe pour s'en retourner à Montauban. Richard voulut voir Oger ; mais il était rentré au camp. « N'importe, dit Richard, je suis libre, je pénétrerai dans le camp. » Il demanda à Renaud quatre cents cavaliers pour le soutenir en cas de besoin. Renaud exigea encore qu'il prît son cor pour l'avertir, et fît tenir le reste de ses troupes à portée de le secourir. Il est vrai que Maugis, par son art, hâta leur marche et leur fit devancer le retour des troupes qui avaient accompagné des Rives à la montagne.

Richard, la visière baissée, la bannière de des Rives à la main, monté sur le cheval du traître, entre dans le camp. Le roi était devant sa tente ; Oger, feignant de ne savoir point ce qui s'était passé, lui faisait des reproches sur la mort infâme de Richard. A sa bannière, à son cheval et à ses armes, Naimes qui n'était pas sorti du camp, ne douta point que ce ne fût des Rives lui-même ; Oger, l'archevêque Turpin, Olivier, qui s'étaient retirés dès que Renaud eut investi les gens d'armes du roi, y furent trompés ; ils crurent que, par quelque événement qu'ils ne pouvaient imaginer, Ganelon, Pinabel, les fils de Foulques, avaient repoussé les troupes de Renaud. Oger, croyant que des Rives revenait triomphant de sa honte, en ressentit la plus vive douleur : « Le lâche ! s'écria-t-il, il ne périra que de ma main. » En vain Charles l'appela, il avait saisi le mords du cheval de des Rives. « Tu mourras, lui disait-il, je t'apporte le salaire de la mort de Richard. — Mon cousin, lui dit le fils d'Aymon, c'est Richard à qui vous parlez, des Rives a subi le supplice auquel il m'avait conduit, et je venais vous donner des preuves de mon amour et de ma reconnaissance. — Tu mens, traître, s'écrie Oger, tu crois échapper par cette feinte grossière ; ne vois-je point ton armure, ton cheval et ta bannière ? — Renaud l'en a dépouillé, reprit Richard, et j'ai pris ses armes pour n'être pas reconnu. » Oger refusait de le croire, mais Richard, en s'inclinant vers lui, leva la visière de son casque ; Oger fut tenté de l'embrasser, mais il n'osa point, à cause de Charlemagne qui survint ; Richard eut à peine le temps de lui dire ce qui s'était passé sur la montagne. « Sire, dit Oger à Charlemagne, des Rives est heureux que vous soyez venu, sans vous j'allais faire voler sa tête à dix pas de lui. — Je l'aurais vengé, dit le roi. » Et il dit au faux des Rives de descendre et de le suivre dans sa tente. « Sire, lui dit alors Richard, je ne puis pas supporter plus longtemps d'être appelé du nom d'un lâche : reconnaissez Richard, des Rives est au gibet où vous m'aviez envoyé, et où mon frère l'a fait attacher. » Charlemagne ne concevait point ce prodige ; mais enfin, revenant à lui-même :

« Traître, dit-il, le ciel te destine donc, malgré moi, à périr d'une mort plus honorable! » Aussitôt poussant son cheval et saisissant sa lance, il fond sur le fils d'Aymon, qui à peine a le temps de se mettre sur ses gardes : ils se portèrent sur leurs écus des coups si terribles, qu'on ne retrouva plus les pièces de leurs lances; chacun tira son épée, et les airs retentirent du bruit de leur combat : le cheval de Richard, qui n'était point accoutumé à de tels exercices, le renversa. Richard se relève, et quoiqu'à pied il porte un coup si terrible sur le casque de Charles, qu'il l'ouvre : le roi n'en est pas blessé, mais il tombe, se relève, et saisit si bien son temps qu'il fracasse le casque de Richard et le fait chanceler. Charles furieux crie *Montjoye*, et les Français s'ébranlent, étonnés du combat de leur maître avec des Rives, car ils étaient encore dans l'erreur. Richard fait retentir le cor de Renaud, et ses frères accourent avec leurs chevaliers et les Gascons : alors commence une des plus terribles batailles qu'aient jamais livrées l'orgueil outragé, la vengeance et l'amour de la gloire. Chacun des fils d'Aymon cria sa bannière : Maugis courut sur Mongon, seigneur de Pierrefitte, et l'étendit mort aux pieds de son cheval, Renaud abattait sous sa lance tout ce qu'il rencontrait. Guichard, en ouvrant la tête de Boëmont, en fit exhaler les projets les plus insensés. Afard fit couler avec le sang de Ressilly le fiel et la bile qu'il conservait depuis vingt ans contre un chevalier qui avait manqué de l'appeler *Monseigneur* en présence d'un autre chevalier. Cependant Charles s'approche de Renaud sans le connaître et le frappe ; ils prennent du terrain et se heurtent avec une telle impétuosité qu'ils vont tomber loin l'un de l'autre ; ils se relèvent et mettent l'épée à la main. Charles ne put s'empêcher de s'écrier qu'il n'avait jamais trouvé de chevalier si redoutable. Renaud le reconnut à sa voix, il y avait quinze ans qu'il ne lui avait parlé. Il s'approche du roi, et mettant pied à terre : « Sire, lui dit-il, je désire d'avoir un entretien avec vous, et je vous supplie de m'accorder une trêve et votre foi de chevalier, que vous n'userez point de votre pouvoir jusqu'après notre conférence. » Le roi donna sa parole. « Je suis Renaud, fils d'Aymon, continua-t-il, je vous demande grâce pour mes frères et pour moi. Il y a quinze ans que vous nous avez chassés de votre royaume et de notre pays. Vous savez les maux qui ont été la suite de votre haine contre nous. Vous connaissez l'incertitude des événements, le bien et le mal se succèdent : vous avez éprouvé contre nous, et nous éprouvons également contre vous, une alternative continuelle de succès et de pertes. Sire, lorsque dans ces moments heureux la fortune nous seconde, nous nous trouvons à plaindre au sein de notre gloire d'être séparés de notre roi ; nous gémissons de ne point partager avec lui, et de ne pouvoir lui faire partager avec nous, des triomphes auxquels il manque toujours quelque chose. Il est cruel d'avoir à combattre contre un souverain qu'on aime; car, quelques vœux que nous fassions, ils sont toujours à notre désavantage; si nous sommes vainqueurs, nous savons que notre victoire doit l'irriter ; et s'il acquiert de la gloire, c'est à notre honte. Grâce, sire; que la pitié vous touche. Ce n'est ni la crainte de la mort, ni l'espérance d'un sort plus heureux, qui me font implorer votre clémence ; c'est le désir d'obtenir votre amitié; accordez-nous la paix, et pour toujours notre bras et notre sang sont à vous : Montauban, Bayard et tout ce que nous possédons vous appartiendront : si vous l'exigez, je sortirai de vos États, et j'irai dans la Palestine avec mes frères, combattre les Sarrasins et triompher en votre nom. »

Charles ne voulut entendre parler de paix qu'autant que Renaud lui livrerait Maugis : « Mais, sire, quel est votre dessein sur Maugis ? De le traiter comme le scélérat que je hais le plus, de le faire traîner dans les rues de Paris, de brûler son corps et de disperser ses cendres. — Sire, continua Renaud, voudriez-vous accepter pour sa rançon des villes et des châteaux, une province même que nous aurions conquise ? — Non, reprit le roi, je veux disposer de Maugis à mon gré. — Eh bien, sire, apprenez que je suis lié de l'amitié la plus étroite avec Maugis : je lui dois tant, que si mes frères étaient vos prisonniers et que vous eussiez résolu leur mort, je ne vous donnerais point Maugis pour les arracher de vos mains ; et mes frères ne le livreraient pas non plus pour me sauver la vie. — Eh bien ! reprit Charlemagne, point de paix sans cette condition, et défends-toi. — Sire, reprit Renaud, vous nous traitez en rebelles ; souvenez-vous que nous n'avons jamais fait que nous défendre, et qu'aucune loi divine ni humaine ne nous oblige de nous livrer à vous, quand vous nous menacez d'une mort infâme. — Défends-toi, lui dit Charlemagne, je te permets de combattre ton souverain. » Renaud prit ses armes ; Charlemagne courut sur lui, et d'un revers il emporte un quartier de son écu ; Renaud furieux saisit Charles par le milieu du corps, l'enlève de dessus son cheval, et le met en travers sur le col de Bayard. Charles se débat en vain, appelle à son secours Oger, Olivier, Naimes, l'archevêque Turpin et Roland. Renaud appelle à grands cris ses frères et son cousin. « Amis, disait-il, secondez-moi, la paix est faite si j'emmène mon prisonnier. » Soudain les chevaliers français, les fils d'Aymon et Maugis accoururent ; le combat devint furieux. Renaud tenait le roi d'une main, et de l'autre il portait les coups les plus terribles à ceux qui voulaient lui enlever sa proie. Roland s'ouvre un passage et porte sur le casque de Renaud un coup qui l'étourdit. « A quoi penses-tu, Renaud, lui cria-t-il, de vouloir emmener le roi ? Crois-moi, ce fardeau est trop pesant pour toi. » Renaud se remit, et frémissant de courroux, il court sur Roland, tenant toujours le roi devant lui ; mais quand ils en vinrent aux mains, Charlemagne saisit un moment où Renaud, ayant reçu un coup sur la visière de son casque, fut ébloui des étincelles qui en jaillirent, et il se glissa le long du col de Bayard. Renaud et ses frères harcelèrent si vivement Roland, qu'il se vit forcé de prendre la fuite pour éviter d'être fait prisonnier. Renaud était désespéré que Charles lui eût échappé. Il fit sonner la retraite à cause de la nuit, et partit avec ses frères pour Montauban.

Charlemagne était inquiet de Roland et de ses chevaliers ; il les vit arriver avec joie, et Roland ne put s'empêcher de lui dire que c'était une chose téméraire pour un roi de combattre et de s'exposer comme il l'avait fait ; qu'il devait songer qu'en exposant sa personne il compromettait son royaume, et qu'il ne fallait qu'un malheur comme celui qui avait été sur le point d'arriver, pour plonger ses sujets dans les plus grands malheurs ; que la mort naturelle d'un roi était quelquefois moins funeste à ses États que sa captivité. « Mon neveu, répondit Charles, Renaud n'est pas ennemi comme un autre. »

CHAPITRE XIV

Les quatre fils d'Aymon et Maugis abattent le pavillon du roi. — Combat d'Olivier et de Maugis. — Maugis prisonnier d'Olivier. — Efforts de Charles et de ses chevaliers pour arracher Maugis à son vainqueur. — Résistance opiniâtre d'Olivier ; combat d'Olivier avec les chevaliers. — Générosité de Maugis : Olivier le dégage de ses serments. — Maugis brave les courtisans. — Renaud vole à son secours.

Renaud, après avoir rallié ses troupes, se joignit à ses frères et à Maugis pour faire l'arrière-garde, au cas que les Français les suivissent. Quand il les eut conduits au delà de Balançon, Renaud, insatiable de gloire, prit avec lui trois mille hommes, envoya le reste à Montauban, et résolut d'attaquer le roi dans son pavillon même ; et lorsqu'il fut à portée : « Mes amis, dit-il à sa troupe, courage et prudence. — Mon frère, reprit Richard, le cœur ne manque jamais à qui aspire à la gloire.» Aussitôt Richard met l'épée à la main, court au pavillon du roi, en coupe les cordes, l'abat et fait tomber l'aigle d'or massif qui le couronnait. Les Français furent effrayés en voyant tomber le pavillon impérial. « A moi, mon cousin, s'écria Richard, aide-moi à emporter ma conquête ! » Richard et Maugis mirent pied à terre, prirent l'aigle d'or, et firent sonner leur trompette pour donner le signal du combat. Bientôt les quatre fils d'Aymon se virent assaillis par toutes les troupes du roi. Ils en firent un tel massacre que le sang ruisselait de toutes parts. Maugis s'écarta un moment, et après avoir mis l'aigle d'or en sûreté, il retourna seul vers le pavillon; il y trouva le roi. « Sire, lui dit-il, vous nous persécutez avec fureur, il serait temps que les maux d'une guerre injuste finissent, et que vous laissassiez reposer la terre. Vous n'aspirez qu'à me faire périr du supplice des lâches et des traîtres, je saurai me garder de votre pouvoir, et vous ne pouvez vous mettre à couvert de mon art; et pour vous prouver qu'il est autant de votre intérêt que du nôtre de faire la paix, voyez si je suis maître de votre vie. » Aussitôt il lance un dard qui passe entre la poitrine et le bras que Charles tenait appuyé. Charlemagne effrayé appelle Roland au secours, et Maugis ne voyant plus Renaud et ses frères, se bat en retraite contre Olivier et Roland. Il se crut en sûreté quand il eut passé Balançon; mais il fut arrêté par une troupe qui le pressait vivement. Maugis frappa si rudement un des chefs sur son écu, qu'il envoya à cinquante pas le cheval et le cavalier roulant par terre. Il appelle Renaud, et Renaud ne répond point; mais, au lieu du secours qu'il réclame, Olivier fend la presse, fond sur lui, et lui fait à la poitrine une large blessure; Maugis en fut renversé; il se releva et se défendit avec tant de valeur, malgré la nuit obscure, que son adversaire lui cria : « Qui que tu sois, brave chevalier, rends-toi, ne t'expose point à une mort certaine, et ne perds pas dans les ténèbres des exploits dignes du plus beau jour. — Qui es-tu, lui répondit Maugis, toi qui juges la valeur, qui me conseilles de me rendre, et m'as porté de si terribles coups? — Si tu crois, lui répondit l'inconnu, qu'un chevalier puisse sans honte rendre les armes à Olivier, tu peux t'en rapporter à ma foi. — Généreux Olivier, si vous croyez qu'un chevalier qui combat loyalement pour une cause juste, ou qui du moins paraît telle, peut imposer à son vainqueur une condition honnête, promettez-moi de remplir celle que j'exigerai de vous? — Je vous le promets, répondit Olivier. — Eh bien, reprit Maugis, promettez-moi donc que vous ne me livrerez point à mon ennemi, quelque puissant qu'il soit et quelques droits qu'il ait sur vous; à ce prix je vous dirai mon nom et je me rendrai. » Olivier jura et donna sa foi. « Il n'est puissance sur la terre, ajouta-t-il, qui m'oblige à violer mon serment ; et, si une force supérieure et irrésistible tentait de vous arracher de mes mains, je jure à la face du ciel que je vous égorgerai plutôt que de vous livrer. — Je n'attendais pas moins de vous, reprit le chevalier vaincu, mon nom est Maugis, c'est vous dire que celui de mon plus cruel ennemi est Charlemagne, et voilà mon épée. » Quand Maugis se fut rendu, Olivier lui dit : « Consentiriez-vous que j'employasse tous les moyens qui dépendraient de moi pour faire votre paix avec le roi ? — J'y consens, répondit Maugis, mes cousins et moi n'avons combattu jusqu'ici que pour y parvenir ; nous l'avons vivement sollicitée ; nous avons voulu nous soumettre aux conditions les plus dures ; mais le cruel nous l'a refusée, plus aveuglé peut-être par les conseils de ses courtisans que par sa haine · il demande non-seulement notre mort, mais une mort ignominieuse. Cependant qu'a produit jusqu'ici sa fureur ? La perte de ses sujets que moissonne une guerre inutile, sa confusion et notre gloire. Voici ce que diront les races futures : Ce Charlemagne, ce vainqueur des nations, qui chassa les Sarrasins, qui imposa des lois aux fiers Saxons, qui régna sur la plus grande partie de l'Europe, consuma les années de sa vieillesse et les plus belles troupes de ses États à persécuter les fils d'Aymon, qui le vainquirent souvent et qui échappèrent enfin à ses mains triomphantes. »

Il n'eût tenu qu'à Maugis de se délivrer de sa captivité par le seul secret de son art ; mais il fut le premier à dire à Olivier : « Vous avez oublié que, par les dons que j'ai reçus du ciel, j'étais toujours maître de ma destinée, et que je puis braver et Charlemagne et vous, et que vaincu, chargé de fers, dans le fond des cachots, gardé par une armée entière, j'étais plus libre que mon vainqueur ; mais vous m'avez pris en combat loyal ; je me suis rendu de bonne volonté, et je jure, à mon tour, que si vous remplissez le serment que vous m'avez fait, je ne m'éloignerai pas de vous, je ne romprai pas mes fers sans votre permission. » Olivier le fit désarmer, banda lui-même sa plaie, et lui céda son lit.

Cependant Charlemagne, irrité des entreprises des fils d'Aymon, assembla ses barons et ses pairs. « Il y a, leur dit-il, trente ans que je règne ; si depuis ce temps quelqu'un de vous a essuyé quelque injustice en ses biens, en sa personne ou en son honneur ; si des usurpateurs ont attenté à ses propriétés ; si j'ai souffert que mes officiers abusassent de l'autorité que je leur ai confiée ; si je n'ai pas repoussé loin de vous et de mes États nos ennemis communs ; enfin, s'il y a un seul citoyen que mon pouvoir tutélaire n'ait défendu ou protégé, qu'il se plaigne, et je suis prêt à réparer les dommages qu'il a reçus. J'ai régné en père, et quoique le meilleur des pères consulte rarement ses enfants sur la manière de les conduire, vous savez si jamais j'ai agi au gré d'un pouvoir arbitraire, et si j'ai négligé, dans aucune occasion, de soumettre mes projets à vos lumières. J'aurais pu m'en dispenser, du moins dans la force de l'âge, car la nature, qui donne à chacun son talent particulier, m'accorda celui de régner; mais ce talent exige une activité qui hâte la vieillesse, et que la vieillesse ne peut soutenir. Trente ans de règne ont usé mes faibles organes, je sens que vos conseils et vos bras me deviennent tous les jours plus nécessaires ; si vous abandonnez votre roi, il tombera dans des erreurs qui vous seront funestes ; si vous le conduisez mal, ou si vous ne consultez que vos intérêts dans les conseils qu'il vous demande, vous jouirez un moment d'une apparence de bonheur ; mais vos enfants, le peuple et vous-mêmes enfin, serez les victimes des lois injustes que vous lui aurez suggérées ; si dans les combats chacun n'agit que pour sa gloire et ne songe point à l'honneur de son souverain, vous finirez par faire sa honte, et votre gloire s'éclipsera avec celle de la nation. Voilà ce qui sans doute arrivera bientôt. Déjà vous m'avez abandonné pour Renaud ; vous vous êtes laissé séduire par les vertus apparentes d'un rebelle, et Renaud vous a fait l'affront d'attaquer votre roi dans son camp, de renverser son pavillon et de lui faire les plus sanglants outrages. J'ai sans doute vécu trop longtemps à votre gré. Je ne veux plus être votre roi malgré vous ; et dans cette assemblée d'enfants ingrats, je dépose ma couronne qu'ils refusent de soutenir ou qu'ils brûlent peut-être de voir sur la tête de Renaud : allez, consommez votre perfidie, couronnez sa rébellion, et dites-lui qu'il vienne prendre la place de Charlemagne. »

A ces mots les pairs et les barons parurent consternés, aucun n'osait prendre la parole ; ils se regardaient les uns les autres en rougissant. Naimes, plus hardi, tombant à ses genoux : « Sire, dit-il, quand nous vous avons parlé en faveur de Renaud repentant et soumis, nous avons essayé d'apaiser et non d'enchaîner votre courroux, d'exciter votre clémence au pardon et non de vous forcer à une générosité involontaire; enfin de vous engager à la paix que vos sujets semblent désirer, et qui voient périr leurs plus braves défenseurs, pour une querelle où vous n'avez à gagner que la stérile satisfaction de vous venger, et où l'État a tout à perdre, soit que vous veniez à bout de vos desseins, soit que les fils d'Aymon triomphent. Mais, sire, dès que votre volonté est de continuer la guerre, dès que vous pensez qu'il y va de votre honneur de faire périr les fils d'Aymon et leur cousin, nous jurons tous, sauf notre honneur, de vous servir, de prendre Montauban ou de périr sous ses remparts, et nous nous déclarons les ennemis de quiconque accorderait aide ou secours à Renaud, à ses frères et à Maugis; nous réservant néanmoins, comme bons et preux chevaliers, de ne leur faire tort ni injure qu'en loyale guerre. » Tous les barons s'unirent au serment de Naimes, mais Charlemagne n'était pas encore content, il savait que Maugis était au pouvoir d'Olivier, mais il n'était point à l'assemblée. Charlemagne l'envoya chercher et lui ordonna de lui remettre Maugis. « Sire, lui dit Olivier, Maugis ne s'est rendu qu'à condition que je ne le livrerais point à votre pouvoir; je le lui ai promis et je lui tiendrai ma parole, je suis chevalier, et une trahison me rendrait indigne de ce titre. — Olivier, reprit Charlemagne, vous connaissez mal les lois de la chevalerie, votre premier serment est de me servir et de n'avoir d'autres ennemis que les miens, et celui que vous avez fait à Maugis vous rendrait parjure envers moi, si vous ne le deveniez envers lui; mais je veux bien avoir égard à votre délicatesse, et pour vous sauver d'un vain scrupule, Roland, Naimes et l'archevêque Turpin vous enlèveront de force un traître que vous vous croyez obligé de refuser de me livrer. — En ce cas, reprit Naimes, faites arrêter Olivier, car je tiens de lui-même qu'il a promis d'égorger son prisonnier plutôt que de le céder à la force. » Aussitôt Charlemagne ordonna qu'on arrêtât Olivier; mais le fier chevalier tire son épée et déclare qu'il arrachera la vie au premier qui attentera à sa liberté. Le roi s'approcha lui-même, Olivier tombe à ses genoux pour lui marquer son respect et son obéissance, mais il se relève aussitôt et s'échappe de ses mains; Naimes veut le retenir, et Naimes reçoit sur son casque un coup d'épée qui le renverse; Oger accourt au secours de Naimes, et d'Estouteville vole au secours d'Oger qu'Olivier vient de terrasser; d'Estouteville ne fut pas plus heureux; mais dans le temps qu'Olivier s'acharne sur sa proie, Roland s'élance sur Olivier, le prend par le milieu du corps, l'enlève et le serre dans ses bras jusqu'à lui ôter la respiration; Maugis, informé du combat et du risque que court Olivier, se présente à l'assemblée : « Pairs, barons, seigneurs, s'écrie-t-il, et vous sage monarque, voici Maugis qui vient se livrer de lui-même, et dégager Olivier de ses serments. — Et moi, généreux Maugis, s'écrie Olivier, je vous dégage des vôtres, vous êtes libre, et vous pouvez user de tous vos droits. — Convenez, Seigneurs, reprit Maugis, que c'est un spectacle bien doux et un triomphe bien satisfaisant pour moi, d'avoir mis aux prises les uns contre les autres, les plus braves paladins de Charlemagne ! Et quel est l'objet de leur querelle ? Un prisonnier qu'ils se disputent l'honneur de livrer à un ennemi qui veut le couvrir d'infamie. Certes cet empressement de se défaire d'un guerrier dont on craint la valeur me donnerait une grande idée de moi-même, si je pouvais me déguiser que le véritable motif de votre zèle n'est que cette bassesse et cette lâcheté de courtisans, toujours prêts à sacrifier, au désir de plaire et de flatter, honneur et vertu. Si le généreux Olivier n'eût pas été intéressé à ce combat, je me serais amusé à le prolonger et à voir couler un sang ennemi ; ô roi Charles, félicitez-vous d'être mieux servi que les tyrans d'Asie, d'avoir des esclaves prêts à s'égorger entre eux au moindre signe de votre volonté, comme ces gladiateurs qui se massacraient pour plaire à leurs barbares spectateurs. Que des paladins ordinaires consacrent leurs travaux et leur sang à défendre les opprimés, à secourir la vertu malheureuse et souffrante, à la gloire de leur patrie, ceux-ci, plus généreux, n'ambitionnent d'autre prix de leurs combats que l'assurance d'avoir réussi à flatter leur maître. »

« Tu nous braves, Maugis, lui dit l'archevêque Turpin, c'est la dernière ressource de l'orgueil désespéré; mais tantôt sur le bûcher qui t'est destiné, tu parleras peut-être sur un ton différent. — Je ne doute pas, reprit Maugis, qu'avec de tels ministres, un grand roi ne trouve du plaisir dans les plaintes douloureuses d'un ennemi mourant; mais je doute fort que tous les supplices réunis de tous les rois du monde puissent jamais m'arracher une larme.

Charlemagne, la fureur dans les yeux, interrompit Maugis : « Crois-tu, lui dit-il, avoir besoin de m'irriter encore? Si tu savais à quel point je te hais! Sans toi, tes cousins seraient moins coupables, et seraient aujourd'hui dans mes fers; Richard du moins ne serait plus. Tu te flattes sans doute d'échapper à ma vengeance : évoque, j'y consens, les puissances des enfers, sers-toi de tes enchantements, le ciel t'a dévoué, et je te défie d'éviter la mort honteuse que je te prépare. Vois-tu ce héraut? c'est lui qui portera à Renaud et à ses frères, la nouvelle de ton supplice.»

Lorsque les quatre fils d'Aymon arrivèrent à Montauban, l'épouse de Renaud vint au-devant de lui; après qu'elle l'eut embrassé, elle fit éclater sa joie du retour de Richard; mais cette allégresse fut bientôt troublée quand elle s'aperçut de l'absence de Maugis :

Renaud croyait qu'il les avait devancés, on le chercha vainement; Yolande tomba évanouie aux pieds de son époux : un deuil général se répandit dans Montauban, cependant Renaud rappelant son courage : « Mes amis, dit-il à ses frères, de quoi serviront à Maugis nos larmes et nos regrets? Ne perdons pas des moments précieux en gémissements inutiles; sachons d'abord ce qu'il est devenu, et pourvu qu'il respire encore, il n'est rien que je ne tente pour le ramener. » Aussitôt Renaud s'élance sur Bayard, sans vouloir permettre à ses frères de le suivre : il prend le chemin du camp de Charlemagne, et ne s'arrête qu'à Balançon : il rencontra un page de l'empereur qui essayait un faucon pour la chasse. « Qui êtes-vous, lui dit le jeune homme, et que faites-vous ici seul et sans suite? — Hélas! dit Renaud, je suis un des gens de l'infortuné des Rives que les fils d'Aymon ont fait attacher au gibet : je crains de les rencontrer, et je ne me croirai en sûreté que lorsque je me verrai dans le camp de Charlemagne. Oh! qu'il doit être indigné de l'outrage qu'il a reçu dans la personne de mon maître. — Le roi sera bientôt vengé, répondit le page; il se livre maintenant à la joie; il tient en son pouvoir Maugis, qu'il déteste encore plus que ses cousins. — Que dites-vous? interrompit Renaud, quoi! Maugis est prisonnier de Charlemagne? Sans doute il ne vit plus; le roi à dû en tirer la vengeance la plus prompte. — Non, reprit le jeune homme, il le destine à un supplice honteux et cruel. » Renaud se félicita en lui-même d'apprendre que Maugis vivait encore; malgré le don qu'avait son cousin d'éviter les dangers par ses enchantements, Renaud craignait toujours; il s'enfonça dans un bois, où il passa le reste du jour, songeant aux moyens les plus prompts de délivrer Maugis.

CHAPITRE XV

Maugis au pouvoir de Charlemagne; condamné à périr du supplice des traîtres. — Craintes, fureurs inutiles de Charlemagne contre Maugis; enchantements, ruses, déguisements de Maugis. — Les chevaliers servent de caution à Maugis; sa loyauté, même en trompant Charlemagne; butin immense qu'il emporte, sa fuite. — Rencontre de Renaud. — Courroux de Charlemagne à l'aspect de l'aigle d'or. — Députation à Renaud; accord d'une trêve, rendue inutile par les conseils de Pinabel. — Générosité de Renaud. — Les chevaliers défendent leur loyauté contre Charlemagne. — Proposition du roi de se battre avec Renaud; Roland offre de combattre à la place du roi.

Charlemagne triomphant d'avoir Maugis en son pouvoir, rappela sous sa tente Roland, Oger, l'archevêque Turpin, Richard de Normandie, Idalon, le duc de Naimes, les comtes de Morillon, Ganelon, Olivier et tous les pairs : « Seigneurs, leur dit-il, Maugis m'a trop longtemps outragé, pour que je ne sois point en droit de me venger. Si je n'étais qu'un simple chevalier, je pourrais ne consulter que ma clémence ou mon ressentiment; mais je suis roi et ne veux rien faire qui ne soit conforme aux lois : le souverain qui n'a d'autre règle que sa passion et sa volonté, risque toujours de s'égarer : mais avec le secours des lois, il ne se trompe jamais ; il ne doit rien vouloir que ce que veut la loi ; le droit qu'il a de faire des lois ne lui donne pas celui de les enfreindre. Maugis s'est rendu coupable de mille crimes ; mais désirant d'user autant que je le puis de clémence et de modération à son égard, je les réduis tous aux deux derniers. Il ne s'est pas contenté d'abattre mon pavillon et d'en enlever l'aigle ; mais il a lancé contre moi un dard, qui m'eût ôté la vie s'il m'eût atteint ; il a prétendu, à la vérité, qu'il n'avait voulu que me donner une preuve de l'avantage qu'il avait sur moi ; le dard était lancé avec tant de force qu'il s'est enfoncé de deux pieds dans un chêne qui est derrière mon pavillon. Quel est le supplice dont les lois punissent un tel attentat, commis par un sujet sur la personne des rois ? — Les barons répondirent que la loi condamnait le parricide à être tiré à quatre chevaux et ses membres jetés au feu ; que cependant l'intention pouvait changer ou du moins affaiblir la nature du crime ; mais que c'en était toujours un, digne d'une mort ignominieuse, que d'avoir, par une menace suivie d'une telle démonstration, fait sentir au souverain que sa vie était au pouvoir d'un sujet.

« Le second crime dont je l'accuse, continua Charlemagne, crime qui lui est commun avec la famille d'Aymon, c'est d'avoir été pris les armes à la main contre son roi. De ces deux crimes le plus détestable est le premier ; mais comme il ne regarde personne que moi, je le lui pardonne, si pourtant la loi me permet de pardonner. Je ne veux le punir que du second. Quelle est la punition que les lois infligent ? — Les lois, dirent le barons, laissent aux juges le choix du supplice, ou de faire mourir le coupable par le gibet, ou de lui faire trancher la tête ; mais, sire, observèrent les barons, les fils d'Aymon vous ont demandé grâce, ont sollicité la paix, et ils ne font qu'une guerre défensive. — N'importe, dit le roi, Maugis a été pris les armes à la main contre moi ; c'en est assez. Dans une heure au plus tard, conformément à la loi, Maugis sera attaché au gibet, et je veux qu'ensuite, comme sorcier, il soit jeté dans les flammes. » Naimes représenta que si l'exécution se faisait de nuit, Renaud attribuerait cette précipitation à la crainte qu'il ne vînt enlever le coupable : Charles consentit de différer jusqu'au lendemain ; mais il craignit que Maugis, par ses enchantements, ne vînt à bout de lui échapper. Maugis, qui avait été appelé pour entendre son jugement, s'aperçut de la crainte de Charles. « Sire, dit-il, d'un ton ferme et sans paraître ému, ne craignez pas que je fuie : je suis prêt à vous donner caution de ma personne. — Je l'accepte, dit le roi, si tu peux en trouver une. »

Aussitôt Maugis se tourne vers Olivier : « Quand je vous ai rendu les armes, vous m'avez promis de me prêter votre aide auprès du roi : vous avez fait tout ce qui était en votre pouvoir, pour que je ne tombasse point entre ses mains : je vous demande pour dernière grâce de me servir de caution. » Naimes et les autres barons qui connaissaient l'exactitude de Maugis, lui demandèrent s'il leur promettait sur sa foi de ne pas s'en aller sans permission. Maugis leur promit sur sa foi, non-seulement de passer la nuit, mais quand le jour serait venu de ne partir, si la fantaisie lui en venait, sans prendre congé de l'empereur même. Alors les douze pairs n'hésitèrent plus de servir de caution pour Maugis, jusqu'au point du jour. Le roi les accepta, et pour plus de sûreté le mit sous leur garde ; mais bientôt il s'en repentit et voulut qu'il fût gardé auprès de lui.

Maugis, pressé par la faim, demanda qu'on lui donnât à manger. Charlemagne avait peine à croire qu'un homme si près de son dernier terme pût conserver autant de sang-froid ; il voulut qu'il soupât dans sa tente et devant lui. Charles, moins tranquille que son prisonnier, n'osait ni boire ni manger, dans la crainte qu'il ne l'enchantât. Olivier fit remarquer sa terreur à Roland, qui ne put s'empêcher d'en rire. Après souper, Charlemagne ordonna qu'on apportât cent torches, et qu'on les tînt allumées toute la nuit ; il voulut que Roland son neveu et les autres pairs demeurassent avec lui ; qu'ils détachassent cent hommes d'armes, pour veiller autour de la tente, et que mille cavaliers fussent répandus de distance en distance dans la camp et en avant du pavillon. Après toutes ces dispositions, Charles s'assit sur son lit, mit Roland et Olivier d'un côté et le prisonnier de l'autre : « Sire, lui dit Maugis, où dois-je reposer? quel est le lit que vous me destinez? — Quoi, répondit le roi, tu songes à dormir? — Oui, sire, et j'ai très-grand sommeil. — Malheureux, et comment pourrais-tu dormir, sachant que le gibet t'attend? va, crois-moi, tu ne dormiras que du sommeil de la mort. — Sire, je vous ai donné caution pour la nuit entière ; laissez-moi vivre à ma fantaisie. Demain, quand le jour paraîtra, vous ferez de moi tout ce que vous voudrez : maintenant permettez que je dorme. » Cette sécurité de Maugis augmenta les soupçons de Charles ; il lui fit mettre les fers aux pieds et aux mains, et le fit attacher par le milieu du corps, à un pilier avec une chaîne ; mais Maugis riait de tant de précautions. « Sire, dit-il, je vous ai donné ma parole ; elle est plus sûre que toutes vos chaînes, et si je vous avais promis de monter sur l'échafaud, vous n'auriez aucun besoin de m'y faire conduire : vous pouvez être tranquille jusqu'au lever du soleil, après cela je ne vous réponds de rien. »

Plus Maugis paraissait tranquille et paisible, et

plus le roi montrait de fureur; une armée de Sarrasins l'eût moins impatienté. « Et quels sont tes projets pour demain? lui demanda-t-il. — Je n'en ai pas formé encore; mais quels qu'ils soient, je les exécuterai. — Traître, je t'empêcherai bien de voir le lever du soleil, » et saisissant son épée d'une main, et de l'autre tenant Maugis par les cheveux, il allait lui trancher la tête; mais aussitôt il sentit son bras engourdi : d'ailleurs Roland et les pairs le désarmèrent. « Ah! sire, lui dirent-ils, songez que nous avons cautionné sa vie, et que nous serions déshonorés à jamais : eh! sire, ne voyez-vous point que c'est le désespoir qui le fait parler ainsi, et qu'au lieu de votre colère, il ne mérite que votre pitié. Comment s'échapperait-il, enchaîné comme il est, au milieu d'un camp gardé de tous côtés?—Je ne sais, dit Charlemagne, mais il m'a si souvent trompé, que rien ne me rassure. »

Maugis remercia les pairs, et comme le sommeil les accablait, il avait soin de temps en temps de les réveiller : le roi surtout ne pouvait résister à l'envie de dormir, et Maugis lui criait sans cesse : « Éveillez-vous, sire; quoi! vous avez subjugué tant de peuples, vous avez fait tant de conquêtes, et vous ne pouvez résister une nuit entière à un peu de lassitude? Mais, si je ne me trompe, voilà le point du jour, le lever du soleil ne tardera pas, prenez-y garde. » Charlemagne s'agitait, questionnait ses pairs; ils lui répondaient en bâillant, et il s'endormait en leur parlant. Enfin quand Maugis vit les premiers rayons du soleil : « Chevaliers, leur dit-il, vous voilà libres de votre caution, et moi de ma parole; vous êtes à présent les maîtres de dormir ou de vous éveiller. » Alors Charlemagne, qui convint que l'heure était passée, voulut ordonner les préparatifs du supplice de Maugis; mais comme il va prononcer, entraîné par le sommeil le plus profond, il tombe sur son lit; Roland qui veut faire des efforts pour l'éveiller, tombe à ses côtés; tous les pairs, les cent hommes d'armes et les mille cavaliers, s'endorment tous; les chevaux ne peuvent plus agir; quand cet enchantement eut produit tout son effet, Maugis ne fit que prononcer quelques mots et ses chaînes tombèrent à ses pieds. Il rit en voyant Charlemagne dormir si profondément; il lui souleva la tête mal située, puis il lui ôta son épée et la mit à son côté; il prit les épées des douze pairs, Durandal à Roland, Haute-Claire à Olivier, il courut ensuite au trésor de Charlemagne, emporta sa couronne, ses pierreries et son or; quand il eut tout pris, il attacha le roi par le pied avec une petite chaîne, au pied de son lit, et lui fit ensuite respirer une liqueur forte qui l'éveilla. Maugis lui dit alors : « Je vous promis hier que je ne partirais pas d'ici sans prendre congé de vous. Je suis exact en tout; adieu, je pars. »

Charles furieux veut courir après lui; mais il se trouve enchaîné lui-même, il appela les douze pairs, mais ses cris semblaient les plonger plus profondément dans le sommeil; alors il se ressouvint d'une herbe qu'il avait apportée de la Palestine, et qui avait la propriété de rompre tout enchantement, mais il fut dans l'impossibilité de l'aller chercher lui-même; il appela ses domestiques et ils ne répondirent point : jamais Charlemagne n'éprouva autant d'impatience, il eût désiré pouvoir se rendormir, il ne savait pas jusqu'à quand devait durer cet enchantement; il craignait d'ailleurs que les fils d'Aymon ne profitassent de cette circonstance.

Maugis eut tout le temps de mettre en sûreté les effets qu'il emportait; il prit quelques chevaux qu'il éveilla, les chargea de son or et de ses épées, et les conduisit dans un bois, sous la garde d'un berger, à qui il promit une récompense, ensuite il reprit la figure du pèlerin, sous laquelle il avait parlé à Charlemagne, lorsque Richard fut fait prisonnier; mais il garda ses habits et ne conserva du pèlerin que le bâton et le rochet. Il revint au camp dans cet équipage, et alla devant la tente de l'empereur, jetant des cris plaintifs et demandant piteusement du secours. Charles l'entendit et reconnut la voix du pèlerin. « Entre, entre, mon ami, lui dit-il, c'est le roi qui te le permet, » Le faux pèlerin pénétra dans la tente. « Que vois-je, dit le roi? les habits de Maugis?... — Ah! sire, s'écria le pèlerin en sanglotant, il m'a meurtri de coups; il conduisait trois chevaux chargés d'or, de pierreries, et de très-belles épées; je l'ai reconnu pour un des scélérats qui tuèrent mes compagnons sur le chemin de Balançon; j'ai voulu fuir, mais infirme et malade comme je suis, je ne pouvais aller bien loin, il m'a arrêté. Traître, m'a-t-il dit, j'ai besoin de tes haillons pour n'être pas reconnu : comme je le soupçonnais d'un mauvais dessein, j'ai refusé; alors il m'a terrassé, m'a tant battu avec mon bourdon, que je lui ai demandé grâce : j'ai fait tout ce qu'il a voulu; il m'a fait déshabiller, il s'est déshabillé lui-même, il m'a donné sa cotte d'armes, sa veste et tout ce que vous voyez; il s'est couvert de mes haillons et il est parti : mais, sire, je viens de traverser le camp et tout y est plongé dans le sommeil, et vos gardes et ces chevaliers tout dort, vous seul veillez, et cependant il est midi. — Tu vois, lui dit Charles, un effet des enchantements de Maugis. » Charlemagne raconta au pèlerin ce qui s'était passé depuis la veille; il lui dit de l'aider à briser la chaîne qui le retenait, le pèlerin le dégagea. Charles, pour lui marquer sa reconnaissance, lui donna quelques pièces d'or; le pèlerin, en les mettant dans la poche de sa veste, témoigna de la surprise, il en retira une petite bouteille remplie d'une eau très-limpide. « Maugis, dit-il, a sans doute oublié ce flacon, je ne sais à quoi il peut être utile. — Garde-toi de t'en servir, dit Charlemagne en le lui ôtant des mains; c'est sans doute quelque composition infernale pour ses enchantements, » et en disant ces mots, il jeta la bouteille avec colère. Dès que la vapeur de la liqueur se fut répandue, tous les barons et les pairs, les gardes, les officiers, s'éveillèrent à la fois. Quelle fut leur surprise de trouver, au lieu de Maugis, le pèlerin qu'ils avaient vu et qu'ils reconnurent! Charles leur répéta ce qu'il en avait appris, et la fuite du prisonnier, et tout ce qu'il savait..Il dit à Naimes et à Olivier : « Vous m'avez répondu de lui, c'est à vous que je dois m'en prendre. — Sire, répondit Roland, nous en avons répondu jusqu'au point du jour, et il paraissait déjà lorsque nous nous sommes endormis; Maugis, lui-même (il m'en souvient), nous a rendu notre parole, et nous a dit qu'il ne répondait plus de rien : vous vous êtes même emporté contre lui; jusque-là Maugis est quitte envers nous. Il est vrai qu'il vous avait donné sa foi qu'il ne partirait pas sans prendre congé de vous, et en cela il a manqué de loyauté. — Non, vraiment, reprit le roi, il m'a éveillé tout exprès le premier, pour me dire qu'il partait. — Quoi! sire, dit Olivier, vous l'avez vu, vous lui avez parlé, et vous ne nous avez pas éveillés! et vous ne l'avez point arrêté! — Je n'ai pu ni l'un ni l'autre, reprit le roi, le traître m'avait enchaîné; et j'ai eu beau crier, le charme était si fort que rien n'a pu interrompre votre sommeil. Mais où peut-il être allé? ce pèlerin l'a rencontré au sortir du camp, conduisant trois chevaux chargés d'or et d'épées. —

D'épées! s'écria Roland, qui s'aperçut dans le moment que Durandal lui manquait. O ciel! il emporte la mienne. » Chacun des chevaliers vit qu'il avait fait la même perte; ils en furent tous consternés se regardant les uns les autres; Charlemagne ne tarda pas non plus à se convaincre que Maugis lui avait ravi sa couronne et ses pierreries, et sa colère fut à son comble. « Volons, courons après le traître, s'écriat-il, mais où le trouver? — Je ne le crois pas bien éloigné, dit le pèlerin; je l'ai vu gagner un petit bois, hors du camp; ses chevaux étaient si chargés, qu'il ne peut pas avoir fait beaucoup de chemin. » Il s'offrit de leur servir de guide; on l'accepte; mais comme il pouvait à peine se soutenir, il pria Charles de lui donner un de ses chevaux. Tandis qu'on choisit et qu'on sellait le meilleur, Charles ordonne à six cavaliers de se tenir prêts à marcher; la vapeur de la liqueur enchantée s'était répandue sur tout le camp, et les cavaliers s'éveillaient comme s'ils étaient encore à demi endormis, la confusion régnait partout. On eut bien de la peine à la faire cesser. Quand le cheval de Charlemagne fut prêt, on l'amena au pèlerin, il fit bien des cris et des efforts pour le monter; et enfin on fut obligé de l'y porter et de l'y soutenir; cependant il se raffermit peu à peu ; il demanda une épée. « Je savais m'en servir autrefois, ditil, mais dans l'état où je suis, c'est une vaine parure, n'importe. » Il prit l'épée d'un air gauche, et la porta comme il put toute nue dans sa main.

L'ordre du départ donné, le pèlerin se mit à leur tête, et lorsqu'ils furent sortis du camp, il les conduisit dans une gorge formée de deux montagnes à pic. « C'est dans ce bois que vous voyez d'ici, dit-il à Charlemagne, que j'ai vu entrer Maugis. Ne jugeriez-vous pas à propos que je vous devançasse de quelques pas ? Si Maugis est dans le bois et qu'il me voie ainsi monté, il ne manquera pas de courir sur moi pour m'enlever mon cheval, et comme vous ne serez pas éloigné, au moindre cri vous viendrez à mon secours, et vous entourerez Maugis. »

L'avis du pèlerin fut approuvé, il gagna les devants ; quand il eut passé le défilé et qu'il eut mis entre la troupe de Charles et lui un espace de quinze à vingt toises, il se retourna, frappa la terre avec son bourdon, et forma d'une montagne à l'autre un précipice dont on ne voyait pas le fond : alors il reprit sa véritable forme et cria à Charlemagne et aux chevaliers : « Reconnaissez enfin Maugis ; l'or, les pierreries, la couronne de Charles et vos épées, tout vous sera rendu, quand vous voudrez consentir à la paix que les fils d'Aymon vous ont proposée. Ne cherchez point à me suivre ; je serai plus tôt arrivé à Montauban que vous n'aurez tourné ces montagnes et franchi ce précipice, qui se refermera de lui-même lorsque je serai en sûreté. On lui lança quelques traits, mais il disparut comme un éclair.

La fureur parvenue à un certain degré, s'évanouit souvent, et surtout chez les Français. Charlemagne et les pairs demeurèrent quelque temps confondus ; ils ne sortirent de leur étonnement, que pour délibérer sur ce qu'ils avaient à faire. Pour parvenir au bois que Maugis leur avait indiqué, il fallait franchir le précipice, ce qui était impraticable, ou tourner la montagne par un détour de dix lieues et par des chemins très-difficiles. On ne décida rien, l'on reprit le chemin du camp, et les chevaliers arrivèrent à la tente de Charlemagne en plaisantant secrètement de cette aventure. Les seuls Charles et Roland la traitaient plus sérieusement.

Cependant Maugis, après avoir repris son trésor, s'en retournait tranquillement à Montauban ; il passa dans le bois où Renaud s'était arrêté. Bayard sentit Maugis et hennit de toute sa force. Il emporta son maître vers Maugis, qui d'abord ne reconnut pas son cousin. « Qui êtes-vous, lui dit-il, et que faites-vous ici ? » Renaud sort de sa rêverie, se précipite à son col : « Je courais à votre secours, lui dit-il. — Vous seriez arrivé trop tard, répondit Maugis, si le ciel ne fût venu à mon aide. » Il lui raconta tous les événements qui s'étaient passés depuis qu'ils s'étaient séparés. « J'emporte un butin immense, non pour en profiter, mais pour forcer nos ennemis à la paix. »

Comme ils approchaient de Montauban, ils rencontrèrent, à la tête de deux mille cavaliers, Alard,

Guichard et Richard, qui allaient au camp de Charlemagne, ou pour délivrer ou pour venger Maugis ; ils étaient tristes et abattus ; mais en revoyant Maugis et Renaud, ils se livrèrent à la joie. Guichard ne fit que les embrasser et les quitta pour aller annoncer leur retour à Yolande, qui vint au-devant d'eux avec ses enfants. Ils rentrèrent triomphants ; Maugis étala le butin qu'il avait fait, et il fut décidé qu'on placerait sur la plus haute tour l'aigle d'or du pavillon de Charlemagne.

Lorsque le roi vit son aigle qui réfléchissait à cinq lieues à la ronde les rayons du soleil, il appela ses pairs. « Quelle honte pour nous, leur dit-il, quel trophée pour nos ennemis ! Ah ! ce fut un grand malheur quand nous fîmes le projet d'entrer dans la Gascogne ; si quelque chose peut nous excuser aux yeux de la postérité, c'est l'art magique de Maugis ; car, qui peut résister à un ennemi qui combat avec des forces surnaturelles ? Mais si l'enfer le protége, qu'avons-nous fait au ciel pour nous abandonner ? Ne l'accusons point ; il condamne sans doute des sujets rebelles ; mais il veut nous humilier. C'est à nous d'apaiser sa colère par notre soumission. Naimes, Oger, Estouteville, Turpin, vous êtes parents de Renaud ; allez dire aux fils d'Aymon que s'ils veulent me rendre ma couronne, mon aigle, mes pierreries et vos épées, je consentirai à une trêve de deux ans et que je ramènerai mes troupes. »

Les chevaliers partirent, ils se présentèrent à la principale porte de Montauban; ils demandèrent à parler aux fils d'Aymon. Renaud, ses frères et Maugis, députèrent Richard pour les recevoir; il les conduisit dans la ville, et Renaud vint au-devant d'eux; il les combla de marques d'amitié, prit Oger par la main, les accompagna au château et les présenta à Yolande, qui les vit avec plaisir, et leur témoigna le désir qu'elle avait de la paix, pour que son époux pût se réunir à sa famille. Renaud leur demanda le sujet qui lui procurait l'avantage de les recevoir. « Vous savez, lui dit Oger, combien nous vous aimons tous, et que s'il n'eût dépendu que de nous, toute querelle entre le roi et vous serait depuis longtemps terminée; cependant vous n'ignorez pas que Maugis votre cousin vient de nous faire à tous le plus sanglant outrage : il nous a priés de le *pleiger*, auprès de Charlemagne; il avait promis de ne pas s'évader, et de ne partir qu'avec notre congé : non-seulement il est parti pendant notre sommeil, mais encore il a emporté la couronne, les bijoux, le trésor du roi, et les épées de tous les chevaliers. Le roi demande que vous lui rendiez son aigle d'or, ce que Maugis lui a enlevé et nos épées, et il consent à une trêve de deux ans et à retirer ses troupes de la Gascogne. »

Alors Maugis prit la parole. « Seigneurs, leur dit-il, vous savez que je n'ai manqué à aucun de mes engagements, et si quelqu'un peut prouver que je ne les aie pas tous remplis, je consens à m'aller remettre entre les mains de Charles. Parlez, quelqu'un de vous a-t-il rien à me reprocher? Vous m'aviez pleigé jusqu'au jour seulement, et je n'ai brisé mes chaînes qu'après le soleil levé; j'ai pris congé du roi comme je m'y étais engagé; il est vrai que je suis parti dans le temps que vous dormiez, mais je ne m'étais pas engagé de prendre congé de vous. Il est encore vrai que par mon art, vous avez dormi plus longtemps que vous ne deviez; mais avais-je promis de ne pas me servir de mon art? J'ai fait un butin considérable dans la tente de Charlemagne; en cela je n'ai fait qu'user du droit de la guerre. Mais j'ai eu en le faisant un motif plus noble, c'est d'engager Charles à consentir plus promptement à la paix, dont une des conditions sera la restitution de tout ce que j'ai emporté. Mais nous discuterons demain plus profondément cette matière; livrons-nous aujourd'hui au plaisir de nous retrouver ensemble. » Il ordonna qu'on préparât un festin magnifique, et la nuit se passa dans les fêtes et les plaisirs.

Le lendemain le duc Naimes demanda à Renaud quelle réponse il voulait faire aux propositions du roi. «Je consens à tout, répondit Renaud, pour avoir la paix, je ne désire que de vivre avec Charlemagne en sujet soumis et fidèle, J'accepte la trêve de deux ans. J'espère que pendant ce temps, il exaucera nos vœux, et que vous vous emploierez pour l'y déterminer. »

Renaud fit apporter l'aigle, la couronne et l'épée de Charlemagne. Il donna à chacun des envoyés celle qui lui appartenait; il chargea Naimes de remettre les autres; il rendit tous les bijoux et tout l'or sans en rien retenir. Oger, étonné de tant de générosité, ne put s'empêcher de lui dire, que jamais guerrier n'avait fait un butin si riche et si glorieux, et n'y avait renoncé avec tant de grandeur d'âme, et que le roi devrait être touché d'un si grand sacrifice; mais Richard ne voulait point que son frère disposât de l'aigle d'or. « Si Maugis, dit-il, a enlevé la couronne par son art magique, j'ai gagné l'aigle par forces d'armes, et je n'oublierai jamais que, prisonnier du roi, il me frappa dans son pavillon. » Renaud pria tant son frère, qu'il céda l'aigle d'or.

Oger invita Renaud de venir au camp de Charlemagne avec eux, tandis que Maugis garderait Montauban; mais Renaud, qui n'avait point de confiance au roi, ne voulait pas s'exposer; Estouteville s'offrit de rester à Montauban pour otage; Naimes promit, au nom des chevaliers, de mettre Renaud à couvert de toute insulte. Enfin Renaud y consentit. Il s'arma de toutes pièces, et prit avec lui Alard et deux chevaliers. Yolande, son épouse, accourut toute tremblante; elle fit tout ce qu'elle put pour détourner Renaud de ce voyage; elle se jeta aux genoux des chevaliers pour leur recommander son époux. Oger lui donna sa parole qu'il ne lui arriverait rien.

Lorsqu'ils furent arrivés à Balançon, Oger, qui connaissait le caractère vindicatif de Charles, proposa de les devancer pour sonder son cœur et savoir ses intentions ; Naimes se chargea de lui parler et de venir avertir Renaud qui attendrait son retour. Renaud consentit à tout.

Oger et Naimes partirent, Estouteville et l'archevêque Turpin demeurèrent avec Renaud ; ils se félicitaient tous du retour de la paix ; ils la croyaient assurée.

Le hasard voulut que Pinabel, neveu de Charlemagne, se trouvât au gué de Balançon et qu'il entendit tout. Pinabel, courtisan insolent et lâche flatteur, se plaisait dans le trouble et haïssait la vertu. Il se faisait une étude de persécuter tous ceux qu'il voyait aimés et estimés. Il alla empoisonner auprès de Charlemagne, son oncle, le voyage de Renaud, qu'il fit passer pour un complot. Charlemagne ordonna à Olivier de prendre quatre cents cavaliers bien armés, et d'aller à Balançon où il trouverait Renaud et Alard son frère, et de les lui amener, quand il devrait y sacrifier toute sa troupe. Olivier, qui ignorait la promesse qu'Oger et Naimes avaient faite à Renaud, partit pour exécuter les ordres du roi. A peine était-il sorti du camp, qu'Oger et Naimes arrivèrent à la tente du roi. Ils virent le mécontentement sur son front et la colère dans ses yeux. « Sire, lui dit Oger, vos regards sévères ont de quoi nous surprendre ; nous avons rempli notre commission avec la plus grande fidélité ; nous rapportons le butin que Maugis avait fait ; Renaud nous a tout remis avec une exactitude qui a droit de surprendre dans un vainqueur. Il a tout sacrifié au désir de la paix. — Où est Renaud ? leur demanda brusquement le roi. Je sais que vous êtes venus avec lui. — Sire, il est vrai que nous l'avons déterminé de venir vous offrir son hommage, sur la foi de la trêve que vous lui avez accordée et pour recevoir vos otages et se mettre en otage lui-même. Estouteville a voulu rester à Montauban comme garant de la foi que nous avons donnée à Renaud ; mais Renaud, plus généreux, l'a refusé, et s'en rapporte à notre parole et à votre foi. — Je ne veux d'un tel otage, reprit Charlemagne, que pour le traiter comme Richard et comme Maugis. — Ah ! sire, s'écria Oger, songez que Renaud ne s'est livré que sur la foi d'une trêve que vous-même lui avez offerte. — Sire, interrompit Naimes, de tels propos sont indignes d'un roi ; gardez-vous de commettre un tel crime, il vous rendrait l'exécration de tous les peuples de l'univers. Cette pensée odieuse ne vient pas de vous ; faites-moi connaître le traître qui vous l'a suggérée, et je vous vengerai de l'affront qu'il vous a fait. Je vous déclare, sire, qu'avant de souffrir cet attentat, Oger,

Naimes, Turpin et Estouville que vous déshonoreriez, verseront leur sang pour l'empêcher, et qu'ils défendront Renaud contre vous-même. Qui! nous! qui l'avons presque forcé de nous suivre, que nous fussions cause de sa mort et les complices d'une perfidie? Non, sire, jamais! Nous devons vous servir, sauf notre honneur, et c'est notre honneur que vous voulez flétrir! Sire, disposez de notre vie, nous vous en avons fait le sacrifice en vous donnant notre foi; mais notre vertu ne dépend que de nous. Vous êtes le plus puissant roi du monde; vous avez la force en main et vous pouvez faire périr dans les supplices l'homme de bien comme le scélérat; mais tous les rois de la terre ligués ensemble, n'ont pas le pouvoir de forcer un honnête homme à trahir sa conscience, à la faire parler ou se taire à leur gré. Si vous avez des courtisans assez lâches pour être les ministres d'un assassinat, vous pouvez les employer, et non pas de braves chevaliers, qui ont juré de ne jamais souffrir le crime, de quelque rang que soit le criminel. »

Cependant Olivier arrive et rencontre Renaud sans armes, éloigné de Bayard. Renaud s'approche de Turpin et d'Estouteville : « Perfides, leur dit-il, vous m'avez trahi; jamais je ne me serais attendu à cette déloyauté!. — Que dites-vous, seigneur? répond Turpin, nous, des traîtres! Je vous jure que nous vous tiendrons la parole que nous avons donnée, de vous défendre jusqu'à la dernière goutte de notre sang : si quelqu'un a pu vous trahir, croyez que ce n'est ni Oger, ni Naimes, ni nous. » Alors Renaud dit à Olivier : « Souvenez-vous que, lorsque dans la plaine de Vaucouleurs, Maugis, mon cousin, vous abattit, je vous rendis votre cheval, et que vous ayant aidé à y remonter, je vous aidai à prendre votre revanche ; rendez-moi courtoisie pour courtoisie, et permettez-moi seulement de monter sur Bayard. — Seigneur, répondit Olivier, je n'ai jamais su oublier un bienfait. Je suis au désespoir de vous avoir rencontré ici, et je ne sais pourquoi le roi m'a choisi pour me saisir de vous. »

Comme ils parlaient encore, voilà Roland qui venait aider Olivier à se rendre maître de Renaud et de son frère : « Rendez-vous, leur crie Roland, vous êtes mes prisonniers. » Comme il proférait ces mots : « Roland ! Roland ! lui crie Oger, qui, en sortant du pavillon de Charlemagne, était accouru au secours de Renaud, gardez-vous de faire aucun mal aux fils d'Aymon ! sachez que c'est le duc Naimes et moi qui les avons conduits sur notre foi et serment, pour prendre et donner les otages de la trêve que nous avons proposée à Renaud de la part du roi, qui nous avait envoyés vers lui à Montauban : vous ne pouvez lui faire aucun outrage que nous ne le partagions avec lui, et si vous l'attaquez nous le défendrons. » Olivier se joignit à Oger pour engager Roland à ne point attaquer Renaud. « Il me rendit autrefois un service important, disait Olivier, et je dois lui en marquer ma reconnaissance. Réunissons-nous, et si Renaud veut y consentir, nous l'accompagnerons tous au pavillon de Charlemagne, pour l'engager à faire la paix. — S'il la refuse, reprit Naimes qui avait suivi Oger, et qu'en outrageant Renaud, il veuille nous rendre suspects de trahison, nous ne le souffrirons point, et nous combattrons pour Renaud. Ce serait à nous une lâcheté indigne de l'abandonner. » Naimes demanda à Renaud s'il y consentait. Renaud se livra à leur bonne foi : les chevaliers le prirent au milieu d'eux, et ils partirent.

Oger s'approcha le premier de Charlemagne. « Sire, lui dit-il, vous nous avez envoyés vers Renaud lui offrir une trêve : nous avons rempli vos ordres en braves chevaliers et en serviteurs fidèles. Renaud a accepté toutes les popositions que nous lui avons faites de votre part ; il nous a remis non-seulement votre couronne, les épées de vos pairs et la vôtre, mais l'aigle d'or, qui, par droit de conquête, appartenait à son frère : nous lui avons promis sur votre parole que, la trêve acceptée, il ne lui arriverait aucun mal ; et cependant, au mépris de vos serments sacrés, vous envoyez au-devant de lui pour le prendre, et c'est un de vos plus braves chevaliers, dont vous surprenez la foi, pour le charger de cette expédition. Ainsi donc la foi des traités ne serait qu'un piége pour tromper l'honnête homme qui ne connaît point la méfiance, parce qu'il est incapable de trahison ! Non, sire, cela ne sera point ; mais si vous croyez que les propositions que vous avez fait faire à Renaud vous soient désavantageuses ; si vous vous repentez de lui avoir accordé une trêve, renvoyez Renaud à Montauban, et rendez-lui le butin de Maugis et celui de son frère : alors ordonnez-nous d'aller, les armes à la main, reconquérir votre couronne, votre aigle, votre trésor et nos épées, nous combattrons loyalement ; vous agirez en roi, et le ciel bénira la cause qu'il jugera la meilleure. »

Charlemagne imposa silence à Oger et lui dit qu'il ferait ce qu'il lui plairait, qu'il ne laisserait point échapper Renaud aussi aisément que Maugis, et qu'il était décidé à le punir comme traître et rebelle. « Non, sire, reprit Oger, vous ne le ferez pas. — Prétendez-vous, lui dit Charlemagne en l'interrompant, défendre mon ennemi contre moi, et partager son crime ? — Sire, répondit Oger d'un ton ferme, je défendrai ma loyauté contre tous. Je la défendrai contre le ciel même. »

Renaud les interrompit : « Sire, dit-il, avec une modeste fierté, quel est votre dessein, et qu'exigez-vous ? Vous m'appelez traître et rebelle ; Dieu sait que je ne suis ni l'un ni l'autre, et qu'il n'y en eut jamais dans ma famille ; il n'y a homme sur la terre qui osât me faire un tel reproche avec impunité ; mais, sire, l'autorité suprême peut tout se permettre, parce qu'elle n'a rien à craindre. »

Charlemagne sentit qu'il avait été trop loin, et pour le réparer en quelque sorte, il dit à Renaud : « Je suis prêt à soutenir ce que j'avance les armes à la main : je suis chevalier autant que roi. — Sire, répondit Renaud, j'accepte le combat ; Naimes, Olivier, Oger et Turpin seront mes répondants. — Nous le devons, dirent les chevaliers, et nous le sommes. » Le roi voulait tenir sa parole ; mais Roland l'en empêcha et demanda à combattre à sa place. « Sire, dit Renaud, choisissez. »

Quand les chevaliers eurent répondu pour Renaud, Bayard lui fut rendu ; il s'en retourna à Montauban, où l'on croyait la paix assurée. Le lendemain, après avoir tendrement embrassé son épouse, il dit à ses frères : « Je vais combattre le plus brave chevalier qu'il y ait au monde. Je ne puis prévoir quel sera le succès du combat. Mes amis, mes frères, je vous recommande ma chère Yolande et mes enfants : je remets en vos mains la garde de ce château ; c'est le seul héritage que je puisse leur laisser ; eh ! qui sait encore si Charlemagne, étendant sur eux sa haine contre leur père, voudra leur permettre d'en jouir tranquillement ? Défendez-le et apprenez-leur à le défendre. Ce n'est pas que je désespère de vaincre Roland, j'ai pour moi *Dieu* et mon *épée*, la justice d'une bonne cause, et un courage égal au sien ; mais je puis être vaincu : on nous juge de la même force. »

Les frères de Renaud ne voulurent point demeurer ; ils laissèrent Maugis maître de Montauban et accompagnèrent Renaud au lieu du combat.

CHAPITRE XVI

Combat entre Renaud et Roland. — Maugis les sauve l'un et l'autre par un prodige de son art magique. — Roland suit Renaud à Montauban. — Charlemagne met le siége devant ce château. — Le roi est enlevé dans le palais de Maugis, et livré à Renaud. — Maugis sort de Montauban, et se retire dans un ermitage.

A peine le jour eut-il paru, que Roland s'arma et monta à cheval pour se rendre sur le champ de bataille. Il alla auparavant prendre congé du roi. « Mon neveu, lui dit Charlemagne, puisse le Dieu des armées te soutenir et te défendre ! s'il prête son secours à la bonne cause, il doit protéger Renaud ; car je ne puis dissimuler que dans cette occasion la justice est pour lui. — Sire, répondit Roland, il n'est plus temps de se repentir, et je me suis engagé trop avant. En refusant le combat je me couvrirais de honte, et elle rejaillirait sur vous. Mais, sire, en faveur du danger auquel vous m'exposez en combattant un brave chevalier, qui a sur moi l'avantage de la justice, souffrez que je vous conjure d'accorder aux fils d'Aymon la paix qu'ils vous demandent. » Charlemagne ne répondit rien à son neveu ; mais il sentit, en songeant à Pinabel, combien les courtisans et les flatteurs étaient funestes aux souverains.

Cependant Renaud était déjà sur le champ de bataille. Roland brûlait d'impatience. Ces deux fiers rivaux s'étaient déjà rencontrés plusieurs fois ; mais la victoire avait toujours été indécise. Quand l'un semblait la fixer par son audace et par son impétuosité, l'autre la rappelait par une valeur éclairée et prudente. Ils avaient le même courage et la même force, et si l'un avait plus d'activité, l'autre avait plus d'adresse et de constance. D'aussi loin que Roland aperçut Renaud, il lui cria d'un ton impérieux : « Enfin, Renaud, tu ne peux éviter ton sort ; voici le jour où tu vas cesser de te croire invincible. — Tu me menaces, Roland, répondit Renaud, crois-moi, sois plus modeste ; un chevalier prudent ne chante jamais sa victoire avant le combat. Veux-tu la paix, veux-tu combattre ? l'un et l'autre est à ton choix. Quelque honneur que j'attende du triomphe, je lui préfère la paix, qui rendra le calme à l'État, et l'amour des peuples à ton maître. — Je ne suis pas venu, répliqua Roland, pour conclure un traité. — Eh bien, combattons, dit Renaud. — Crois-moi, songe à te défendre, répondit Roland. »

A ces mots, ils piquent leurs chevaux, fondent l'un sur l'autre, et leurs lances, en se brisant, formèrent dans les airs une poussière légère ; leurs écus se choquèrent, et le choc fut si rude, que Renaud, avec sa selle, alla tomber derrière et loin de Bayard, et que Roland abandonna ses étriers et chancela longtemps. Renaud se relève, saisit Bayard par la crinière, remonte sans selle, et porta à Roland un coup si terrible sur son haubert, que son cerveau en fut ébranlé ; Roland se remit, et alors commença un combat qui effraya les spectateurs. Chaque coup emportait un éclat de leur armure ; leurs épées tranchaient l'acier, comme la hache du bûcheron le tronc d'un vieux chêne. Naimes, en les regardant, ne put s'empêcher de s'écrier : « Charles, quel est ton aveuglement? ta dureté va causer la mort des deux plus braves chevaliers qu'il y ait au monde, et tu ne songes pas qu'ils pouraient faire un jour le succès de tes armes et la gloire de ton empire ! »

Renaud, voyant que l'avantage était égal, dit à Roland : « Ayons pitié de nos chevaux, ils vont périr, et nous n'en trouverions pas de pareils ; descendons, et si vous le jugez à propos, nous combattrons à pied. » Roland y consentit ; ils descendirent et coururent l'un sur l'autre avec autant de légèreté que s'ils n'eussent pas essuyé la moindre fatigue. Ils se portaient les coups les plus redoutables ; mais leur adresse à les parer en rendait la plupart inutiles. Enfin ils jetèrent leurs épées loin d'eux, et se prirent corps à corps ; mais jamais l'un ne pouvait renverser l'autre. Roland faisait des efforts qui auraient arraché les chênes les plus robustes ; mais la souplesse de Renaud en ralentissait les secousses, et lorsque celui-ci courbait Roland jusqu'à terre, sa vigueur le remettait sur pied : tous deux, étonnés et de leur impulsion et de leur résistance, se séparèrent un moment pour reprendre haleine. Ils s'aperçurent alors que leurs casques, leurs hauberts, leurs armures et leurs écus fracassés n'avaient plus rien de leur première forme. Ils furent surpris de leurs propres forces ; la terre, qu'ils avaient foulée en combattant, était aussi dure que l'aire où l'on vient de battre la moisson.

Charlemagne tremblait pour son neveu, et les frères de Renaud frémirent pour leur frère. Le roi invoqua le ciel pour Roland, et le pria de faire cesser le combat ; mais le ciel avait inspiré à Maugis le désir d'être témoin de cette action mémorable. Il avait quitté Montauban, et par son art il se transporta sur une hauteur voisine du champ de bataille.

Les deux chevaliers, après s'être reposés un moment, avaient déjà repris leurs épées, et allaient recommencer à se battre, lorsque Maugis rassembla autour d'eux et condensa des vapeurs, qui formèrent un nuage sombre, dont ils furent enveloppés. Ils ne se voyaient point l'un l'autre. « Où êtes-vous ? » s'écriaient-ils mutuellement : « Ou bien j'ai perdu la vue, disait Roland, ou bien la nuit a tout à coup ramené les ténèbres. — J'entends Roland, s'écriait Renaud, et je ne le vois point. » Ils agitaient leurs épées et ne frappaient qu'un brouillard insensible. Ils allaient en tâtonnant l'un à la voix l'un de l'autre ; enfin Roland rencontra la main de Renaud et la saisit ; et, par un mouvement involontaire, il embrassa son rival et lui dit : « Vertueux chevalier, si le jour vous luit daignez me conduire, c'est une grâce que je vous demande et dont je serai reconnaissant. — Où faut-il aller? demanda Renaud. — Au camp de Charlemagne, lui dit Roland. — Vous voyez, reprit Renaud, qu'il a juré ma perte et que je n'ai d'asile que Montauban, et vous ne voudriez point y venir. — Pourquoi n'y irais-je pas? y aurais-je quelque chose à craindre avec les généreux fils d'Aymon ? — Non, certainement, ils auraient la plus grande joie de vous y recevoir. Nous avons combattu avec un égal avantage, et soit que le ciel n'ait pas voulu que nous périssions l'un et l'autre de fatigue, soit qu'il ait décidé que nous ne fussions vaincus ni l'un ni l'autre, il a répandu autour de nous une nuit protectrice. Vous n'êtes point mon prisonnier, et je ne suis point le vôtre ; et si vous venez à Montauban, ce sera par amitié et de votre bon gré. Mes frères et moi vous y regarderons comme notre parent et notre ami, et nous vous traiterons comme le plus loyal des chevaliers et le neveu du roi. »

Le nuage avait la propriété de ne point ôter la vue

des chevaliers aux spectateurs, qui n'entendaient point ce qu'ils disaient, mais qui jugeaient par leurs gestes et mouvements que la paix régnait entre eux, et à l'exception de Pinabel et de Ganelon, tout le monde en ressentait la plus grande joie. Les yeux de Renaud aperçurent les premiers la clarté, il le dit à Roland, qui lui renouvela ses prières de le mener à Montauban. A peine eut-il témoigné ce désir, que Roland vit la lumière; il crut revivre une seconde fois; il aperçut son cheval Mélancie et le monta, tandis que Renaud montait sur Bayard.

Charlemagne demeura confondu en voyant son neveu suivre Renaud. « O ciel! s'écria-t-il, Renaud emmène Roland; ils prennent le chemin de Montauban! Ah! sans doute il est son prisonnier. Seigneurs, laisserez-vous ainsi mon neveu au pouvoir de mes ennemis? Voyez Maugis et les frères de Renaud qui le suivent; hâtons-nous, courons le délivrer. »

Les pairs et Charlemagne volèrent sur les pas des chevaliers et les suivirent jusqu'aux portes de Montauban; mais Maugis avait hâté, par son art, les chevaux de Roland et des fils d'Aymon. Charlemagne, furieux, revint dans son camp, qu'il ordonna qu'on transportât sous les murs de Montauban pour en faire le siége; il donna l'oriflamme à Olivier, et à Richard de Normandie la conduite du siége. Tout obéit à cet ordre; on abattit les tentes, les bagages furent chargés, et l'armée se mit en mouvement. Richard de Normandie conduisit dix mille hommes au gué de Balançon pour le garder jusqu'à ce que toute l'armée fût passée. Le roi alla lui-même marquer le camp, et quand l'armée fut arrivée sous les murs de Montauban, il fit élever son pavillon en face de la porte principale.

Les sentinelles qui étaient sur les tours, avertirent Maugis que l'armée de Charlemagne avait investi la place, que le blocus était formé, et que le pavillon de Charlemagne faisait face à la ville. « Soyez tranquilles, leur dit Maugis, dormez sans rien craindre : quand même Charles entrerait dans ces murs, il n'en serait guère plus avancé. »

Lorsque la nuit eut fermé tous les yeux, excepté ceux des sentinelles et des gardes du camp, Maugis alla prendre Bayard, le monta, sortit de Montauban, et répandit sur les sentinelles un charme qui rendait leur surveillance inutile ; c'était une ivresse qui les faisait sans cesse tourner sur eux-mêmes, et toujours sur un pied. Il alla à la tente du roi, et dès qu'il y parut, tous les courtisans, les officiers se mirent à pirouetter et à tourner : le roi ne comprit rien à ce vertige et prit le parti de rire de toutes ses forces ; mais il s'endormit si profondément que Maugis le prit, le mit en travers sur Bayard, le conduisit ainsi dans Montauban, et le coucha dans son lit même.

Il alla ensuite trouver Renaud et lui dit : « Mon cousin, ne seriez-vous pas bien satisfait si vous pouviez tenir en votre pouvoir le roi Charlemagne ! — J'en conviens, reprit Renaud ; je me vengerais de lui avec bien du plaisir. — Eh ! quelle vengeance en tireriez-vous ? — Je le comblerais d'honneurs, je le traiterais comme mon seigneur et mon roi. — A ce compte, venez, suivez-moi. » Et Maugis conduisit Renaud dans son palais et lui fit voir le roi endormi. Alors Maugis embrassa Renaud, ceignit une écharpe, prit un bourdon, et pour ne pas offrir à Charlemagne un objet odieux, il sortit de Montauban sans rien dire à personne : le portier seul le vit sortir. Il alla vers la Dordogne, passa la rivière, entra dans un bois épais, et marcha jusqu'à neuf heures de la nuit, qu'il rencontra sur une hauteur un ermitage abandonné ; il s'y reposa jusqu'au jour. Le lendemain il examina cette retraite : c'était une grotte très-bien exposée, entourée de quelques arbres, moins épais que dans le reste de la forêt ; un petit verger, planté du côté du midi, produisait des fruits de toutes les saisons ; à leurs pieds étaient des herbes potagères et des racines de toute espèce ; devant l'ouverture de la grotte, fermée par une sorte de natte, coulait une fontaine d'une eau claire et limpide ; Maugis entra dans une autre petite grotte qui était à côté, c'était une chapelle ; il se prosterna, pria l'Être suprême de lui pardonner ses égarements, et se sentit pénétré d'une si sainte ferveur, qu'il résolut de faire sa demeure dans cette solitude, de renoncer au monde, et de ne vivre que des fruits, des herbes et des racines que la terre accorderait au travail de ses mains ; il fit surtout des vœux pour que le ciel mît la paix entre Charlemagne et les quatre fils d'Aymon ; il résolut, si cette paix s'établissait, de passer le reste de ses jours dans cet ermitage, d'y expier les maux qu'il avait causés pour venger la mort du duc de Beuves son père; car, quoique sa vengeance fût légitime, il eût pu, par un pardon généreux, épargner tout le sang que la guerre avait fait verser.

Il n'avait eu d'abord d'autre projet, en s'éloignant de Montauban, que de ne pas irriter Charlemagne par sa présence, et de mettre ses cousins en droit de pouvoir répondre, au cas que Charles persistât à leur demander de le lui livrer, qu'il avait disparu et qu'ils ignoraient en quel lieu de la terre il s'était retiré, et en effet ils ne le savaient point alors.

CHAPITRE XVII

Conseil des fils d'Aymon sur le sort de leur prisonnier. — Réveil de Charlemagne ; sa fermeté. — Prières de Renaud pour la paix. — Attendrissement du roi. — Pinabel change ses dispositions. — Extrême générosité de Renaud. — Liberté de Charlemagne. — Vaine remontrance des chevaliers. — Continuation du blocus. — Assaut général. — Les troupes de Charles sont repoussées. — Famine horrible. — Le plus grand danger que Bayard ait couru. — Aymon jette des vivres dans la ville, sa digrâce, sa retraite de l'armée. — Nouvel assaut aussi inutile que le premier.

Charlemagne dormait d'un sommeil profond ; Maugis seul savait le moment où le charme devait finir. Renaud appela ses frères et leur demanda ce qu'ils devaient faire de Charlemagne, et quelle vengeance ils voulaient prendre de lui. Alard opina qu'il fallait profiter de cette circonstance pour le forcer à faire la paix ; Guichard voulait qu'on le retînt dans un endroit éloigné du palais, qu'on en renvoyât tous les Français, et que, dans l'absence du roi, Renaud et les chevaliers français mécontents s'emparassent d'une partie de ses États. Richard, qui ne pouvait oublier que Charlemagne avait voulu le faire périr d'une mort ignominieuse, voulait l'immoler à sa fureur ; mais Renaud, après avoir rêvé quelque temps, leur dit : « Mes frères, oubliez-vous que Charles est notre souverain ? Quelque injuste qu'il soit à notre égard, ce n'est pas à nous à punir ses injustices. Notre défense est de droit divin ; mais une vengeance telle que celle que vous proposez, nous rendrait odieux à l'univers. Quel chevalier, quelque déloyal qu'il fût, voudrait avouer pour ses amis, des assassins teints du sang de leur souverain, ou les usurpateurs de ses États? »

Renaud fit appeler Roland, Naimes, Oger, Turpin et tous les chevaliers du parti de Charlemagne qui se trouvaient à Montauban. « Seigneurs, leur dit Renaud, vous êtes tous mes amis; j'espère que j'obtiendrai bientôt la paix que je désire : j'ai en mon pouvoir un prisonnier d'une telle importance, que le roi ne peut manquer de me l'accorder pour sa rançon. »

Tous les chevaliers étaient dans l'impatience de savoir quel était ce prisonnier, et quand Renaud leur eut nommé Charlemagne, ils n'en pouvaient rien croire. Renaud leur raconta comment Maugis l'avait emporté tout endormi sur Bayard. Naimes ne douta pas que le ciel, par ce miracle, ne s'expliquât en faveur de la paix. Renaud les conduisit dans l'appartement de Maugis, où ils trouvèrent le roi dormant encore. Roland, qui pensait qu'il n'y avait que celui qui avait fait le charme qui pût le détruire, était d'avis qu'on fît venir Maugis; mais on le chercha vainement. On fit venir le portier de la ville qui l'avait vu sortir; il raconta que Maugis était parti les larmes aux yeux; qu'il avait dit qu'il ne rentrerait plus à Montauban, et que, pour ne pas mettre un obstacle à la paix, il allait se retirer dans le fond d'un désert. Richard et ses frères pleurèrent amèrement la perte de leur cousin. « Hélas! disait Richard, sans lui j'aurais péri d'une mort infâme; c'est pour nous qu'il s'est exposé au courroux du roi. » Richard, dans son désespoir, était prêt à commettre le plus affreux des parricides. « O Richard! lui dit Naimes, y pensez-vous de vouloir ôter la vie à qui ne peut la défendre? et à qui encore!... » Richard fut frappé de ces paroles comme d'un coup de foudre, et rougit de son projet.

Tandis qu'ils parlaient, l'enchantement cessa : Charles jeta les yeux autour de lui; il crut s'être éveillé dans sa tente, au milieu de ses chevaliers; mais il crut dormir encore, lorsqu'il s'aperçut qu'il était dans le château de Montauban, au pouvoir des fils d'Aymon. Loin de faire paraître la moindre crainte, il jura de nouveau qu'il ne consentirait à la paix que lorsqu'on lui aurait remis Maugis, pour en disposer comme il le jugerait à propos.

« Eh quoi! sire, s'écria l'impétueux Richard, vous êtes notre prisonnier et vous nous menacez! — Ah! pour être dans ton château, répondit fièrement Charlemagne, en suis-je moins ton roi? — Et parce que vous êtes roi, réplique Richard plus fièrement encore, vous est-il permis d'être injuste à notre égard? » Mais Renaud imposa silence à son frère : « Quelle que soit la volonté du roi, dit-il, c'est à nous de nous soumettre et d'implorer sa clémence : nous sommes ses sujets, et notre partage est de le servir quand il nous commande en roi, et de nous défendre quand il nous traite en ennemis. »

Renaud, ses frères et tous les chevaliers tombèrent aux genoux de Charlemagne : « Grâce, sire, s'écria Renaud, grâce pour mes frères, pour Maugis et pour moi ; nous nous livrons à vous, sauf notre honneur; accordez-nous la paix, et notre sang est à vous, non pour le répandre sur un échafaud, mais dans les combats et à votre service. S'il vous faut une victime, ordonnez-moi des entreprises au-dessus des forces humaines, j'y périrai, content de mourir au chemin de l'honneur; mais pardonnez à mes frères, et rendez-leur ce qui leur appartient. — Je consens à tout, répondit Charlemagne, pourvu qu'on me livre Maugis. — Sire, j'ai dit que nous nous livrerions à vous, sauf notre honneur, et vous nous demandez que nous vous abandonnions notre cousin? non, sire, jamais je n'y consentirai; l'amitié que j'ai pour lui me le défend encore plus que mon honneur même : je donnerais ma vie pour la sienne, et mes frères à cet égard pensent tous comme moi. D'ailleurs Maugis, prévenant votre demande et ne voulant point être un obstacle à la paix, a pris le parti de s'éloigner pour ne plus paraître dans Montauban. »

Les barons certifièrent que Maugis avait disparu, et ils se jetèrent encore aux genoux de l'empereur; ils demandèrent la grâce des quatre fils d'Aymon avec tant de zèle et de larmes, qu'il commençait à s'attendrir, quoiqu'il marquât encore des doutes sur le départ de Maugis. Pinabel profita du soupçon du roi, et feignant de prendre la parti des fils d'Aymon, qui ne se méfiaient point de lui, prit la parole : « Il est temps, sire, que cette guerre qui épuise vos États ait un terme. Je sens que votre cœur ulcéré répugne à se déterminer, et que le pardon des outrages que vous a faits Maugis est un sacrifice pénible. Je suis persuadé qu'il est sorti de Montauban; cependant, comme vous pourriez croire que c'est encore une ruse, employez ce jour à faire des recherches, et si en effet il a été assez généreux pour s'exiler lui-même, cette action héroïque doit vous engager à le comprendre dans le pardon que vous accorderez à ses cousins. »

Charlemagne adopta cet avis, que les chevaliers combattirent en vain, et qu'ils auraient bien plus désapprouvé, s'ils eussent vu le piége qu'il cachait; mais Pinabel avait l'art de séduire, et quoiqu'il fût regardé comme un homme de peu de courage, on ne le soupçonnait pas d'être fourbe et méchant.

Quand il se vit seul avec Charlemagne : « Eh quoi! sire, lui dit-il, après toutes les ruses que Maugis a exercées contre vous, il ne vous est donc pas possible de vous en garantir? Pouvez-vous penser que Maugis ait abandonné ses cousins, lorsque son secours leur est plus nécessaire que jamais? Pourquoi, et comment vous trouvez-vous dans Montauban? Y êtes-vous venu de votre plein gré? n'est-ce pas encore Maugis qui, par son art diabolique, vous y a transporté? Souffrirez-vous qu'il se joue toujours impunément de vous? Que dis-je, se jouer? souvenez-vous, sire, qu'il n'y a pas encore huit jours qu'il eut l'audace de vous enchaîner; que peu de jours avant il vous prouva que votre vie était entre ses mains. La croyez-vous en sûreté ici? et tant que Maugis vivra, la sera-t-elle jamais? Ne doutez point, sire, que le traître ne soit dans Montauban; peut-être dans ce moment entend-il tout ce que je vous dis : n'a-t-il pas l'art de se rendre invisible? Croyez-vous que les fils d'Aymon fussent si empressés à obtenir leur grâce, s'ils n'avaient des projets dangereux? Beaux-frères du roi d'Aquitaine, soutenus par une valeur téméraire, protégés par les secrets de Maugis, qu'ont-ils besoin de grâce? Ils vous tiennent, pour ainsi dire, dans leurs fers, et ils sont à vos genoux; ils peuvent vous forcer à capituler, et ils vous parlent en suppliants. Sire, tant de contradictions couvrent quelque mystère. Si l'on pouvait ajouter foi à des bruits populaires, ces contradictions apparentes ne seraient point inexplicables; mais une rumeur que je ne puis croire... » Le roi voulut savoir quels étaient ces bruits; il ordonna à Pinabel de ne lui rien cacher. « Sire, reprit Pinabel, il y a quelque temps qu'Oger fit prisonniers deux archers de Renaud; ils disaient hautement dans le camp que bientôt les choses changeraient de face; que Maugis avait promis à Renaud de le faire monter sur le trône de France ; que déjà plusieurs de vos pairs et de vos barons souffraient impatiemment la dureté que vous exerciez à l'égard de la famille d'Aymon, à laquelle ils appartenaient; que Renaud, profitant de ce mécontentement, achèverait de les gagner; que Maugis se chargerait du reste. Je n'ajoute aucune foi à ce discours; mais cet empressement des fils d'Aymon à demander la paix, lorsqu'après tout ils peuvent s'en passer, ne semblerait-il pas indiquer le désir de se mettre à portée de séduire et d'intriguer? Ces deux prisonniers disparurent deux jours après.

« Mais je veux que mon zèle m'aveugle, et que mes conjectures ne soient que les rêves d'un sujet fidèle qui craint pour les jours de son roi : songez à l'exemple que vous allez donner à vos chevaliers; l'ambition excite à la révolte, et l'impunité l'autorise. Il y a, dans vos États, des feudataires aussi braves et plus puissants que Renaud : Eh! qui sait si Roland, dont il a gagné l'affection, qui sollicite votre clémence pour les fils d'Aymon, encouragé par le pardon qu'on vous arrache, n'essayera pas, dans un moment de dépit, car, vous savez, sire, combien il est bouillant et emporté, de se soulever contre vous, et d'obtenir par la force ce que vous refuserez à ses importunités? Renaud est, dit-on, franc, sincère et généreux, et vous m'avez souvent dit que vous ne pouviez lui refuser votre estime. Il vous a séduit par je ne sais quelles vertus. Eh bien! si, par un excès de bonté, vous voulez faire grâce aux fils d'Aymon, gardez-vous du moins d'y consentir avant de vous être assuré de Maugis. »

Le lendemain Charlemagne rassembla les pairs et les fils d'Aymon. Il leur dit qu'il était résolu de faire grâce à Renaud et à ses frères, puisqu'il l'avait promis ; mais qu'il ne pouvait violer le serment qu'il avait fait de mettre Maugis hors d'état de lui nuire à l'avenir ; qu'ils n'avaient qu'à le remettre entre ses mains ; et qu'à cette condition ils pourraient compter sur son amitié. Alors Renaud prit la parole : « Sire, dit-il, puisqu'il n'y a aucun moyen de fléchir votre colère, que j'ai fait tout ce qu'un sujet fidèle et un bon chevalier pouvait faire, que je me suis abaissé à plus humble prière, sire, vous êtes le maître de sortir quand vous voudrez de cette ville ; les portes vous sont ouvertes, ne craignez rien des quatre infortunés que votre dureté réduit au désespoir ; ils aimeraient mieux périr que de faire aucun outrage à leur souverain. Vous les forcez de penser que s'ils étaient en votre pouvoir, comme vous êtes au leur, vous leur feriez éprouver votre ressentiment : cette affligeante idée n'est pas une raison pour eux de manquer au respect qu'ils vous doivent. Si nous vous refusons de vous livrer Maugis, ce n'est point par désobéissance, c'est parce que nous ferions une action lâche et malhonnête. »

Alors Renaud appela un de ses écuyers et lui ordonna de faire seller Bayard pour reconduire le roi. Renaud l'accompagna jusqu'aux portes de Montauban, et en le quittant, il mit encore un genou à terre. Charlemagne ne put s'empêcher d'admirer tant de vertu ; il dit même à Renaud qu'il le plaignait d'avoir une si grande tendresse pour son cousin. Renaud s'en retourna, et Richard lui dit : « Ah ! mon frère, je crains bien que vous ne vous repentiez de tant de générosité. — Mon frère, répondit Renaud, je ne puis jamais me repentir d'avoir fait mon devoir. »

L'armée qui était dans la douleur de l'absence de Charlemagne, se partagea entre la joie et la surprise en le voyant revenir, monté sur Bayard ; il n'y eut personne qui ne crût que la paix était faite entre les fils d'Aymon et le roi ; mais on fut dans l'admiration de la courtoisie de Renaud, quand on apprit que Charlemagne avait refusé de leur faire grâce : on ne savait pas que sans Pinabel elle allait être accordée.

On demanda des nouvelles de Roland, de Naimes, d'Oger : « Ils ont abandonné le roi, répondait Pinabel, pour suivre le parti de Renaud. » On ne doutait pas du moins que Renaud ne les retînt pour otages de la paix ; mais quelle fut la surprise de l'armée, lorsque Charles ayant renvoyé Bayard, on vit arriver les chevaliers, à qui Renaud avait permis de s'en retourner pour ne pas les exposer à la colère du roi !

Tant de grandeur d'âme eût dû fléchir Charles ; mais il était livré à de lâches courtisans, ennemis des fils d'Aymon, et qui, pour satisfaire leur vengeance, compromettaient la gloire de leur maître. Cependant il ne put s'empêcher de dire à Pinabel que des procédés si généreux de la part de Renaud étaient bien opposés aux projets dont il lui avait parlé. « Sire, répondit Pinabel, Renaud connaît mieux que vous l'art de tromper et de séduire. Si dans ce moment il paraissait à votre camp, il n'y a peut-être pas un chevalier qui ne fût prêt à le défendre. C'est par ces dehors imposants qu'on gagne les cœurs. »

A peine les barons et les pairs furent-ils rentrés que Charles ordonna un assaut général. Il voulait en même temps surprendre Renaud, et juger du fond qu'il pouvait faire sur les conjectures de Pinabel, par la conduite des chevaliers. Cependant Naimes ne cessait de lui vanter la grande âme de Renaud, sa soumission et sa confiance ; il lui représentait les fils d'Aymon comme les plus vaillants chevaliers du monde ; il prévoyait que la conquête de Montauban causerait des pertes dont on pourrait se souvenir longtemps ; il lui répétait que la guerre n'avait causé que trop de maux, que les campagnes étaient dévastées ; qu'il en coûtait déjà à l'État des sommes immenses qui auraient pu être employées à chasser les Sarrasins qui faisaient des incursions jusque dans l'intérieur de la France. « Ils jouissent tranquillement, disait-il, du fruit de nos querelles intestines ; ils se félicitent de voir leurs ennemis se faire plus de mal eux-mêmes, qu'ils n'en auraient reçu de leurs véritables ennemis. Les Sarrasins n'ont plus à regretter de n'avoir pas de vaillants chevaliers à opposer aux nôtres, et qu'ont-ils à désirer, puisque nos chevaliers se détruisent eux-mêmes ? »

Ainsi parlait Naimes, mais Charles prévenu, jetant sur lui un regard de fureur : « Naimes, dit-il, craignez ma vengeance pour vous-même, et non pour mes ennemis, dont les intérêts vous sont trop chers. Un zèle si importun commence à me devenir suspect ; il semble tenir moins du protecteur que du complice. Je suis résolu de ne point pardonner aux fils d'Aymon, à moins qu'ils ne me livrent Maugis ou qu'ils ne m'apportent sa tête ; et je regarderai comme mon ennemi quiconque me parlera en leur faveur. »

Malgré la terreur que ce discours causa aux barons, Oger ne put s'empêcher de dire : « Certes, l'inébranlable fermeté du roi doit bien encourager ses chevaliers à la bienfaisance et à la générosité. Si Renaud n'eût point été généreux, on se fût borné à le blâmer ; et parce qu'il l'a été, nous allons le combattre, détruire sa retraite, et peut-être le livrer à un ennemi qu'il a comblé d'honneurs et de respects.

Allons, chevaliers reconnaissants, profitons de la liberté que Renaud nous a rendue, pour mettre sa ville à feu et à sang, et pour égorger sa famille, le roi l'ordonne, il faut être ingrats ou rebelles, partons. »
En effet, ils s'approchent aussitôt des murs, traînent après eux les échelles, les catapultes et les béliers. Renaud les voit du haut des murs, il fait sonner le cor pour avertir ses troupes. Au premier signal, les remparts furent couverts de soldats ; ils attendirent les Français, qui s'élancèrent dans les fossés, et plantèrent leurs échelles sans obstacle ; mais dès que les assiégés les virent prêts à monter, ils firent tomber sur eux une pluie d'huile bouillante et de poix fondue, qui s'attachait à leur armure et à leurs habits, et qui les brûlait jusqu'aux os. Ils roulaient d'énormes rochers, qui écrasaient les échelles. Les fils d'Aymon dirigeaient si bien leurs coups que rien ne tenait sous les remparts. Il n'y avait pas une heure que l'assaut avait commencé, et le roi craignant de perdre les troupes qu'il y avait envoyées, fit sonner la retraite : il se borna à tenir la ville bloquée, jurant qu'il ne lèverait le siége que lorsqu'il aurait affamé et pris le château, ou que les assiégés se rendraient à discrétion. Il posta un corps de deux cents cavaliers à chaque porte, afin que personne ne sortît; Renaud fut consterné de ce projet, parce que les vivres commençaient à manquer. Alors Richard lui reprocha de n'avoir pas gardé le roi ; mais malgré le

danger qui les menaçait, Renaud ne put se repentir de sa générosité.

Cependant la faim commençait à se faire sentir; elle augmenta tous les jours et ses progrès devinrent terribles. D'abord on ménagea le pain et les aliments ordinaires; malgré cette économie ils manquèrent tout à fait. On eut recours à toutes les ressources que la nécessité cruelle fait imaginer. On mangea les animaux de toute espèce, les insectes les plus révoltants parurent délicieux : on détrempa les cuirs et on les mêla avec des herbes; on dépouilla les arbres et les ronces; on arracha les racines les plus sauvages; les habitants n'étaient plus que des squelettes défigurés, sans courage et sans vigueur; ils n'avaient de force que pour s'arracher les uns aux autres quelques aliments empestés; la mort les moissonnait par centaines, et plusieurs expiraient en dévorant les cadavres de leurs pères et de leurs amis. Les chevaux avaient été la pâture de leurs maîtres; il ne restait que ceux des quatre fils d'Aymon. Au milieu de la calamité publique, quelques-uns, mourant de faim, demandaient à se rendre. « Citoyens, leur dit Renaud, je suis prêt à sauver votre vie aux dépens de la mienne; mais songez que si nous nous rendons, le roi ne me fera point périr seul; que ma femme, mes enfants et mes frères seront les victimes des plus cruels supplices. Nous allons nous livrer si vous l'exigez. » Alors ils s'écrièrent tous, autant que leurs

voix faibles et lugubres purent se faire entendre :
« Mourons, mourons tous avec les fils d'Aymon, plutôt que de souffrir qu'ils se rendent ! »

Le duc d'Aymon fut indigné de la dureté de Charlemagne ; il combattait contre ses quatre fils, et il était resté fidèle à son souverain contre son propre sang. Il alla supplier Charles d'avoir pitié de ses malheureux enfants. Il lui représenta que, quoiqu'il les eût bannis de la maison paternelle, il ne pouvait se défendre de les aimer ; mais Charles n'eut aucun égard à ses prières, et comme il vit que les pairs étonnés se regardaient, il ordonna qu'on fît des machines pour abattre la grande tour. C'étaient des catapultes qui lançaient des pierres énormes ; il en donna sept à commander à Roland, six à Olivier, quatre à Naimes, quatre à l'archevêque Turpin et autant à Oger, et enfin il eut la cruauté d'en donner trois au duc Aymon, le faible duc n'osa les refuser ; il murmura secrètement et n'en obéit pas moins.

Les catapultes furent dressées et jetèrent nuit et jour de grosses pierres, qui ravagèrent la ville et écrasèrent quantité d'habitants. Ils souffraient ces maux plus patiemment que la famine. Renaud, outre ses propres maux, avait à supporter ceux de sa famille, de ses troupes et des habitants de Montauban ; il versait des larmes amères. Yolande affectait une tranquillité qu'elle n'éprouvait pas ; elle essayait de le consoler ; elle lui conseillait de faire tuer deux des chevaux qui restaient pour sustenter ses frères et ses enfants, et elle tombait aux pieds de Renaud expirante de besoin : il proposa cet expédient à ses frères ; mais Richard ne voulait pas livrer le sien ; il brusqua même Renaud, la faim cruelle ne connaît ni l'amour ni l'amitié. « Faites tuer Bayard, lui dit-il, si vous le jugez à propos ; c'est vous qui êtes cause de nos peines, puisque c'est vous qui, par orgueil plutôt que par générosité, avez accordé la liberté à Charles. » Le jeune Aymon qui l'entendit, dit à son oncle qu'il ne fallait pas ainsi revenir sur le passé, et qu'il était honteux de reprocher à quelqu'un deux fois la même chose ; qu'il n'était pas question de ce qui était fait, mais de ce qu'il fallait faire. La réflexion de cet enfant attendrit et fit rougir Richard, qui, en l'embrassant, dit à son frère de faire tuer son cheval. Alard consentit aussi que le sien fût tué ; mais il voulut qu'on épargnât Bayard, à qui tous avaient de si grandes obligations.

Ces ressources furent bientôt épuisées. Richard était d'avis de demander à capituler. « Ah ! plutôt, mon cher Richard, s'écria Renaud, manger Bayard et mes enfants que de me rendre à un roi barbare qui nous ferait périr du supplice des infâmes ! ne désespérons point du ciel, dans les circonstances malheureuses où nous nous trouvons : un jour a souvent produit de grands changements. » Alard avait défendu jusqu'alors la vie de Bayard ; mais il ne vit pas d'autre moyen pour vivre encore un ou deux jours. Renaud était consterné, sa femme, ses frères et ses enfants mourants et exténués le pressaient si vivement qu'il était prêt d'y consentir ; ses enfants s'arrachaient en pleurant des bras de leur mère défaillante ; Alard embrassait le jeune Aymon qui respirait à peine; Richard collait sa bouche sur Yon, et cherchait à le ranimer de son haleine brûlante : si Renaud détournait ses regards de ce spectacle déchirant, ils tombaient sur des objets plus effroyables encore. On avait creusé dans divers lieux de la ville des fosses profondes où l'on jetait ceux dont la faim avait terminé les jours ; là des malheureux sans forces expiraient sous le poids des cadavres qu'ils portaient et rendaient à côté d'eux leur dernier soupir; ici, des créatures humaines déterraient et disputaient aux vers des chairs infectes et livides, on les faisaient cuire, on les préparait comme les chairs des animaux, et ces abominables aliments ne servaient qu'à mettre dans le sang de ceux qui s'en nourrissaient, un nouveau ferment qui rendait leur fièvre plus dévorante.

Dans cette affreuse extrémité, Renaud promit à ses frères que la nuit suivante ne se passerait point sans qu'il leur procurât des secours ; en effet, dès qu'elle fut venue, il sortit secrètement de la ville, et alla au pavillon de son père, qu'il avait reconnu du haut de la tour. Il rencontra le duc Aymon qui se promenait triste, rêveur et cherchant à savoir ce qui se passait dans Montauban. Son fils lui demanda qui il était et ce qu'il faisait seul à cette heure. Aymon le reconnut, mais il dissimula : « Et toi, lui dit-il, que viens-tu chercher dans le camp? — Ah! mon père ! s'écria Renaud, j'embrasse vos genoux ; ayez pitié de vos enfants qui meurent de faim, qui ont épuisé toutes leurs ressources ; ayez pitié de mon épouse et d'une famille nombreuse qui va disparaître : dans ce moment peut-être mes enfants expirent; je me rendrais pour les sauver, si je croyais que le roi se contentât d'une seule victime, ou qu'il ne fît pas rejaillir sur eux l'infamie du supplice qu'il me destine. Depuis trois jours, ni moi, ni ma femme, ni mes frères, ni mes enfants, n'avons pris aucune espèce de subsistance et nous périssons. Il faut que nous mourions ou que nous nous rendions à discrétion. Seriez-vous assez cruel pour nous voir mourir? ou pourriez-vous souffrir qu'en nous livrant au roi, nous courussions au-devant des supplices? » Le duc Aymon ne put résister plus longtemps : un torrent de larmes s'échappa de ses yeux ; il embrassa Renaud, le fit entrer dans son pavillon, et lui dit d'y prendre tous les vivres qu'il y trouverait, ne voulant pas les lui donner lui-même, pour ne pas violer le serment qu'il avait fait au roi. Renaud pressa les genoux de son père, prit tout ce qu'il trouva et en chargea Bayard qui portait autant que deux chevaux auraient pu faire. Le lendemain le duc Aymon fit rassembler dans le camp des viandes et du pain, et les lança au lieu de pierres, par le moyen des catapultes dont il avait le commandement. Renaud assembla sa famille, et leur expliqua par quel moyen ce secours leur était venu.

Charlemagne fut bientôt informé, par Pinabel, de la manière dont le duc Aymon avait fait passer des vivres à ses enfants. Il lui en fit un crime, et le menaça de le punir comme traître. « Sire, lui dit Aymon, je n'ai que trop longtemps étouffé les cris de la nature, et c'est le seul crime que je me reproche. J'ai banni mes enfants de la maison paternelle, parce que vous vous êtes déclaré leur ennemi ; mais, sire, ni la crainte de vous déplaire, ni mon obéissance aveugle, ni l'envie de mériter les bonnes grâces de mon roi, n'ont pu les bannir de mon cœur ; je gémis de leurs maux, et je les soulagerai tant que je pourrai, dût votre colère épuiser mon sang dans l'horreur des supplices. Le plus cruel de tous est au fond de mon cœur, c'est la honte et le remords d'avoir été si longtemps injuste et cruel envers des enfants qui, malgré ma conduite, ont toujours eu pour moi le même amour et le même respect. Vous voulez les faire périr, et vous exigez, sire, qu'un père enfonce le poignard dans leur sein ! Quand ils auraient mérité le sort que vous leur destinez, un père qui se rendrait complice de leur honte, serait justement regardé comme un monstre. Eh! de quel œil voudriez-vous qu'on me vît, moi, qui aurais été le complice de la mort de quatre enfants, les plus braves, les plus vertueux chevaliers qu'il y ait au monde? Ah! sire, ne l'espérez jamais. »

Le duc Naimes, qui voyait le courroux du roi s'enflammer, interrompit le duc Aymon : « C'est trop longtemps, sire, dit-il, avoir retenu Aymon auprès de vous. Le sacrifice qu'il vous fit en se séparant de ses enfants, aurait suffi au souverain le plus absolu. Un despote pense qu'il peut disposer de la fortune et de la vie de ses sujets; mais il y en a peu qui exigent qu'à leur ordre suprême on immole les droits de la nature. Renvoyez le duc Aymon et traitez-le plutôt comme ses enfants, que de vouloir qu'il en soit le bourreau. »

Le roi suivit le conseil de Naimes, et en se retirant, ce père infortuné demanda pardon aux barons et aux pairs de la faiblesse qu'il avait montrée jusqu'à ce jour, et leur recommanda ses enfants.

Cependant Charlemagne, qui craignit qu'à l'exemple d'Aymon on ne se servît de la catapulte pour fournir des vivres aux assiégés, ordonna de les détruire, et bientôt la faim se fit sentir dans Montauban avec la même fureur. La famille d'Aymon se trouva réduite aux mêmes extrémités, et la mort de Bayard fut encore demandée. Renaud s'y était déterminé;

mais au moment d'exécuter son projet, Charlemagne, impatient que les assiégés ne forçassent point les fils d'Aymon à se rendre, crut qu'en donnant un assaut à la ville, il s'en rendrait aisément le maître. Il fit porter au pied des murs des échelles, des tours roulantes, et fit marcher l'élite de l'armée ; mais comme si le désespoir ou plutôt l'espérance de trouver sur les remparts une mort qui terminât leurs souffrances en les couvrant de gloire eût ranimé leurs forces, les Gascons firent pleuvoir sur les assiégeants une si grande quantité de pierres et de feux qu'ils les contraignirent de se retirer.

CHAPITRE XVIII

Les fils d'Aymon abandonnent Montauban, ils en sortent secrètement avec les habitants. — Ils se retirent à Dordogne. — Secours qu'ils trouvent dans leur route. — État où Charlemagne trouve Montauban. — Il veut assiéger Dordogne. — Renaud le prévient. — Bataille sanglante. — Le duc Richard de Normandie prisonnier de Renaud. — Sage conseil de Roland. — Fermeté du duc. — Mort du roi d'Aquitaine.

Au moment où Renaud n'avait plus de ressources pour sauver ses enfants, sa femme, ses frères et Bayard; au moment où ils avaient projeté de s'enfermer dans la citadelle et d'y mettre le feu, en laissant aux habitants la liberté de se rendre, un vieillard se présente à Renaud et lui dit : « Monseigneur, je vois qu'il est impossible de sauver cette malheureuse ville : tant que j'ai vu la plus petite lueur d'espérance, j'ai gardé mon secret; mais le moment est venu d'abandonner Montauban... — Respectable vieillard, lui dit Renaud, que venez-vous me proposer? Quoi! ces généreux habitants ont mieux aimé souffrir les horreurs de la faim et une mort cruelle que de se rendre, et vous voudriez... — Non, monseigneur, reprit le vieillard, il ne faut pas se livrer à Charlemagne... — Ah! je t'entends, eh bien! charge-toi de l'exécution : va, ordonne, donne des torches à tout ce qui reste d'habitants, fais porter de la paille dans toutes les maisons, et que chacune serve de bûcher à sa famille. N'est-ce pas là le conseil que tu viens me donner? il est cruel; mais il est d'un citoyen généreux, et je t'en remercie. — Sans doute, reprit le vieillard, je préférerais ce parti à celui de me rendre; mais je viens vous en offrir un plus doux. Nous pouvons sortir de Montauban sans que le roi puisse l'empêcher. Votre château est construit sur les ruines d'une ancienne citadelle, dont le seigneur fut un homme très-habile dans toutes les ruses de guerre; au-dessous d'une des tourelles du rempart, un caveau communique à un souterrain qui conduit jusqu'au bois de la Serpente; mais l'ouverture du caveau est si artistement fermée, que personne ne la connaît et ne peut même la soupçonner; ce sont les mêmes briques et la même terre du rempart, et si je ne savais par moi-même l'endroit qu'il faut creuser, quand même je serais prévenu qu'il y a une ouverture, je la chercherais en vain. »

Le vieillard qui avait amené des ouvriers, y conduisit Renaud, et lui montra les briques et la terre qui masquaient l'ouverture ; quand la terre fut ôtée, on trouva le caveau, et ensuite le souterrain. Renaud assembla tous les habitants, leur donna des torches et du feu; il fit prendre aux plus robustes ce qu'il y avait de plus précieux dans Montauban, et les conduisit à la caverne; les torches les éclairèrent. Alard et Guichard marchaient à la tête. Richard et Renaud fermaient la marche. Ils avaient déjà fait une partie du chemin, lorsque Renaud se ressouvint qu'ils avaient laissé le roi Yon, qui était malade. « Continuez votre marche, dit-il à Richard, je vais chercher le roi d'Aquitaine : il mourrait de faim, ou tomberait peut-être entre les mains de Charlemagne, et je ne veux point avoir sa mort à me reprocher. — Ah! mon frère, répondit Richard, le traître n'a que trop vécu : ne nous cause-t-il pas assez de maux? — Mon frère, reprit Renaud, il est coupable et malheureux; et l'état déplorable où nous sommes ne doit-il pas seul nous inspirer de la pitié pour ceux qui souffrent? A quoi serviraient les revers s'ils ne nous rendaient pas meilleurs? » En disant ces mots, il partit pour aller chercher le roi, et recommanda à Richard de veiller sur la troupe. Il ne tarda pas à ramener Yon, qu'il avait fait monter en croupe sur Bayard.

Au point du jour ils trouvèrent l'issue de la caverne, et le vieillard leur fit reconnaître l'endroit du bois de la Serpente où ils étaient. Renaud se ressouvint qu'il n'était pas éloigné de l'ermitage d'Arsène, vieux solitaire, autrefois chevalier, qu'il avait vu chez le duc Aymon, son père; il avait quitté le monde et la cour à l'occasion de quelque injustice qu'il avait essuyée. Renaud demanda à ses frères s'ils ne jugeaient pas à propos d'aller le voir en attendant la nuit, pour ne pas entrer de jour à Dordogne. Ils y consentirent; mais ils furent arrêtés par un spectacle qui leur arracha des larmes. Leur troupe, en voyant de l'herbe fraîche, ne put s'empêcher de la brouter et de s'écarter dans le bois. Renaud eut bien de la peine à les rassembler; il représenta à ces infortunés combien il était dangereux de se séparer, et les assura que bientôt ils auraient de quoi manger.

Lorsque le bon ermite reconnut Renaud, il courut l'embrasser; malgré la maigreur d'Yolande, Arsène fut frappé de sa beauté; il leur fit à tous l'accueil le plus gracieux. Renaud lui raconta en peu de mots l'excès de leur misère : Arsène eût bien voulu apaiser la faim de toute la troupe; mais ses provisions n'étaient pas suffisantes. Il dit aux uns d'aller cueillir les herbes qu'il leur indiqua; aux autres d'arracher des racines; il prit tout ce qu'il y avait de légumes dans son jardin : il vit des bergers sur une hauteur qui conduisaient des moutons, il envoya Richard en acheter dix. Tandis que les uns les tuaient et les écorchaient, les autres faisaient des broches avec des bâtons de saules et de noisetiers; d'autres formaient des trous dans la terre et y allumaient du feu; Arsène nettoya les herbes et les racines, et les fit cuire comme il put dans les casques des cavaliers; car, pour toute batterie de cuisine, il n'avait qu'une petite marmite de fer. Quand tout fut prêt, le bon ermite leur défendit de se servir eux-mêmes. « La faim que vous avez soufferte, leur dit-il, vous ferait manger avec trop d'avidité, et trop d'aliments surchargerait vos estomacs affaiblis. » Il commença par leur faire prendre des aliments liquides et humectants; il leur distribua les viandes en petite quantité; il les conduisit si bien que personne ne fut incommodé.

Les fils d'Aymon, Yolande et ses fils, et le roi d'Aquitaine, après avoir servi la troupe, passèrent le reste de la journée avec l'ermite, lui racontant leurs aventures et les maux qu'ils avaient soufferts pendant le blocus de Montauban, et donnant des larmes amères à ceux que la faim avait enlevés; quand la nuit fut venue, ils prirent congé d'Arsène et se remirent en marche : Renaud avait eu la précaution d'envoyer Richard avec un détachement annoncer son arrivée. Arsène lui avait procuré un cheval. Dès que les habitants de Dordogne eurent appris que Renaud arrivait, ils sortirent tous, et vinrent à une lieue au-devant de lui, et le conduisirent à la forteresse. Le reste de la nuit, qui était déjà avancée, se passa en réjouissances, et le lendemain Renaud reçut la foi et l'hommage de tous les barons et chevaliers du pays.

Huit jours s'étaient passés sans que Charlemagne eût vu paraître personne sur les murs de Montauban. Il fit le tour des remparts, et rien n'y paraissait. Il assembla ses pairs, et leur dit que sans doute les assiégés avaient mieux aimé périr tous de faim que de se rendre; qu'il fallait s'en assurer, et ordonna, pour le lendemain, un assaut général; il marcha à la tête des troupes, on battit les murs, et personne ne les défendit. Alors on ne douta plus que la mort n'eût tout moissonné. On dressa l'échelle la plus haute contre le mur, et Roland monta le premier; il fut suivi d'Oger, d'Olivier et de Naimes. Ils ne virent partout qu'une solitude : aucune espèce d'animaux ne la vivifiait, tous avaient servi de pâture aux assiégés : une odeur infecte qui s'exhalait des fosses remplies de cadavres; un silence que le cri du plus petit insecte n'interrompait point, imprimaient aux chevaliers une terreur involontaire : ils entrèrent dans quelques maisons et trouvèrent les restes infects de membres humains à demi-cuits, qui paraissaient avoir été dévorés; ils détournèrent leurs regards de cet horrible spectacle, et se hâtèrent d'aller ouvrir les portes au roi. Il fit chercher partout les restes des fils d'Aymon, car il ne doutait plus qu'ils n'eussent péri.

Renaud fut averti que Charles était dans Montauban ; il voulait l'aller assiéger à son tour, et comme le roi croyait n'avoir plus d'ennemis, et qu'il se livrait à une sécurité dangereuse, Renaud eût pu le surprendre ; mais Yolande s'opposa à son projet. Ce fut sans doute une grande faute dans un guerrier tel que Renaud ; mais Yolande lui rappela qu'il avait juré de se défendre contre Charlemagne et de ne l'attaquer jamais.

Cependant Pinabel, à force de fouiller, trouva l'ouverture du souterrain ; il alla faire son rapport à Charles, et ajouta que Maugis leur avait ouvert cette route voisine des enfers. Naimes s'y transporta et dit au courtisan : « Ta méchanceté te fait toujours trouver des raisons de blâmer les absents. Ne vois-tu pas que cette caverne est creusée depuis des siècles, et qu'on n'a fait que la déboucher ?—Tant mieux, reprit Pinabel, il sera plus aisé d'en trouver l'issue ; car, si c'eût été l'ouvrage de Maugis, je n'aurais conseillé à personne de s'y engager. » Il conseilla à Charlemagne d'y faire entrer quelques archers intrépides. Naimes, qui haïssait Pinabel, lui dit qu'il ne connaissait personne dans l'armée plus propre que lui à une telle entreprise. Pinabel n'osa refuser ; il fit allumer quantité de torches, prit avec lui une cinquantaine d'archers, et n'entra qu'en tremblant ; à peine eut-il fait quelques pas qu'il retourna tout effrayé : il rapporta qu'il était impossible d'aller plus avant, que l'air intercepté empêchait de respirer. Roland éclata de rire en voyant la frayeur de Pinabel ; il lui arracha la torche de la main et ne se fit suivre que de son écuyer ; il avança sans obstacle et se trouva enfin dans un bois qu'il ne reconnut point ; il revint par la même route, fit son rapport à Charlemagne et l'assura que Renaud s'était sauvé par cette caverne, et qu'il avait reconnu les pieds de Bayard imprimés dans le sable : sur ces indices, le roi envoya de tous côtés pour savoir où Renaud pouvait s'être retiré ; il logea son armée à Montauban, et les pairs se félicitèrent en secret de la fuite des fils d'Aymon.

Enfin un des espions que Charlemagne avait envoyés à la découverte des fils d'Aymon, lui rapporta qu'il les avait vus à Dordogne, qu'ils y avaient une cour brillante, qu'ils répandaient, sur les compagnons de leurs disgrâces, les bienfaits à pleines mains, qu'il ne concevait pas où ils pouvaient avoir pris un si riche trésor, et qu'ils avaient déjà rassemblé une armée formidable.

Le roi, irrité par ses mauvais succès, jura d'aller assiéger Dordogne ; il fit sonner les trompettes afin que chacun s'armât, et quand le camp fut levé et que tout fut prêt, il fit sonner la marche ; il arrivèrent en deux jours à Montorgueil, d'où l'on aperçoit les clochers de Dordogne. L'armée y coucha cette nuit, et dès le point du jour, Renaud vit les premières troupes s'avancer ; il ne jugea pas à propos de se laisser assiéger comme à Montauban, mais d'attaquer le premier ; il fait sonner le cor, tout s'arme, on sort de la ville en bon ordre. Renaud fait sentir à son armée qu'elle avait non-seulement à se venger des maux qu'ils avaient essuyés à Montauban, mais à satisfaire la vengeance de leurs concitoyens, de leurs parents, de leurs amis.

Charlemagne fut surpris de voir les fils d'Aymon à la tête d'une si brillante armée. Lorsque Renaud fut à portée, il dit à Richard, qui voulait tomber sur l'avant-garde, de suspendre un moment, parce qu'il voulait parler encore au roi, et lui demander la paix. Richard essaya vainement de l'en empêcher. Renaud s'approcha de Charlemagne, et s'inclinant devant lui : « Sire, lui dit-il, tout ce que nous venons de souffrir devrait vous avoir apaisé ; je viens encore vous supplier de nous accorder la paix. »

Le roi, plus irrité que jamais, rejeta sa prière avec mépris, et ordonna à ses gens de tomber sur lui. Renaud, plus indigné encore, pousse Bayard, fond sur un chevalier trop prompt à obéir aux ordres du roi, le frappe dans la poitrine et le fait tomber aux pieds de Charles, où il expire.

Charles excitait ses troupes du geste et de la voix. Naimes, en prenant l'oriflamme, lui dit qu'il devrait accorder la paix à Renaud, puisqu'il la lui demandait encore après tant de sujets de ressentiment. « Naimes, lui répondit le roi d'un ton sévère, quand j'assemblerai mes pairs, et que je vous demanderai des conseils, je vous permettrai de m'en donner ; ici votre devoir est de porter mon oriflamme d'une main, et de l'autre de frapper sur mes ennemis. »

Renaud, voyant l'oriflamme, se jeta dans la mêlée, renversa un cavalier en passant, et en abattit quatre de sa lance qui se brisa. Comme il saisissait son épée, un chevalier s'approcha pour le prendre en défaut ; mais d'un revers Renaud fracasse son casque et lui fend la tête jusqu'aux dents ; alors il crie *Dordogne*, rallie ses gens et leur promet le gain de la bataille.

A la voix de Renaud ses frères se mirent à frapper sur les ennemis ; chacun en abattait de son côté, puis se joignant tous les quatre, ils réunirent leurs forces, et la mort volait autour d'eux. Des escadrons entiers venaient les choquer et disparaissaient pour ne se rallier jamais : Charlemagne attaqua la troupe de Renaud, et tua plusieurs cavaliers de sa main et la troupe se battait en retraite ; alors Renaud quitta ses frères, vint à son secours, la ranima par sa présence, et Charlemagne fut sur le point d'être entouré ; mais Roland le tira d'embarras. Charles ordonna à ses pairs de faire sonner la retraite ; il convenait que jamais Renaud ne lui avait paru si grand et si terrible ; qu'il y avait peu de héros qui pussent lui être comparés, et que ses frères avaient fait des prodiges. L'impression que cette journée avait faite sur son esprit y resta longtemps gravée. Richard de Normandie voulut venger l'honneur des Français ; il harcela Renaud dans sa retraite jusqu'aux portes de Dordogne. Renaud ne se laissa jamais entamer ; il se battit toujours, et les troupes avançaient, protégées par leur arrière-garde qui faisait face à l'ennemi. Renaud, prêt à entrer, fait filer les premières bandes, ensuite, faisant semblant de craindre et de fuir, il entre avec précipitation ; l'imprudent duc de Normandie le suit jusque dans la ville, Renaud avait fait ranger de droite et de gauche, le long des murs et en dedans, trois cents hommes d'armes. Lorsque Richard de Normandie se fut engagé dans la ville, Renaud fait masquer la porte par ses trois cents hommes, et fait prisonnier Richard avec une centaine de Français, qui tentèrent vainement de se faire jour.

Charlemagne, instruit de la prise de Richard de Normandie, l'un des douze pairs, résolut le siége de Dordogne. « Sire, lui dit Roland, vous savez que Renaud n'a pas eu d'ennemis plus redoutables que moi ; mais aujourd'hui je prendrai sa défense auprès de vous. Il y a quinze ans que vous faites la guerre la plus sanglante aux fils d'Aymon, et toujours persécutés, ils sont toujours vainqueurs ; le ciel semble s'être déclaré pour eux. Voilà donc Richard de Normandie prisonnier de Renaud ; il n'a pas tenu à vous que Renaud et Richard n'aient péri par le supplice des traîtres ; vous avez dit, à la face de l'univers, que si jamais eux ou Renaud était en leur pouvoir, c'était le sort que vous leur destiniez. Sire, c'était nous exposer à la même infamie ; car enfin, le droit de la guerre permet à Renaud d'user de représailles envers le duc de Normandie, et il n'y a aucun de vos pairs qui n'eût pu tomber dans le piége où le duc est tombé. Vous avez réduit la guerre à ce point, qu'elle ne laisse au plus brave homme que l'alternative de la victoire ou d'une mort honteuse ; ainsi l'honneur ou la honte de vos guerriers ne dépend plus que des caprices de la fortune ; en quoi, certes, vous entendez mal vos intérêts ; car si le duc périt d'une mort ignominieuse, la honte en rejaillira sur vous et sur vos États. Richard a de puissants amis qui s'armeront pour le venger. Sire, si vous voulez en croire un serviteur fidèle, qui n'a d'autre intérêt que votre gloire, saisissez l'occasion de la prise de Richard de Normandie pour faire la paix. Envoyez à Renaud deux chevaliers pour le réclamer ; Renaud ne manquera pas de mettre la paix pour condition de la liberté du duc, et en l'acceptant, vous paraîtrez faire ce sacrifice à Richard et à vos pairs qui vous en seront plus inviolablement attachés.

« — Est-ce là tout ce que vous aviez à me dire ? répondit Charlemagne. Certes, j'aime à voir Roland, qui prétend marcher sur les traces d'Achille, emprunter le langage du prudent Ulysse ; mais Ulysse eût mieux connu le caractère de Renaud ; il eût su que Renaud aimerait mieux périr que d'abuser des droits qu'il a sur son prisonnier; ainsi Ulysse n'aurait point employé pour me séduire le frivole motif de la crainte de la mort du duc Richard. — Eh quoi ! sire, reprit Roland, c'est donc parce que vous connaissez la courtoisie de Renaud que vous ne craignez point de le persécuter, et ce qui, pour les autres, est une raison d'aimer et d'estimer, est pour vous une raison de haïr et de tyranniser ! C'est parce que vous savez qu'il porte la générosité jusqu'à rendre le bien pour le mal, que vous lui faites tout le mal que vous pouvez ! En vérité, sire, c'est une manière de forcer vos sujets à se tenir en garde contre la bonté de leur cœur, à laquelle je n'aurais jamais pensé. O rois, tel est donc l'usage que vous faites de votre pouvoir ! vous ménageriez des peuples mutins et prompts à se révolter, et vous appesantissez la verge de l'autorité sur des sujets doux et fidèles, parce que vous savez que l'honneur leur fait un devoir de l'obéissance et de la soumission ! »

Après que Renaud eut tout disposé pour la garde et la sûreté de la ville et de la citadelle, il fit venir Richard de Normandie. « Richard, lui dit-il, vous savez combien Charles me hait; vous savez que son dessein est de nous faire prisonniers, pour nous livrer au supplice des scélérats, cependant ses pairs servent ses injustes fureurs; quel est leur but? n'est-ce pas de nous livrer entre ses mains? N'était-ce pas votre intention, lorsque votre imprudence vous a conduit dans ces murs? » Le duc Richard fut obligé d'en convenir. « Vous et les autres pairs, continua Renaud, êtes donc les complices de l'injustice de Charles. — Complices! reprit Richard, des sujets fidèles obéissent, servent les passions de leur maître, sans être obligés de discuter ses raisons. — Richard, je pardonnerais cette défaite à un soldat mercenaire, au peuple; mais vous, pair du roi de France, un des chefs de la nation, obligé de balancer avec lui la justice ou l'injustice de ses actions, d'éclairer son autorité, je n'avance rien de trop, quand je dis que, soutenant ses prétentions, dont l'injustice vous est connue, vous êtes son complice. — Je le serais sans doute, reprit le duc, si, pouvant l'empêcher, je ne le faisais pas. — Richard, lui dit Renaud, il n'y aurait jamais eu de tyrans, s'ils n'eussent jamais trouvé des ministres de leurs cruautés. Vous partagez donc avec lui une injustice reconnue? et puisque Charles, aimant mieux me faire une guerre qui me rend son égal et qui me donne les mêmes priviléges qu'à lui, que de m'accorder une paix que je lui ai si souvent et si honnêtement demandée, me laisse le pouvoir de le combattre, de le faire prisonnier et d'user avec lui de tous les droits de la guerre, trouvez-vous qu'il y ait quelque injustice d'en user de même à votre égard?—Non, Renaud, répondit Richard, vous avez sur moi tous les droits d'un vainqueur légitime.— Je vous déclare donc, lui dit Renaud, que si vous ne déterminez le roi à la paix, j'userai de tous mes avantages, que vous périrez du même supplice qu'il me destinait, et qu'il m'aurait fait subir si vous m'aviez fait prisonnier.—Renaud, reprit Richard, la représaille est juste, et pour te prouver que l'égalité de nos droits est parfaite, je te ferai observer que, comme Charlemagne se serait déshonoré par ta mort, tu ne peux manquer de te déshonorer par la mienne; et pour que tu aies moins à te reprocher, je veux bien t'avertir que tes menaces ne me forceront jamais d'engager le roi d'ajouter le parjure à l'injustice du serment qu'il a fait de te punir de la mort de son neveu. » Renaud ordonna qu'on gardât le duc de Normandie avec le plus grand soin et qu'on ne le laissât manquer de rien.

Le fils d'Aymon était alors occupé d'un autre soin. Le roi d'Aquitaine avait abdiqué sa couronne en faveur de son fils; et passait ses jours auprès de Renaud, il avait beaucoup souffert pendant le blocus de Montauban; et, quoiqu'il eût pu se retirer dans ses anciens États, il aima mieux partager les disgrâces de Renaud et de ses frères. Consumé de remords, il fut attaqué d'une maladie violente; il demanda pardon aux fils d'Aymon des maux qu'il leur avait causés; mais Renaud, oubliant ses anciennes infortunes ou ne s'en ressouvenant que pour mieux jouir du bien présent, ne voyait dans Yon que son beau-frère : il excusait sa faiblesse en faveur de la bonté de son cœur; il le consolait, le servait avec le zèle d'une âme reconnaissante, qui ne croit jamais avoir assez payé les services de son bienfaiteur. Yon lui confirma la donation de la ville et du château de Montauban et de celui de Dordogne : il recommanda la famille d'Aymon au roi son fils, et rendit son dernier soupir dans les bras de Renaud, qui le pleura comme son ami, et qui lui fit faire des funérailles telles qu'elles convenaient à un roi. Il fit transporter son corps à Bordeaux, où il fut enterré dans le tombeau de ses pères.

FIN DU TOME PREMIER.

TABLE DES MATIÈRES.

LES QUATRE FILS D'AYMON.

Chapitre premier. Charlemagne envoie Lothaire, son fils, sommer le rebelle duc d'Aigremont. — Horrible félonie du duc. — Charlemagne fait chevaliers les quatre fils d'Aymon, et s'apprête à venger l'assassinat de Lothaire. — Les fils d'Aymon, parents de l'assassin, quittent la cour de Charlemagne, pour ne pas être obligés de combattre contre lui. — Accueil que leur fait leur mère. — Le duc d'Aigremont vient au-devant de Charlemagne, est vaincu, et demande grâce pour ses sujets au vainqueur. — Clémence héroïque de Charlemagne.................................... 1

Chap. II. Comme les courtisans ont l'art de satisfaire leurs passions au nom de leur souverain, qui ne s'en doute pas, et au préjudice de ses sujets qui voient la perfidie, en souffrent et n'osent s'en plaindre. — Trahison de Ganelon. — Mort du duc d'Aigremont. — Douleur de la duchesse. — Serments de Maugis de venger son père........................ 31

Chap. III. Aymon reproche à Charlemagne l'impunité du crime de Ganelon. — Audace de Renaud. — Il tue d'un coup d'échiquier Berthelot, neveu de l'empereur. — Fuite de Renaud, de ses frères et de Maugis leur cousin..... 40

Chap. IV. Siége du château de Montfort; avant-garde de

Charlemagne taillée en pièces ; bataille sanglante ; trahison de Hernier de la Seine, qui introduit les Français dans le château et y met le feu ; combat au milieu des flammes ; victoire des quatre fils d'Aymon................................. 48

Chap. V. Danger de Renaud et de ses frères. — Hernier leur propose de leur livrer le trésor de Charlemagne. — Renaud le fait écarteler. — Retraite des quatre paladins. — Regrets de Renaud à l'aspect de Montfort embrasé. — Charlemagne les poursuit avec son armée. — Renaud se retire en vainqueur. — Retraite de Charlemagne. — Combat d'Aymon contre ses enfants.. 62

Chap. VI. Extrême misère des fils d'Aymon. — Ils ont recours à leur mère. — Entrevue touchante. — Colère feinte et politique d'Aymon. — Ils sortent du château avec cent hommes d'armes, et comblés de présents et de bienfaits de leur mère. — Aymon les attaque et leur donne trois cents hommes d'armes. — Maugis est à leur tête. — Renfort de trois cents hommes. — Offre de service au roi de Gascogne.. 74

Chap. VII. Combat des fils d'Aymon contre les Sarrasins. — Renaud force leur roi à se rendre et à abjurer Mahomet. — Boulag-Akasir cède ses conquêtes au roi. — Renaud demande, pour toute récompense, de se bâtir un fort sur la Dordogne. — Château de Montauban. — Le roi de Gascogne lui donne sa sœur Yolande qui l'aimait en secret............ 88

Chap. VIII. Charlemagne envoie demander au roi d'Aquitaine de lui livrer Renaud et ses frères. — Refus du roi. — Déclaration de guerre. — Arrivée de Roland à la cour de Charlemagne. — Sa jeunesse, sa beauté, son courage. — Guerre contre les Sarrasins sur le Rhin. — Prodiges de valeur de Roland. — Course de chevaux, dont Renaud, qu'on croit à Montauban, remporte le prix, sous les yeux même de Charles... 101

Chap. IX. Charlemagne assiège Montauban, fait sommer

Renaud de se rendre. — Renaud fait une sortie vigoureuse avec ses frères. — Butin, massacre, victoire des fils d'Aymon. — Faute de Roland. — Perfidie d'Yon, roi d'Aquitaine. — Combat terrible des fils d'Aymon seuls, désarmés, livrés par Yon. — Exploits inouïs. — Secours inattendu............ 115

Chap. X. Suite du combat précédent. — Les fils d'Aymon secourus par les Gascons conduits par Maugis. — Nouveaux exploits. — Oger vaincu par Renaud, insulté par Roland, n'en paraît que plus grand. — Maugis raconte à Renaud comment il a appris la trahison du roi d'Aquitaine. — Il rend au jour Richard, et guérit les blessures d'Alard, de Guichard et de Renaud........................... 140

Chap. XI. Retour des fils d'Aymon à Montauban. — Alarmes et remords du roi d'Aquitaine ; il se réfugie dans un couvent ; Roland l'y découvre et l'enlève : Renaud vole à son secours et le dégage, après un combat sanglant, des fers de Roland. — Roland est blessé........................ 162

Chap. XII. Richard est fait prisonnier par Roland. — Charlemagne s'empare du prisonnier malgré son vainqueur, et le condamne à un supplice infâme. — Enchantements de Maugis, qui le rendent méconnaissable ; il découvre ce qui se passe au camp, en donne avis à Renaud, qui fait embusquer ses troupes. — Noble fermeté des chevaliers qui refusent d'escorter la conduite de Richard au supplice. — Lâcheté d'un courtisan............................ 171

Chap. XIII. Richard est conduit au supplice ; Renaud le délivre, aidé de Maugis et du roi d'Aquitaine. — Des Rives est mis à la place de Richard. — Méprise d'Oger. — Combat entre Charlemagne et les fils d'Aymon. — Offre généreuse de Renaud ; dangers que courent Charlemagne et Roland................................. 184

Chap. XIV. Les quatre fils d'Aymon et Maugis abattent le pavillon du roi. — Combat d'Olivier et de Maugis. —

Maugis prisonnier d'Olivier. — Efforts de Charles et de ses chevaliers pour arracher Maugis à son vainqueur. — Résistance opiniâtre d'Olivier; combat d'Olivier avec les chevaliers. — Générosité de Maugis : Olivier le dégage de ses serments. — Maugis brave les courtisans. — Renaud vole à son secours.. 197

Chap. XV. Maugis au pouvoir de Charlemagne; condamné à périr du supplice des traîtres. — Craintes, fureurs inutiles de Charlemagne contre Maugis; enchantements, ruses, déguisements de Maugis. — Les chevaliers servent de caution à Maugis ; sa loyauté, même en trompant Charlemagne; butin immense qu'il emporte, sa fuite. — Rencontre de Renaud. — Courroux de Charlemagne à l'aspect de l'aigle d'or. — Députation à Renaud; accord d'une trêve, rendue inutile par les conseils de Pinabel. — Générosité de Renaud. — Les chevaliers défendent leur loyauté contre Charlemagne. — Proposition du roi de se battre avec Renaud; Roland offre de combattre à la place du roi.............. 208

Chap. XVI. Combat entre Renaud et Roland. — Maugis les sauve l'un et l'autre par un prodige de son art magique. — Roland suit Renaud à Montauban. — Charlemagne met le siége devant ce château. — Le roi est enlevé dans le palais de Maugis, et livré à Renaud. — Maugis sort de Montauban, et se retire dans un ermitage........................ 232

Chap. XVII. Conseil des fils d'Aymon sur le sort de leur prisonnier. — Réveil de Charlemagne ; sa fermeté. — Prières de Renaud pour la paix. — Attendrissement du roi. — Pinabel change ses dispositions. — Extrême générosité de Renaud. — Liberté de Charlemagne. — Vaine remontrance des chevaliers. — Continuation du blocus. — Assaut général. — Les troupes de Charles sont repoussées. — Famine horrible. — Le plus grand danger que Bayard ait couru. — Aymon jette des vivres dans la ville, sa disgrâce, sa retraite de l'armée. — Nouvel assaut aussi inutile que le premier... 241

Chap. XVIII. Les fils d'Aymon abandonnent Montauban, ils en sortent secrètement avec les habitants. — Ils se retirent à Dordogne. — Secours qu'ils trouvent dans leur route. — État où Charlemagne trouve Montauban. — Il veut assiéger Dordogne. — Renaud le prévient. — Bataille sanglante. — Le duc Richard de Normandie prisonnier de Renaud. — Sage conseil de Roland. — Fermeté du duc. — Mort du roi d'Aquitaine.......................... 260

Paris. — Imprimerie de P.-A. BOURDIER et Cⁱᵉ, 30, rue Mazarine.

DICTIONNAIRE USUEL DE TOUS LES VERBES FRANÇAIS

Tant réguliers qu'irréguliers, entièrement conjugués, par Bescherell, frères. 2 vol. in-8 à 2 colonnes. . . . . 12 fr.

    Ce livre est indispensable à tous les écrivains et à toutes les personnes qui s'occupent de la langue française, car le verbe est le mot qui, dans le discours, joue le plus grand rôle; il entre dans toutes les propositions, pour être le lien de nos pensées et y répandre la clarté et la vie; aussi les Latins lui avaient donné le nom de *verbum* pour exprimer qu'il est le mot nécessaire, le mot par excellence. La conjugaison des verbes est sans contredit ce qu'il y a de plus difficile dans notre langue, puisqu'on y compte plus de trois cents verbes irréguliers. A l'aide de ce dictionnaire, tous les doutes sont levés, toutes les difficultés vaincues.

LE VÉRITABLE MANUEL DES CONJUGAISONS

Ou Dictionnaire des 8,000 verbes, par Bescherelle frères. Troisième édition. 1 vol. in-18. 3 fr. 75

GRAND DICTIONNAIRE ESPAGNOL-FRANÇAIS
ET FRANÇAIS-ESPAGNOL

Avec la prononciation dans les deux langues, plus exact et plus complet que tous ceux qui ont paru jusqu'à ce jour, rédigé d'après les matériaux réunis par D. Vicente Salva, et les meilleurs dictionnaires anciens et modernes, par F. de P. Noriega et Guim 1 fort vol. grand in-8 jésus d'environ 1,600 pages à 3 colonnes. . . . . 18 fr.

PETIT DICTIONNAIRE NATIONAL

Contenant la définition très-claire et très-exacte de tous les mots de la langue usuelle; l'explication la plus simple des termes scientifiques et techniques; la prononciation figurée dans tous les cas douteux ou difficiles, etc.; à l'usage de la jeunesse, des maisons d'éducation qui ont besoin de renseignements prompts et précis sur la langue française; par Bescherelle aîné, auteur du *Grand Dictionnaire national*, etc. 1 fort volume in-32 jésus de plus de 600 pages. . . . . 2 fr. 25

NOUVEAU DICTIONNAIRE ANGLAIS-FRANÇAIS
ET FRANÇAIS-ANGLAIS

Contenant tout le vocabulaire de la langue usuelle, et donnant la prononciation figurée de tous les mots anglais et celle des mots français dans les cas douteux ou difficiles, par Clifton. 1 beau volume grand in-32 de 1,000 pages environ. . . . . 4 fr. 50

NOUVEAU DICTIONNAIRE ALLEMAND-FRANÇAIS
ET FRANÇAIS-ALLEMAND

du langage littéraire, scientifique et usuel; contenant à leur ordre alphabétique tous les mots usités et nouveaux de ces deux idiomes; les noms propres de personnes, de pays, de villes, etc.; la solution des difficultés que présentent la prononciation, la grammaire et les idiotismes; et sui d'un tableau de verbes irréguliers, par K. Rotteck (de Berlin). 1 fo vol. grand in-32 jésus (édition galvanoplastique). . . . . 4 fr. 50

NOUVEAU DICTIONNAIRE DE POCHE FRANÇAIS-ESPAGNOL
ET ESPAGNOL-FRANÇAIS

avec la prononciation dans les deux langues, rédigé d'après les matériaux réunis, par D. Vicente Salva, et les meilleurs dictionnaires parus jusqu'à ce jour, 1 fort vol. gr. in-32, format dit Cazin, d'environ 1,100 pag. 5 fr.

GRAND DICTIONNAIRE ITALIEN-FRANÇAIS ET FRANÇAIS-ITALIEN

Par Barberi, continué et terminé par Basti et Cerati. 2 gros vol. in-4, contenant 2,500 pages, 45 fr.; net. . . . . 25 fr.

LE NOUVEAU MAITRE ITALIEN

Abrégé de la Grammaire des Grammaires italiennes, simplifié et mis à la portée de tous les commençants, divisé par leçons, avec des thèmes gradués pour s'exercer à parler dès les premières leçons et s'habituer aux inversions italiennes, par J. Ph. Barberi, auteur du *Grand Dictionnaire italien-français*. 1 fort vol. in-8, 6 fr.; net. . . . 4 fr.

DICTIONNAIRE USUEL DE GÉOGRAPHIE MODERNE

Contenant : les articles les plus nécessaires de la géographie ancienne, ce qu'il y a de plus important dans la géographie historique du moyen âge, le résumé de la statistique générale des grands États et des villes les plus importantes du globe, par M. D. de Rienzi. Nouvelle édition. 1 fort vol. in-8, à 2 col., orné de 9 cartes col. . . . . 8 fr.

DICTIONNAIRE GÉOGRAPHIQUE, STATISTIQUE ET POSTAL DES COMMUNES DE FRANCE

Dédié au commerce, à l'industrie et à toutes les administrations publiques, par M. A. Peigné, auteur du *Dictionnaire portatif de la langue française* et de plusieurs ouvrages d'instruction; avec la carte des postes. Cet ouvrage, par la multiplicité et l'exactitude des renseignements qu'il fournit, est indispensable à tout commerçant, voyageur, industriel et employé d'administration, dont il est le *vade mecum*. . . . . . 5 fr.

GUIDES POLYGLOTTES, MANUELS DE LA CONVERSATION ET DU STYLE ÉPISTOLAIRE

A l'usage des voyageurs et de la jeunesse des écoles, par MM. Clifton Vitali, Corona, Bustamente, Ebeling, Carolino Duarte. Grand in-32, format dit Cazin, papier satiné, élégamment cartonnés. Le vol. . 2 fr.
Jolie reliure toile. . . . . 50 c. le vol. en plus.

Français-Anglais. 1 vol in-32.
Français-Italien. 1 vol. in-32.
Français-Allemand. 1 vol. in-32.
Français-Espagnol. 1 vol. in-32.
Français-Portugais. 1 vol. in-32.
Español-Francés. 1 vol. in-32.
English-French. 1 vol. in-32.
English-Portuguese. 1 vol. in-32.
Español-Inglés. 1 vol. in-32.
Anglais-Allemand. 1 vol. in-32.
Español-Italiano. 1 vol. in-32.
Portuguez-Francez. 1 vol. n-32.
Portuguez-Inglez. 1 vol. in-32.

GUIDE EN SIX LANGUES. — Français-anglais-allemand-italien-espagnol-portugais. 1 fort vol. in-16 de 550 pages. Prix. . . . . . 5 fr.

Nous appelons d'une manière toute spéciale l'attention sur nos *Guides polyglottes*. Le soin intelligent et scrupuleux qui en a dirigé l'exécution leur assure, parmi les livres de ce genre, une incontestable supériorité. Le texte original a été fait et préparé, avec beaucoup d'adresse et d'habileté, par un maître de conférence à l'École normale supérieure. Les besoins de la conversation usuelle y sont très-heureusement prévus. Les dialogues, au lieu de se traîner dans l'ornière des banalités ennuyeuses, ont un à-propos, une vivacité, un sel, qui amusent et réveillent le lecteur. L'auteur a eu l'art de joindre l'*agréable* à l'*utile*.

GÉOGRAPHIE UNIVERSELLE

Par Malte-Brun, description de toutes les parties du monde sur un nouveau plan, d'après les grandes divisions du globe; précédée de l'Histoire de la Géographie chez les peuples anciens et modernes, et d'une Théorie générale de la Géographie mathématique, physique et politique. Sixième édition, revue, corrigée et augmentée, mise dans un nouvel ordre et enrichie de toutes les nouvelles découvertes, par J. J. N. Huot. 6 beaux vol. grand in-8, enrichis de 41 gravures sur acier. . . 60 fr.

Avec un superbe atlas entièrement établi à neuf. 1 vol. in-folio, composé de 72 magnifiques cartes coloriées, dont 14 doubles. . . . . . 80 fr.

On se plaignait généralement de la sécheresse de la géographie, lorsque, après quinze années de lectures et d'études, Malte-Brun conçut la pensée de renfermer dans une suite de discours historiques l'ensemble de la géographie ancienne et moderne, de manière à laisser, dans l'esprit d'un lecteur attentif, l'image vivante de la terre entière, avec toutes ses contrées diverses, et avec les lieux mémorables qu'elles renferment et les peuples qui les ont habitées ou qui les habitent encore.

Il s'est dit : « La géographie n'est-elle pas la sœur et l'émule de l'histoire? Si l'une a le pouvoir de ressusciter les générations passées, l'autre ne saurait-elle fixer, dans une image mobile, les tableaux vivants de l'histoire en retraçant à la pensée cet éternel théâtre de nos courtes misères? cette vaste scène, jonchée des débris de tant d'empires, et cette immuable nature, toujours occupée à réparer, par ses bienfaits, les ravages de nos discordes? Et cette description du globe n'est-elle pas intimement liée à l'étude de l'homme, à celle des mœurs et des institutions? n'offre-t-elle pas à toutes les sciences politiques des renseignements précieux? aux diverses branches de l'histoire naturelle, un complément nécessaire? à la littérature elle-même, un vaste trésor de sentiments et d'images? »

DICTIONNAIRE DE LA CONVERSATION ET DE LA LECTURE

52 vol. grand in-8 de 500 pages à 2 col., contenant la matière de plus de 500 vol. . . . . 208 fr.

Œuvre éminemment littéraire et scientifique, produit de l'association de toutes les illustrations de l'époque, sans acception de partis ou d'opinions, le *Dictionnaire de la Conversation* a depuis longtemps sa place marquée dans la bibliothèque de tout homme de goût, qui aime à retrouver formulées en préceptes généraux ses idées déjà arrêtées sur l'histoire, les arts et les sciences.

SUPPLÉMENT AU
DICTIONNAIRE DE LA CONVERSATION ET DE LA LECTURE

Rédigé par tous les écrivains dont les noms figurent dans cet ouvrage, et publié sous la direction du même rédacteur en chef. 16 vol. gr. in-8 de 500 pages, conformes aux 52 vol. publiés de 1832 à 1839. . 80 fr.

Le *Supplément*, aujourd'hui terminé, se compose de *seize volumes* formant les tomes LIII à LXIII de cette Encyclopédie si populaire.

Ce *Supplément* a réparé toutes les erreurs, toutes les omissions qui avaient échappé dans le travail si rapide de la rédaction des 52 premiers volumes. Tous les *renvois* que le lecteur cherchait vainement dans l'ouvrage principal se trouvent traités dans le *Supplément*, quelques articles jugés insuffisants ont été refaits.

Qui ne sait l'immense succès du *Dictionnaire de la Conversation?* Plus de 19,000 exemplaires des tomes I à LII ont été vendus; mais, aujourd'hui, les seuls exemplaires qui conservent toute *leur valeur primitive* sont ceux qui possèdent le *Supplément*, en d'autres termes, les tomes LIII à LXIII.

Comme les seize volumes supplémentaires n'ont été tirés qu'à 3,000, ils ne tarderont pas à être épuisés.

Nous nous bornerons à prévenir les possesseurs des tomes I à LII qu'avant peu de temps il nous sera impossible de compléter leurs exemplaires et de leur fournir les tomes LIII à LXVIII; car ils s'épuisent plus rapidement que nous ne l'avions pensé.

Prix des seize vol. du *Supplément* (tomes LIII à LXIII), 80 fr.; le v. 5 fr

COURS COMPLET D'AGRICULTURE

Du Nouveau Dictionnaire d'agriculture théorique et pratique, d'économie rurale et de médecine vétérinaire; sur le plan de l'ancien Dictionnaire de l'abbé ROSNIER.

Par M. le baron de MOROGUES, ex-pair de France, membre de l'institut, de la Société nat. et cent. d'agriculture;
M. MIRBEL, de l'Académie des sciences, professeur de culture au Jardin des Plantes, etc;

Par M. le vicomte HÉRICART DE THURY, président de la Société nationale d'agriculture;
M. PAYEN, de la Société nationale d'agriculture, professeur de chimie industrielle et agricole;
M. MATHIEU DE DOMBASLE, etc.

Ce cours a eu pour base le travail composé par les membres de l'ancienne section d'agriculture de l'Institut : MM. DE SISMONDI, BOSC, THOUIN, CHAPTAL, TESSIER, DESFONTAINES, DE CANDOLLE, FRANÇOIS DE NEUFCHATEAU, PARMENTIER, LA ROCHEFOUCAULD, MOREL DE VINDÉ, HUZARD père et fils, APPERT, VILMORIN, BRONGNIART, LENOIR, NOISETTE, etc., etc. 4ᵉ édition, revue et corrigée. Broché en 20 vol. grand in-8, à 2 colonnes, avec environ 4,000 sujets gravés, relatifs à la grande et à la petite culture, à l'économie rurale et domestique, etc. Complet, 112 fr. 50; net. . . . . . . 90 fr

DICTIONNAIRE D'HIPPIATRIQUE ET D'ÉQUITATION

Ouvrage où se trouvent réunies toutes les connaissances équestres et hippiques, par F. CARDINI, lieutenant-colonel en retraite. 2 vol. grand in-8, ornés de 70 figures. Deuxième édit., corrigée et considérablement augmentée, 20 fr.; net. . . . . 15 fr.

OUVRAGES RELIGIEUX

ÉLÉVATIONS A DIEU SUR TOUS LES MYSTÈRES DE LA RELIGION CHRÉTIENNE

Par BOSSUET. 1 vol. grand in-8, même format que les *Méditations sur l'Evangile*, orné de 10 magnifiques gravures anglaises sur acier, d'après LE GUIDE, POUSSIN, VANDERWERF, MARATTE, COPLEY, MELVILLE, etc. . 16 fr.

MÉDITATIONS SUR L'ÉVANGILE

Par BOSSUET, revues sur les manuscrits originaux et les éditions les plus correctes, et illustrées de 14 magnifiques gravures sur acier, d'après RAPHAEL, RUBENS, POUSSIN, REMBRANDT, CARRACHE, LÉONARD DE VINCI, etc. 1 vol. grand in-8 jésus. . . . . 18 fr.
Cette superbe réimpression des chefs-d'œuvre de Bossuet, imprimée avec le plus grand soin par Simon Raçon, est destinée à prendre place parmi les plus beaux livres de l'époque.

LES SAINTS ÉVANGILES

Par l'abbé DASSANCE, selon saint Matthieu, saint Marc, saint Luc et saint Jean. 2 splendides vol. grand in-8, illustrés de 12 gravures sur acier, et ornés de vues. Edition CURMER. Brochés, 48 fr.; net. . . . . . 30 fr.

LES ÉVANGILES

Par F. LAMENNAIS, Traduction nouvelle, avec des notes et des réflexions. Deuxième édition, illustrée de 10 gravures sur acier, d'après GIGOLI, LE GUIDE, MURILLO, OVERBECK, RAPHAEL, RUBENS, etc. 1 vol. in-8 cavalier vélin, 10 fr.; net. . . . . 8 fr.

LES VIES DES SAINTS

Pour tous les jours de l'année, nouvellement écrites par une réunion d'ecclésiastiques et d'écrivains catholiques, classées pour chaque jour de l'année par ordre de dates, d'après les martyrologes et Godescard; illustrées d'environ 1,800 gravures. L'ouvrage complet forme 4 beaux vol. grand in-8 ; chaque vol. se compose d'un trimestre et forme un tout complet. 10 fr. le vol. Complet. . . . . 40 fr.

Les *Vies des Saints* avaient déjà obtenu l'approbation des archevêques de Paris, de Cambrai, de Tours, de Bourges, de Reims, de Sens, de Bordeaux, etc., etc.

IMITATION DE JÉSUS-CHRIST

Traduite par l'abbé Dassance, avec approbation de Monseigneur l'archevêque de Paris. Edition Curmer, avec encadrements variés, frontispice or et couleur, et 10 gravures sur acier. 1 vol. grand in-8. . . 20 fr.

Reliure chagrin, tranche dorée. . . . . 12 fr. »
— demi-chagrin, tranche dorée, plats toile. 5 50

LES FEMMES DE LA BIBLE

Par M. l'abbé G. Darboy. Collection de portraits des femmes remarquables de l'Ancien et du Nouveau Testament (gravés par les meilleurs artistes, d'après les dessins de G. Staal), avec textes explicatifs rappelant les principaux événements du peuple de Dieu, et renfermant des appréciations sur le caractères des Femmes célèbres de ce peuple. 2 vol. grand in-8 jésus. Le vol. . . . . 20 fr.

LES SAINTES FEMMES

Par M. l'abbé Darboy. Collection de portraits, gravés sur acier, des femmes remarquables de l'Église ; ouvrage approuvé par Monseigneur l'archevêque de Paris. 1 vol. grand in-8 jésus. . . . . 20 fr.

LE CHRIST, LES APOTRES ET LES PROPHÈTES

Par l'abbé Darboy. Collection de portraits de l'Écriture sainte les plus remarquables, gravés par les meilleurs artistes. 1 volume grand in-8 jésus. . . . . 20 fr.

LA VIERGE

Histoire de la Mère de Dieu et de son culte, par l'abbé Orsini. Nouvelle édition, illustrée de gravures sur acier et de sujets dans le texte. 2 beaux vol. grand in-8 jésus. . . . . 24 fr.

SAINT VINCENT DE PAUL

Histoire de sa vie, par l'abbé Orsini. 1 magnifique vol. grand in-8 jésus, illustré de 10 splendides gravures sur acier, tirées sur chine avant la lettre, d'après Karl Girardet, Leloir, Meissonnier, Staal, etc., gravées par nos meilleurs artistes. . . . . 12 fr.

PRIX DE LA RELIURE DES SEPT VOLUMES CI-DESSUS

Reliure toile mosaïque, plaque spéciale, tranche dorée. . . . . 6 fr.
Reliure demi-chagrin, tranche dorée. . . . . 6 »

LA SAINTE BIBLE

L'Ancien et le Nouveau Testament complets ; traduction nouvelle par Genoude. 3 vol. grand in-8 à 2 colonnes, illustrés de 8 magnifiques gravures anglaises et de 350 gravures sur bois. . . . . 24 fr.

Demi-rel. chagrin, plats toile, doré sur tranche, 3 vol. rel. en 2. 6 fr. le vol.

HISTOIRE ECCLÉSIASTIQUE

Par l'abbé FLEURY, augmentée de 4 livres (les livres CI, CII, CIII et CIV), publiés pour la première fois d'après un manuscrit appartenant à la Bibliothèque impériale, avec une table générale des matières. Paris, 1856. 6 vol. gr. in-8 jésus, à 2 col. ; au lieu de 60 fr., net.. . 30 fr.

ŒUVRES COMPLÈTES DE CHATEAUBRIAND

Nouvelle édition, précédée d'une étude littéraire sur CHATEAUBRIAND par M. SAINTE-BEUVE, de l'Académie française. 12 vol. in-8, papier cavalier vélin, orné d'un beau portrait de Chateaubriand. Chaque vol.. 5 fr.

Notre édition réunit à la fois les avantages d'un prix modéré, d'une excellente typographie et d'une correction faite d'après les meilleurs textes. Elle sera enrichie d'une étude très-complète sur Chateaubriand par M. Sainte-Beuve, et de notes inédites extrêmement curieuses.

Nous avons eu soin de faire faire des titres particuliers et des couvertures spéciales pour chaque volume formant un tout complet.

EN VENTE

LE GÉNIE DU CHRISTIANISME. 1 vol.

LES MARTYRS. 1 vol.

L'ITINÉRAIRE DE PARIS A JERUSALEM. 1 vol.

ATALA, RENÉ, LE DERNIER ABENCERRAGE, LES NATCHEZ, POÉSIES. 1 vol.

VOYAGE EN AMÉRIQUE, EN ITALIE ET EN SUISSE. 1 vol.

Chaque volume, avec 3, 4 ou 5 gravures, se vend séparément.. . . . 6 fr.
Demi-reliure, plats toile, doré sur tranche. . . . . 3 fr.

MAGNIFIQUE COLLECTION DE GRAVURES

Comme ornement et complément de notre édition, nous publions une splendide collection composée d'environ 40 gravures, dessinées par STAAL, etc., exécutées spécialement pour cette édition, et avec le plus grand soin, par MM. F. DELANNOY, A. THIBAULT, OUTHWAITE, MASSARD, etc., d'après les dessins originaux de G. STAAL, RACINET, etc. Rien n'a été négligé pour rendre ces gravures dignes des *Œuvres de Chateaubriand*, 12 livr. composées de chacune 3 ou 4 grav. Chaque livraison. 1 fr.

HISTOIRE DE FRANCE

Par ANQUETIL, avec continuation jusqu'à nos jours par BAUDE, l'un des principaux auteurs du *Million de Faits* et de *Patria*. 8 vol. grand in-8, imprimés à 2 col., illustrés de 120 gravures environ, renfermant la collection complète des portraits des rois, 50 fr.; net. . . . . . 40 fr.

HISTOIRE DE FRANCE D'ANQUETIL

Continuée depuis la Révolution de 1789 par LÉONARD GALLOIS. Edition ornée de 50 gravures en taille-douce. 5 vol. grand in-8 jésus à 2 colonnes, contenant la matière de 40 vol. in-8 ordinaires. 62 fr. 50 ; net. 40 fr.
Demi-reliure, dos chagrin, le vol. . . . . 3 fr. 50

ABRÉGÉ CHRONOLOGIQUE DE L'HISTOIRE DE FRANCE

Par le président HÉNAULT, continué par MICHAUD. 1 vol. grand in-8 illustré de gravures sur acier. . . . . 12 fr.
Demi-reliure, chagrin. 3 fr. 50
— avec les plats toile, tr. dor. . . . . . . 6 fr. »

HISTOIRE DE LA RÉVOLUTION FRANÇAISE

Par M. Louis Blanc, auteur de l'*Histoire de Dix ans*. Chaque volume se vend séparément. . . . . 5 fr.

Le dixième volume est en vente.

CAMPAGNE DE PIÉMONT ET DE LOMBARDIE

Amédée de Cesena. 1 vol. grand in-18 jésus. . . . . 20 fr.

L'histoire de cette campagne est une histoire éminemment populaire, qui doit éveiller un intérêt universel. Les éditeurs n'ont rien négligé pour que cet ouvrage joignit au mérite de l'à-propos tous les avantages d'une exécution sérieuse, et devînt un livre, non pas seulement de circonstance et d'un intérêt éphémère, mais digne de tenir une place honorable dans les bibliothèques. — Au point de vue littéraire et politique, le nom de l'auteur est à la fois une promesse et une garantie. Les incidents de la campagne sont retracés dans ce livre avec une verve et un entrain qui donnent beaucoup de charme au récit. L'ouvrage est orné des portraits de l'Empereur, de l'Impératrice et de Victor-Emmanuel, admirablement gravés sur acier par Delannoy, d'après Winterhalter, de plans et de cartes, de types militaires des trois armées et de planches sur acier représentant les batailles de *Magenta* et de *Solferino* et la *Rentrée des Troupes a Paris*. Le livre renferme aussi la liste complète et nominale des décorés et des médaillés de l'armée d'Italie, et, par cela même, devient pour eux un titre de famille.

GALERIES HISTORIQUES DE VERSAILLES

Ce grand et important ouvrage a été entrepris aux frais de la liste civile du roi Louis-Philippe, et rédigé d'après ses instructions. Il renferme la description de 1,200 tableaux; des notices historiques sur plus de 676 écussons armoriés de la salle des Croisades, et des aperçus biographiques sur presque tous les personnages célèbres depuis les temps les plus reculés de la monarchie française. Cet ouvrage, véritable histoire de France, illustrée par les maîtres les plus célèbres en peinture et en sculpture, et destiné à être donné en cadeau à tous les hommes éminents de nôtre époque, n'a jamais été mis en vente. 10 vol. in-8 imprimés en caractères neufs sur beau papier, avec un magnifique album in-4 contenant 100 gravures. . . . . 80 fr.

VERSAILLES ANCIEN ET MODERNE

Par le comte Alexandre de la Borde. Paris, Gavard, 1842. 1 vol. grand in-8 jésus vélin; au lieu de 30 fr., net. . . . . 12 fr. 50

Ce volume, de 916 pages de texte, est orné de plus de 800 gravures sur acier et sur bois.

SOUVENIRS D'UN AVEUGLE

Voyage autour du monde, par J. Arago, sixième édition, revue, augmentée, enrichie de notes scientifiques, par F. Arago, de l'Institut. 2 vol. grand in-8 raisin, illustrés de 23 planches et portraits à part, et de 110 vignettes dans le texte, 20 fr.; net. . . . . 15 fr.

Reliure toile, tranche dorée, le volume. . . . . 3 fr. 50
Reliure demi-chagrin, plats en toile, tr. dorée, les 2 vol. en un. 4 50

ABRÉGÉ MÉTHODIQUE DE LA SCIENCE DES ARMOIRIES

Suivi d'un glossaire des attributs héraldiques, d'un traité élémentaire des ordres modernes de la chevalerie, et de notions sur l'origine des noms de famille et des classes nobles, les anoblissements, les preuves et les titres de noblesse, les usurpations et la législation nobiliaire, etc., par M. Maigne, 1 vol. grand in-18 jésus, orné d'environ 300 vignettes dans le texte, gravées par M. Dufrénoy. . . . . 6 fr.

DICTIONNAIRE DE LA NOBLESSE ET DU BLASON

Par Jouffroy d'Eschavannes, héraldiste, historiographe, secrétaire-archiviste de la Société orientale de Paris. 1 vol. grand in-8, ill. de 2 pl. de blason col. et d'un grand nombre de grav. 15 fr.; net. . . 10 fr.

ORDRES DE CHEVALERIE ET MARQUES D'HONNEUR

Histoire, costume et décoration, par M. Wailen, chevalier de plusieurs ordres. Ouvrage publié sur les documents officiels, avec un supplément renfermant toutes les nouvelles décorations jusqu'à ce jour, et les costumes des principaux ordres. Superbe volume grand in-8, illustré de 110 planches coloriées à l'aquarelle. Au lieu de 75 fr., net. . . 40 fr.

COSTUMES DU MOYEN AGE

D'après les monuments, les peintures et les monuments contemporains, et pris en grande partie parmi les monuments de la célèbre bibliothèque des ducs de Bourgogne; précédés d'une dissertation sur les mœurs, les usages de cette époque. 2 magnifiques volumes illustrés de 150 gravures soigneusement coloriées à l'aquarelle. 90 fr.; net. . . . 45 fr.

L'ITALIE CONFÉDÉRÉE

Histoire politique, militaire et pittoresque de la campagne de 1859, par Amédée de Cesena. 4 vol. grand in-8 jésus, illustrés de gravures sur acier, de types militaires des différents corps des armées française, sarde et autrichienne, dessinés par Ch. Vernier; des plans de Vérone, de Mantoue et de Venise, etc., et d'une carte du nord de l'Italie indiquant les limites actuelles du royaume de Sardaigne et des États de la confédération, dressés par Voillemin. Prix de chaque volume. . . . . 6 fr.

L'histoire de cette campagne est une histoire éminemment populaire, qui doit éveiller un intérêt universel.

Les éditeurs n'ont rien négligé pour que cet ouvrage joignît au mérite de l'actualité la plus palpitante tous les avantages d'une exécution sérieuse, et devînt un livre, non pas seulement de circonstance et d'un intérêt éphémère, mais digne de tenir une place honorable dans les bibliothèques. — Le livre renferme aussi la liste complète et nominale des décorés et des médaillés de l'armée d'Italie, et, par cela même, devient pour eux un titre de famille.

MÉMORIAL DE SAINTE-HÉLÈNE

Par feu le comte de Las Cases, nouvelle édition revue avec soin, augmentée du *Mémorial de la Belle-Poule*, par M. Emmanuel de Las Cases, 2 vol. grand in-8, avec portraits, vignettes nouvelles, gravés sur acier, par Blanchard. Dessins de Pauquet, Frère et Daubigny. 24 fr.; net. . 14 fr.

HISTOIRE UNIVERSELLE

Par le comte de Ségur, de l'Académie française; contenant l'histoire des Égyptiens, des Assyriens, des Mèdes, des Perses, des Juifs, de la Grèce, de la Sicile, de Carthage et de tous les peuples de l'antiquité, l'histoire romaine et l'histoire du Bas-Empire. 9e édit., ornée de 30 grav. sur acier, d'après les grands maîtres. 3 vol. grand in-8. . . . 37 fr. 50

On peut acheter séparément chaque volume, qui forme un tout complet :

Histoire ancienne, contenant l'histoire des Egyptiens, des Assyriens, des Mèdes, des Perses, des Grecs, des Carthaginois, des Juifs. 1 vol. . . . . . . 12 fr. 50

Histoire romaine, contenant l'histoire de l'empire romain, depuis la fondation de Rome jusqu'à Constantin. 1 vol. . . . . 12 fr. 50

Histoire du Bas-Empire, depuis Constantin jusqu'à la fin du second empire grec. . . . . 12 fr. 50

L'*Histoire universelle* de Ségur est devenue, pour la jeunesse, un livre classique. Le nombre des éditions qui se sont succédé en atteste le mérite et le succès.

HISTOIRE DES DUCS DE BOURGOGNE

Par M. de Barante, membre de l'Académie française. Septième édition. 12 vol. in-8, caractères neufs, imprimés sur papier vélin satiné des Vosges, ornés de 104 grav. et d'un grand nombre de cartes. Prix, le vol.. . . . . 5 fr.

La place de cet ouvrage est marquée dans toutes les bibliothèques. Il joint au mérite et à l'exactitude historique une grande vérité de couleur et un grand charme de narration.

HISTOIRE DES RÉPUBLIQUES ITALIENNES DU MOYEN AGE

Par Simonde de Sismondi. Nouvelle édition, ornée de gravures sur acier. 10 vol. in-8, 50 fr.; net. . . . . 40 fr.

HISTOIRE D'ITALIE

Depuis les premiers temps jusqu'à nos jours, par le docteur Henri Leo et Botta, traduite de l'allemand et enrichie de notes très-curieuses par M Dochez. 3 vol. grand in-8; au lieu de 45 fr., net. . . . 15 fr.

HISTOIRE DE PORTUGAL

Par Henri Schœfer, traduite par Henri Soulange-Bodin. 1 vol. grand in-8; au lieu de 15 fr., net. . . . . 5 fr.

HISTOIRE D'ESPAGNE

Depuis les temps les plus reculés jusqu'à nos jours, d'après les meilleurs auteurs, par Ch. Paquis et Dochez. 2 vol. grand in-8; au lieu de 30 fr., net. . . . . 10 fr.

HISTOIRE DES CAUSES DE LA RÉVOLUTION FRANÇAISE

Par A. Granier de Cassagnac. 4 vol. in-8. . . . . 20 fr.

LAMARTINE

Histoire de la Révolution de 1848. Nouvelle édition, complétement revue par l'auteur. 2 volumes in-8, papier cavalier vélin. . . . . . 12 fr.

Même Ouvrage. 2 vol. grand in-18 jésus, le vol. . . . . 3 fr. 50

RAPHAEL

Pages de la vingtième année, par Lamartine. Deuxième édition. 1 vol. in-8, cavalier vélin. . . . . 5 fr.

HISTOIRE DE RUSSIE

Par A. de Lamartine. Paris, Perrotin, 1856. 2 vol. in-8, 10 fr.; net. 5 fr.

M. de Lamartine a voulu compléter son Histoire de l'empire ottoman par une Histoire de la Russie. — Ces deux volumes sont indispensables aux nombreux possesseurs de l'Histoire de la Turquie.

HISTOIRE DE LA PEINTURE EN ITALIE

Depuis la Renaissance des beaux-arts jusque vers la fin du dix-huitième siècle, par Lanzi; traduite de l'italien sur la troisième édition, sous les yeux de plusieurs professeurs, par madame A. Dieudé. Paris, Dufart, 1824. 5 vol. in-8; au lieu de 35 fr. . . . . 18 fr.

Cette traduction est la seule complète qui ait été publiée de l'ouvrage de Lanzi. Cet ouvrage est indispensable aux artistes et à tous ceux qui ont le goût des beaux-arts.

VOYAGE DANS L'INDE

Par le prince A. Soltykoff; illustré de lithographies à deux teintes, par Derudder, etc., d'après les dessins de l'auteur. 1 vol. gr. in-8 jés. 20 fr.
Reliure t. mosaïque, riche plaque spéciale, genre indien, tr..dor., le vol. 6 fr.

VOYAGE EN PERSE

Par le même; illustré, d'après les dessins de l'auteur, de magnifiques lithographies par Trayer, etc. 1 vol. gr. in-8 jésus. . . . . . 10 fr.
Reliure toile mosaïque, riche plaque spéciale, genre indien, tr. dorée, 6 fr.

ŒUVRES COMPLÈTES DE BUFFON

Avec la nomenclature linnéenne et la classification de Cuvier. Édition nouvelle, revue sur l'édition in-4 de l'Imprimerie impériale, annotée par M. Flourens, membre de l'Académie française, etc., etc., etc.

Les *Œuvres complètes de Buffon* forment 12 v. grand in-8 jésus, illustrés de 162 planches, 800 sujets coloriés, gravés sur acier, d'après les dessins originaux de M. Victor Adam. Imprimés en caractères neufs, sur papier pâte vélin, par la typographie J. Claye. . . . . . . 120 fr.

M. le ministre de l'instruction publique a souscrit, pour les bibliothèques, à cette magnifique publication (aujourd'hui complétement achevée), reconnue par les hommes les plus compétents comme une édition modèle des œuvres du grand naturaliste. Le nom et le travail de M. Flourens la recommandent d'une façon toute particulière, et lui donnent un cachet spécial.

Pour satisfaire à de nombreuses demandes nous avons ouvert une souscription par demi-volumes du prix de 5 fr.

Les souscripteurs peuvent retirer, dès à présent, les 24 demi-volumes.

LEÇONS ÉLÉMENTAIRES D'HISTOIRE NATURELLE

Traité de conchyliologie, précédé d'un aperçu sur toute la zoologie, à l'usage des étudiants et des gens du monde, par M. Chenu, conservateur du Musée d'histoire naturelle de M. Delessert. 1 vol. in-8, orné de 1,000 vignettes sur cuivre et sur bois, dans le texte, et d'un atlas de 12 planches en taille-douce coloriées. Prix, broché, 15 fr.; net. . . . . 8 fr.
Atlas en planches noires, broché, 12 fr.; net. . . . . 5 fr.

LE MUSÉUM D'HISTOIRE NATURELLE

Histoire de la fondation et des développements successifs de l'établissement, biographie des hommes célèbres qui y ont contribué par leur enseignement ou par leurs découvertes; description des galeries, du jardin, des serres et de la ménagerie, par Paul-Antoine Cap. Paris, Curmer. 1 magnifique volume très-grand in-8 jésus sur papier superfin. 15 magnifiques planches coloriées à l'aquarelle, 20 grandes planches gravées sur acier, une grande quantité de bois gravés, illustrations par Ad. Féart, Freemann, Pauquet, etc. Au lieu de 21 fr., net. . . . . 16 fr.

HISTOIRE NATURELLE DES MAMMIFÈRES

Classés méthodiquement, avec l'indication de eurs mœurs et de leurs rapports avec les Arts, le Commerce et l'Agriculture, par Paul Gervais; illustrations par MM. Werner, Freemann, Oudart, Delahaye, de Bar et autres éminents artistes; gravures par MM Annedouche, Quartley, Gusman Brunier, Hildebrand, Gauchard, Sargent et l'élite des graveurs français et étrangers. Paris, Curmer, 1855. 2 magnifiques vol. très-grand in-8 jésus; au lieu de 25 fr., le vol. net. . . . . 16 fr

Ces volumes contiennent 58 planches gravées sur acier et coloriées, entièrement inédites, et environ 150 gravures sur bois séparées du texte, imprimées à deux teintes; un nombre considérable de gravures sur bois, inédites.

L'AFRIQUE FRANÇAISE, L'EMPIRE DU MAROC ET LES DÉSERTS DU SAHARA

Édition illustrée d'un grand nombre de gravures sur acier, noires et coloriées, par CHRISTIAN. 1 volume grand in-8 jésus. . . . . . . 15 fr

CASIMIR DELAVIGNE

ŒUVRES COMPLÈTES, comprenant le THÉATRE, les MESSÉNIENNES et les CHANTS SUR L'ITALIE. Nouvelle édition, illustrée de 12 belles vignettes gravées sur acier d'après A. JOHANNOT. 1 beau vol. gr. in-8 jésus. 1855. . 12 fr. 50

ŒUVRES DE P. ET TH. CORNEILLE

Précédées de la vie de P. Corneille, par FONTENELLE, et des discours sur la poésie dramatique. Nouvelle édition ornée de gravures sur acier. Un beau volume grand in-8. . . . . 12 fr. 50

ŒUVRES DE J. RACINE

Avec un essai sur la vie et les ouvrages de J. Racine, par LOUIS RACINE; ornées de 13 vignettes, d'après GÉRARD, GIRODET, DESENNE, etc. 1 beau vol. grand in-8 jésus. . . . . 12 fr. 50

ŒUVRES COMPLÈTES DE BOILEAU

Avec une notice et notes de tous les commentateurs, illustrées de 7 gravures sur acier, nouvelle édition. 1 vol. grand in-8. . . . 12 fr. 50

MOLIÈRE

Œuvres complètes, précédées d'une notice sur la vie et les ouvrages de Molière, par SAINTE-BEUVE, illustrées de 800 dessins, par TONY JOHANNOT. Nouvelle édition. 1 vol. gr. in-8, jésus, imprimé par PLON frères. 20 fr.

Reliure demi-chagrin, pour chacun des cinq ouvrages, le vol. . . . . 3 fr. 50
Même reliure, plats en toile, tranche dorée. . . . . 6 »

COURS ÉLÉMENTAIRE D'HISTOIRE NATURELLE

A l'usage des Lycées et des maisons d'éducation, rédigé conformément au programme de l'Université. Le cours comprend :

Zoologie, par M. MILNE-EDWARDS, membre de l'Institut, professeur au Jardin des Plantes.

Botanique, par M. A. DE JUSSIEU, de l'Institut, professeur au Jardin des Plantes.

Minéralogie et Géologie, par M. F. S. BEUDANT, de l'Institut, inspecteur général des études. 3 forts vol. in-12 ornés de plus de 2,000 figures intercalées dans le texte.

Chaque volume se vend séparément. Broché. . . . . 6 fr. »
Cartonné à l'anglaise. . . . . 7 fr. »
La GÉOLOGIE seule. Brochée. . . . . 4 fr. »

Ouvrage adopté par l'Université et approuvé par Mgr l'archevêque de Paris.

NOTIONS PRELIMINAIRES D'HISTOIRE NATURELLE

Pour servir d'introduction au *Cours élémentaire d'histoire naturelle*, rédigées conformément au programme officiel de l'enseignement dans les lycées (section des sciences). 3 vol. in-18 jésus, illustrés d'un grand nombre de figures intercalées dans le texte.

Zoologie, par M. MILNE-EDWARDS. . . . . 3 fr. »
Botanique, par M. PAYER, professeur à la Faculté des sciences de Paris (*sous presse*).
Géologie, par M. E. B. DE CHANCOURTOIS. . . . . 1 fr.

COURS ÉLÉMENTAIRE DE CHIMIE

Par M. V. REGNAULT, de l'Institut, directeur de la Manufacture impériale de Sèvres, professeur au Collége de France et à l'Ecole polytechnique. 4 vol. in-18 jésus, ornés de 700 figures dans le texte. 5me édit. 20 fr.

PREMIERS ÉLÉMENTS DE CHIMIE

A l'usage des facultés, des établissements d'enseignement secondaire, des écoles normales et des écoles industrielles; par M. V. REGNAULT. In-18 jésus, illustré d'un grand nombre de figures dans le texte. . . 5 fr.

COURS ÉLÉMENTAIRE DE MÉCANIQUE

Théorique et appliquée, à l'usage des lycées, des écoles normales, des facultés, etc.; par M. DELAUNAY, de l'Institut, ingénieur des Mines, professeur à la Faculté des sciences de Paris et à l'Ecole polytechnique, etc. 1 vol. in-18 jésus illustré de 540 figures dans le texte. 4me édition. 8 fr.

COURS ÉLÉMENTAIRE D'ASTRONOMIE

Concordant avec les articles du programme officiel pour l'enseignement de la cosmographie dans les lycées; par *le même*. 1 volume in-18 jésus, illustré de planches en taille-douce et d'un grand nombre de figures intercalées dans le texte, deuxième édition. . . . 7 fr. 50

ÉLÉMENTS DE BOTANIQUE

PREMIÈRE PARTIE : Organographie, par M. PAYER, de l'Institut, professeur de botanique à la Faculté des sciences et à l'Ecole normale supérieure. 1 volume grand in-18, avec 668 fig. intercalées dans le texte. . 5 fr.

SOUS PRESSE :

2e PARTIE: **Anatomie, physiologie, organogénie, pathologie et tératologie végétales.**

3e PARTIE: **Les principaux groupes du règne végétal**, considérés au point de vue de leur classification naturelle (*Phytographie*); de leur application à la médecine et à l'industrie (*Botanique apliquée*), et de leur distribution à la surface du sol (*Géographie botanique*).

COURS ÉLÉMENTAIRE D'AGRICULTURE

Destiné aux élèves des écoles d'agriculture et des écoles normales primaires, aux propriétaires, cultivateurs; par MM. GIRARDIN, correspondant de l'Institut, professeur, et DUBREUIL, professeur d'agriculture et de sylviculture, chargé du cours d'arboriculture au Conservatoire impérial des arts et métiers. 2 forts volumes in-18 jésus, illustrés de 842 figures dans le texte. 2e édition.. . . . . 15 fr.

COURS ÉLÉMENTAIRE THÉORIQUE ET PRATIQUE D'ARBORICULTURE

Comprenant l'étude des pépinières d'arbres et d'arbrisseaux forestiers, fruitiers et d'ornement; celle des plantations d'alignement forestières et d'ornement; la culture spéciale des arbres à fruits à cidre, et de ceux à fruits de table. Précédé de quelques notions d'anatomie et de physiologie végétales; par M. A. DUBREUIL, professeur d'agriculture et de sylviculture. 4e édition, considérablement augmentée. 1 très-fort vol. in-18 jésus, illustré de 814 figures dans le texte et de 5 planches gravées sur acier. Publié en deux parties. . . . . 12 fr.

Ouvrage approuvé par l'Université et couronné par les sociétés d'horticulture de Paris, de Rouen et de Versailles.

INSTRUCTION ÉLÉMENTAIRE POUR LA CONDUITE DES ARBRES FRUITIERS

Greffe, — Taille, — Restauration des arbres mal taillés ou épuisés par la vieillesse, — Culture, récoltes et conservation des fruits ; par *le même*. Ouvrage destiné aux jardiniers, aux élèves des fermes écoles et des écoles normales primaires. 1 volume in-18 jésus, illustré de figures dans le texte. Deuxième édition. . . . . 2 fr. 50

OUVRAGES EN VOIE D'EXÉCUTION :

COURS ÉLÉMENTAIRE DE PHYSIQUE

Par M. V. REGNAULT, de l'Institut, directeur de la manufacture impériale de Sèvres, professeur au Collége de France et à l'Ecole polytechnique. 2 volumes in-18 jésus, illustrés de figures dans le texte.

PREMIERS ÉLÉMENTS DE PHYSIQUE

Rédigés sur le nouveau programme ; par *le même*. 1 volume grand in-18, avec figures dans le texte.

EXPOSITION ET HISTOIRE DES PRINCIPALES DÉCOUVERTES SCIENTIFIQUES MODERNES

Par M. Louis FIGUIER, docteur ès sciences. Cinquième édition. 4 volumes in-18 jésus. Brochés. . . . . 14 fr.

CES QUATRE VOLUMES CONTIENNENT :

LE PREMIER : Machine à vapeur. — Bateaux à vapeur. — Chemins de fer.
LE DEUXIÈME : Machine électrique. — Bouteille de Leyde. — Paratonnerre. - Pile de Volta.
LE TROISIÈME : Photographie. — Télégraphie aérienne et électrique. — Galvanoplastie et dorure chimique. — Poudres de guerre et poudre-coton.
LE QUATRIÈME : Aérostats. — Eclairage au gaz. — Ethérisation. — Planète Leverrier.

APPLICATIONS NOUVELLES DE LA SCIENCE

A l'industrie et aux arts en 1855, par *le même*. In-18. . . . . . 3 fr.

TRAITÉ DE MÉCANIQUE RATIONNELLE

Contenant les éléments de mécanique exigés pour l'admission à l'Ecole polytechnique et toute la partie théorique du cours de mécanique et machines de cette école ; par M. CH. DELAUNAY, de l'Institut, professeur à l'Ecole polytechnique et à la Faculté des sciences de Paris, deuxième édition. 1 vol. in-8. 8 fr.

LEÇONS ÉLÉMENTAIRES DE BOTANIQUE

Fondées sur l'analyse de 50 plantes vulgaires et formant un traité complet d'organographie et de physiologie végétales, à l'usage des étudiants et des gens du monde ; par M. EMM. LEMAOUT. Deuxième édition, 1 volume grand in-8 raisin, illustré d'un atlas de 50 planches et de 700 figures dans le texte. Avec atlas noir. . . . . 10 fr.
 — Colorié. . . . . 16 fr.

ATLAS ÉLÉMENTAIRE DE BOTANIQUE

Avec le texte en regard, comprenant l'organographie, l'anatomie et l'iconographie des familles d'Europe, à l'usage des étudiants et des gens du monde ; par M. LEMAOUT. 1 volume in-4, contenant 2,340 figures dessinées par MM. STEINHEIL et J. DECAISNE. Br. . . . . 15 fr.

DES FUMIERS CONSIDERÉS COMME ENGRAIS

Par M. J. P. L. Girardin, professeur de chimie à l'Ecole municipale de Rouen et à l'Ecole d'agriculture et d'économie rurale de la Seine-Inférieure, correspondant de l'Institut de France, de la Société centrale d'agriculture de Paris, etc. Cinquième édition, revue, corrigée et augmentée ; avec 14 figures dans le texte.. . . . . 1 fr. 25

Ouvrage adopté par le Conseil général de la Seine-Inférieure, par la Société centrale d'agriculture de Rouen, par l'Association normale, et couronné par Société d'agriculture du Cher.

MANUEL DE GÉOLOGIE ÉLÉMENTAIRE

Ou changements anciens de la terre et de ses habitants, tels qu'ils sont démontrés par les monuments géologiques, par sir Ch. Lyell, membre de la Société royale de Londres. Traduit de l'anglais par M. Hugard, aide de minéralogie au Muséum d'histoire naturelle. 2 forts volumes in-8, illustrés de 720 figures. 20 fr.

— Supplément au manuel de géologie.. . . . . 1 fr. 25

PRINCIPES DE GÉOLOGIE

Ou illustrations de cette science empruntées aux changements moderne. que la terre et ses habitants ont subis ; par Ch. Lyell, esq., ouvrage traduit de l'anglais sur la sixième édition, et sous les auspices de M. Arago, par madame Tullia Meulien, traducteur des Eléments de Géologie, du même auteur. 4 forts vol. in-12, ornés de cartes coloriées, de vignettes sur acier et de grav. sur bois, cartonnés en toile anglaise. . . 30 fr.

GÉOLOGIE APPLIQUÉE

Ou Traité du gisement et de l'exploitation de minéraux utiles, par M. A. Burat, ingénieur, professeur de géologie et d'exploitation des mines à l'Ecole centrale des Arts et Manufactures. Quatrième édition, divisée en deux parties : — *Géologie ;* — *Exploitation.* 2 forts vol. in-8, illustrés.. . . . . 20 fr.

DE LA HOUILLE

Traité théorique et pratique des combustibles minéraux ; par M. A. Burat. 1 fort vol. in-8, orné de planches gravées sur acier et de nombreuses vignettes intercalées dans le texte. . . . . 12 fr.

L'étude des combustibles minéraux, et surtout du terrain houiller dans lequel ces combustibles sont presque tous concentrés, est une des branches les plus importantes de la géologie. Le terrain houiller forme un lien entre la science et l'industrie ; car, si la découverte d'une mine est une conquête industrielle, elle ne fait pas moins d'honneur à la science, puisqu'on ne peut entreprendre aucune recherche utile sans prendre pour guide les travaux géologiques.

TRAITÉ D'HYDRAULIQUE

A l'usage des Ingénieurs, par *le même.* Deuxième édition, considérablement augmentée. In-8, avec planches gravées. . . . . 10 fr.

TRAITÉ ÉLÉMENTAIRE DES CHEMINS DE FER

Par M. A. Perdonnet, ancien élève de l'Ecole polytechnique, professeur à l'Ecole centrale des Arts et Manufactures, membre du comité de direction du chemin de fer de l'Est. 2e édition. 2 très-forts vol. in-8 de 700 à 800 pages, illustrés de portraits et vues pittoresques gravés sur acier, de cartes géographiques, et d'un très-grand nombre de figures intercalées dans le texte. Broché. . . . . 30 fr.

BIOGRAPHIE UNIVERSELLE

Biographie portative universelle, contenant 29,000 noms, suivie d'une table chronologique et alphabétique, où se trouvent répartis en cinquante-quatre classes différentes les noms mentionnés dans l'ouvrage, par L. Lalanne, L. Renier, Th. Bernard, Ch. Laumier, E. Janin, A. Delloye, etc. 1 vol. de 1,000 pages, contenant la matière de 12 vol., 12 fr.; net. 9 fr.

UN MILLION DE FAITS

Aide-mémoire universel des sciences, des arts et des lettres, par MM. J. Aycard, Desportes, Léon Lalanne, Ludovic Lalanne, Gervais, A. le Pileur, Ch. Martins, Ch. Vergé et Jung.

MATIÈRES TRAITÉES DANS LE VOLUME :

Arithmétique. — Algèbre. — Géographie élémentaire, analytique et descriptive — Calcul infinitésimal. — Calcul des probabilités. — Mécanique. — Astronomie — Tables numériques et moyens divers pour abréger les calculs. — Physique générale. — Météorologie et physique du globe. — Chimie. — Minéralogie et géologie. — Botanique. — Anatomie et physiologie de l'homme. — Hygiène. Zoologie. — Arithmétique sociale. — Technologie (arts et métiers). — Agriculture. — Commerce. — Législation. — Art militaire. — Statistique. — Philosophie. — Philologie. — Paléographie. — Littérature. — Beaux-Arts. — Histoire. — Géographie. — Ethnologie. — Chronologie. — Biographie. — Mythologie. — Education.

Un fort vol. petit in-8, de 1,720 col., orné de grav., 12 fr.; net. . . 9 fr.

PATRIA

La France ancienne et moderne, morale et matérielle, ou collection encyclopédique et statistique de tous les faits relatifs à l'histoire physique et intellectuelle de la France et de ses colonies 2 forts vol. petit in-8, de 3,200 col. de texte, y compris plus de 500 col. pour une table analytique des matières, une table des figures, un état des tableaux numériques, et un index alphabéthique; ornés de 330 grav., de cartes et de planches col , et contenant la matière de 16 forts vol. in-8., 18 fr.; net. . 9 fr.

NOMS DES PRINCIPAUX AUTEURS :

MM. J. Aycard, prof. de physique à l'Ecole polytechnique; A. Delloye, élève de l'Ecole des Chartes ; Denne-Baron; Desportes; Paul Gervais, docteur ès sciences : Jung; Léon Lalanne, ingénieur des ponts et chaussées; Ludovic Lalanne, le Chatelier, ing. des mines; A. le Pileur; Ch. Louandre; Ch. Martins, docteur ès sciences, prof. à la Faculté de médecine de Paris; Victor Raulin, prof.; P. Régnier, de la Comédie-Française; Léon Vaudoyer, architecte du gouvernement; Ch. Vergé, avocat à la cour impériale de Paris.

DIVISION PRINCIPALE DE L'OUVRAGE :

Géographie physique et mathématique, physique du sol, météorologie, géologie, géographie botanique, zoologie, agriculture, industrie minérale, travaux publics, finances, commerce et industrie, administration intérieure, état maritime, législation, instruction publique, géographie médicale, population, ethnologie, géographie politique, paléographie et numismatique, chronologie et histoire, histoire des religions, langues anciennes et modernes, histoire littéraire, histoire de l'agriculture, histoire de la sculpture et des arts plastiques, histoire de la peinture et des arts du dessin ; histoire de l'art musical ; histoire du théâtre, colonies, etc.

Ces trois ouvrages réunis forment une véritable Encyclopédie portative. Le savoir est aujourd'hui tellement répandu, qu'il n'est plus permis de rien ignorer; mais, la mémoire la plus exercée ne pouvant que bien rarement retenir tous les détails de la science, ces ouvrages sont pour elle d'un secours précieux, et sont surtout devenus indispensables à tous ceux qui cultivent les sciences ou qui se livrent à l'instruction de la jeunesse.

PRIX DE LA RELIURE DE CES TROIS OUVRAGES :

Cartonnage à l'anglaise, en sus par vol. . . . . 1 fr. 50
Demi-rel., maroquin soigné, en sus par vol. . . . . 2 fr.

ENCYCLOPÉDIE THÉORIQUE ET PRATIQUE DES CONNAISSANCES UTILES

Composée de traités sur les connaissances les plus indispensables; ouvrag entièrement neuf, avec environ 1,500 gravures intercalées dans le texte, par MM. ALCAN, ALBERT-AUBERT, L. BAUDE, BELLANGER, BERTHELET, AM. BURAT, CHENU, DEBOUTTEVILLE, DELAFOND, DEYEUX, DUBREUIL, FABRE D'OLIVET, FOUCAULT, H. FOURNIER, GÉNIN, GIGUET, GIRARDIN, LÉON LALANNE, LUDOVIC LALANNE, ELIZÉ LEFÈVRE, HENRI MARTIN, MARTINS, MATHIEU, MOLL, MOREAU DE JONNÈS, PÉCLET, PERSOZ, LOUIS REYBAUD, TRÉBUCHET, L. DE WAILLY, WOLOWSKI, etc. 2 volumes grand in-8. . . . . 25 fr.
Reliure demi-chagrin, le volume. . . . . 3 fr.

ENSEIGNEMENT ÉLÉMENTAIRE UNIVERSEL

Ou Encyclopédie de la jeunesse. Ouvrage également utile aux jeunes gens, aux mères de famille, aux personnes qui s'occupent d'éducation et aux gens du monde; par MM. ANDRIEUX DE BRIOUDE, docteur en médecine, et LOUIS BAUDE, professeur au collége Stanislas. 1 seul vol. grand in-8, contenant la matière de 6 vol., enrichi de 400 gravures servant d'explication au texte. Broché, 10 fr.; net. . . . . 6 fr.

L'ILLUSTRATION

34 vol. (1842-1859), ornés de plus de 6,900 gravures sur tous les sujets actuels. Evénements politiques, fêtes et cérémonies religieuses, portraits des personnages célèbres, inventions industrielles, vues pittoresques, cartes géographiques, compositions musicales, tableaux de mœurs, scènes de théâtre, monuments, costumes, décors, tableaux, statues, modes, caricatures, etc., etc. Le vol. broché. . . . . 18 fr.

SERIE DE LA GUERRE DE CRIMEE

Des Indes, de la Chine, de la Cochinchine et de l'Italie. Six années. 12 volumes (tomes XXIII à XXXIV). Le vol. . . . . 16 fr.

Nos traités nous permettent d'offrir ces douze volumes à des conditions extrêmement favorables.

Ces douze volumes forment à eux seuls l'ensemble le plus complet de l'histoire des six dernières années. Nulle part on ne trouve un récit plus détaillé, une représentation plus complète et plus variée des faits de guerre accomplis en Crimée. Les événements de l'Inde, de la Chine et de l'Italie, etc., ont eu jusqu'aujourd'hui leur place dans ces derniers volumes.

Les éditeurs ont pris leurs mesures de telle sorte, que les tomes XXIII à XXXIV peuvent être fournis dès à présent.

Reliure en percaline, fers, et tranches dorées. . . . . . 6 fr. par vol.

Comme il nous reste très-peu d'exemplaires complets de la collection de l'*Illustration* et que parmi les volumes dépareillés plusieurs sont épuisés, nous prions MM. les libraires de ne pas vendre de volumes sans s'être assurés s'ils pourront les remplacer.

TABLEAU DE PARIS

Par EDMOND TEXIER; ouvrage illustré de 1,500 gravures, d'après les dessins de BLANCHARD, CHAM, CHAMPIN, FOREST, FRANÇAIS, GAVARNI, etc., etc. 2 vol. in-fol. du format de l'*Illustration*. . . . . 30 fr.

Reliure riche, dor. sur tranche, mosaïque, avec les armes de la ville de Paris. Le volume. . . . . 6 fr.

TABLEAU HISTORIQUE, POLITIQUE ET PITTORESQUE DE LA TURQUIE ET DE LA RUSSIE

par MM. Joubert et Félix Mornand. 1 vol. in–folio (format de l'*Illustration*), orné d'une carte et d'un gr. nombre de vignettes, 7 fr. 50; net. 6 fr
Reliure percaline anglaise, dor. sur tranche . . . . 4 fr.

VOYAGE ILLUSTRÉ DANS LES CINQ PARTIES DU MONDE

De 1846 à 1849, par Adolphe Joanne. 1 vol. in–folio (format de l'*Illustration*), illustré d'environ 700 gravures. . . . . 15 fr.
Relié toile, tranche dorée. . . . . 20 fr.

GALERIE DE PORTRAITS POUR LES MÉMOIRES DU DUC DE SAINT-SIMON

S'adaptant à toutes les éditions. La Galerie de portraits de Saint-Simon se compose de 38 portraits représentant les personnages les plus célèbres du temps et gravés avec une exactitude remarquable, d'après les tableaux originaux du Musée de Versailles. La collection forme 10 livraisons. Prix de la livraison. . . . . 1 fr.

GALERIE DE PORTRAITS

Pour les Mémoires de Tallemant des Réaux. La galerie se compose de 10 portraits représentant les personnages les plus célèbres du temps et gravés avec une exactitude remarquable, d'après les tableaux originaux du Musée de Versailles. La collection forme 5 livraisons. Prix de la livraison. . . . . 1 fr.

GALERIE DE FEMMES CÉLÈBRES

Tirée des Causeries du lundi, par M. Sainte-Beuve, de l'Académie française. 1 beau vol. gr. in-8 jésus, orné de 12 magnifiques portraits dessinés pa, Staal et gravés sur acier par Massard, Thibault, Gouttière, Geoffroy, Gervais, Outhwaite, etc. . . . . 20 fr.

Un texte délicieux, chef-d'œuvre de grâce et de délicatesse, une typographie magnifique, rehaussée par toutes les splendeurs du dessin et de la gravure, se réunissent pour assigner à ce volume une place d'honneur et de prédilection dans la bibliothèque des dames et des demoiselles, et dans celle de tous les hommes de goût, de tous les amateurs de beaux livres.

LES ÉTOILES DU MONDE

Galerie historique des femmes les plus célèbres de tous les temps et de tous les pays, avec dix-sept magnifiques gravures anglaises et un frontispice, d'après les dessins de Staal. Le texte, par MM. Alexandre Dumas, Dufail, d'Araquy, de Genrupt, Miss Clarke, etc., etc., offre une lecture des plus intéressantes et des plus variées. Ce livre, destiné à un succès de vogue, est un des plus beaux cadeaux qui puissent être offerts. 1 superbe vol. grand in-8 jésus. . . . . 20 fr.
Reliure des 2 vol. ci-dessus, toile mosaïque, fers spéciaux. . . . . 6 fr.
Demi-reliure, plats toile dorée. . . . . 6 fr.

GALERIE DES FEMMES DE WALTER SCOTT

Illustrée de 28 portraits gravés sur acier par les plus célèbres graveurs anglais ; le texte par MM. Dumas, Emile Souvestre, Frédéric Soulié, J. Janin, Louis Reybaud, Michel Masson ; mesdames A. Tastu, Desbordes-Valmore, Elisa Voïart. 1 vol. grand in-8. . . . . 10 fr.
Reliure toile mosaïque, t. d. . . . . 5 fr.

CORINNE

Par madame la baronne DE STAEL. Nouvelle édition, richement illustrée de 250 bois dans le texte et de 8 grandes gravures sur bois par KARL GIRARDET, BARRIAS, STAAL, tirées à part. Paris, LECOU, 1853. 1 magnifique vol. grand in-8 jésus vélin, glacé, satiné, imprimé par PLON frères; au lieu de 15 fr., net.................... 10 fr.

Demi-chagrin, plats en toile, tr. dor. .... 5 fr.

LES MILLE ET UNE NUITS

Contes arabes traduits par GALLAND, édition illustrée par les meilleurs artistes français et étrangers, revue et corrigée sur l'édition princeps de 1704; augmentée d'une Dissertation sur les Mille et une Nuits, par M. le baron SILVESTRE DE SACY. Paris, BOURDIN. 3 beaux vol. grand in-8 jésus vélin, illustrés de 1,200 dessins; au lieu de 30 fr., net. . 20 fr.

Les exemplaires sont intacts, sans aucune piqûre.

LES MILLE ET UN JOURS

Contes persans, turcs et chinois, traduits par PÉTIS DE LA CROIX, CARDANNE, CAYLUS, etc. 1 magnifique vol. grand in-8 jésus vélin. Edition illustrée de 400 dessins par nos premiers artistes; au lieu de 15 fr., net. 10 fr.

LA MOSAIQUE

Nouveau Magasin pittoresque universel. Livre de tout le monde et de tous les pays. 5 beaux vol. grand in-8 jésus, imprimés à 2 colonnes et illustrés de 500 dessins; au lieu de 30 fr., net. .... 15 fr.

CHANTS ET CHANSONS POPULAIRES DE LA FRANCE

996 chansons et chansonnettes, chants guerriers et patriotiques, chansons bachiques, burlesques et satiriques. Nouvelle édition, illustrée de 336 belles gravures sur acier, d'après MM. E. DE BEAUMONT, DAUBIGNY, DUBOULOZ, E. GIRAUD, MEISSONNIER, PASCAL, STAAL, STEINHEIL et TRIMOLET, gravées par les meilleurs artistes. 2 beaux vol. grand in-8, avec riches couvertures et frontispice gravés, contenant 996 chansons. — Le premier volume est composé de chansons, romances et complaintes, rondes et chansonnettes; le deuxième volume de chants guerriers et patriotiques, chansons bachiques, burlesques et satiriques. Prix de chaque volume. .... 11 fr.

Demi-reliure, plats toile, tranche dorée (2 vol. en un). ..... 6 fr.

ŒUVRES CHOISIES DE GAVARNI

Revues, corrigées et nouvellement classées par l'auteur, publiées dans le format du *Diable à Paris*, et accompagnées de notices par MM. DE BALZAC, THÉOPHILE GAUTHIER, GÉRARD DE NERVAL, JULES JANIN, ALPHONSE KARR, etc. 2 vol. grand in-8, renfermant chacun 80 grandes vignettes, à. . 10 fr.

Le Carnaval à Paris. — Paris le matin. — Les Etudiants. 1 vol.
La Vie de jeune homme. — Les Débardeurs. 1 vol.

Reliure en toile, tranche dorée. le vol. .... 5 fr.

LES CONTES DROLATIQUES

Colligez es abbayes de Touraine et mis en lumière par le sieur DE BALZAC, pour l'esbattement des pantagruélistes et non aultres. Cinquième édition, illustrée de 425 dessins par GUSTAVE DORÉ. 1 magnifique vol. in-8, papier vélin, glacé, satiné; au lieu de 12 fr., net. .... 10 fr.

LE DIABLE BOITEUX

Par LESAGE, illustré par TONY JOHANNOT, précédé d'une notice sur Lesage par JULES JANIN. Paris, BOURDIN, 1845. 1 vol. grand in-8 jésus, couverture glacée, or et couleur; au lieu de 10 fr., net.. . . . . 6 fr.

LA CHINE OUVERTE

Texte par OLD-NICK, illustrations par BORGET. 1 vol. grand in-8, 250 sujets, dont 50 tirés à part, 15 fr.; net. . . . . 10 fr.
    Reliure, toile mosaïque, tranche dorée. . . . . 4 fr.

PERLES ET PARURES

Dessins par GAVARNI, texte par MÉRAY et le comte FŒLIX. 2 beaux vol. grand in-8, illustrés de 30 gravures sur acier, par CH. GEOFFROY, imprimés sur chine avec le plus grand soin. Brochés, les 2 vol., 50 fr.; net. . 20 fr.

LES PAPILLONS

Métamorphoses terrestres des peuples de l'air. Dessins par J. J. GRANDVILLE, continués par A VARIN, texte par EUGÈNE NUS, ANTONY MÉRAY et le comte FŒLIX. 2 beaux vol. grand in-8, 30 fr.; net. . . . . . . 20 fr.
    Reliure des deux ouvrages ci-dessus, par vol., toile mosaïque. . . . 5 fr.

PHYSIOLOGIE DU GOUT

Par BRILLAT-SAVARIN, illustrée par BERTALL. 1 beau vol. in-8, illustré d'un grand nombre de gravures sur bois intercalées dans le texte, et de 8 sujets gravés sur acier, par CH. GEOFFROY, imprimés sur chine. 10 fr.

L'ANE MORT.

Par J. JANIN 1 vol. grand in-8 jésus vélin, illustré de nombreux dessins et de gravures à part, à deux teintes, par TONY JOHANNOT, couverture glacée, imprimée en or. Paris, BOURDIN, 1842; au lieu de 10 fr., net. 5 fr.

DON QUICHOTTE DE LA MANCHE.

Traduction nouvelle, précédée d'une notice sur la vie et les ouvrages de l'auteur, par LOUIS VIARDOT, ornée de 800 dessins par TONY JOHANNOT. 1 vol. grand in-8 jésus. Prix, broché. . . . . 20 fr.
    Reliure demi-chagrin, le volume. . . . . 5 fr. 50

JÉROME PATUROT

A la recherche d'une position sociale, par LOUIS REYBAUD; illustré par J. J. GRANDVILLE 1 vol. grand in-8, orné de 163 bois dans le texte, et de 35 grand bois tirés hors texte, gravés par BEST et LELOIR, d'après les dessins de J. J. GRANDVILLE. Prix, broché, avec couverture ornée d'après GRANDVILLE, 15 fr.; net. . . . . 12 fr.
    Reliure percaline, ornée du blason de *Paturot*, tirée en couleurs, d'après les dessins de Grandville; filets, tranche dorée. . . . . 5 fr. 50

HISTOIRE PITTORESQUE DES RELIGIONS

Doctrines, Cérémonies et Coutumes religieuses de tous les peuples du monde, par F. T. B. CLAVEL, illustrée de 29 gravures sur acier. 2 vol. grand in-8, 20 fr.; net. . . . . 15 fr.

ENCYCLOPÉDIANA

Recueil d'anecdotes anciennes, modernes et contemporaines, etc., édition illustrée de 125 vignettes 1 vol. in-8 de 840 pages. . . . . 4 fr. 50

COLLECTION D'OUVRAGES ILLUSTRÉS POUR LES ENFANTS

JOLIS VOLUMES GRAND IN-18 ANGLAIS

Brochés, 3 fr. 50 c. — Reliés toile, dorés sur tranche, 5 fr.

Abrégé de l'Ami des enfants et des adolescents, par BERQUIN, illustré de bois dans le texte. 1 vol.

Silvio Pellico. — Mes Prisons, suivies des Devoirs des hommes. Traduction nouvelle, par le comte H. DE MESSEY. 1 vol. gr. in-18 jésus, orné de 8 jolies vignettes sur acier.

Voyages de Gulliver, par SWIFT. Traduction nouvelle, précédée d'une Notice biographique et littéraire par WALTER SCOTT. 1 vol. grand in-18 jésus, orné de 8 jolies vignettes.

Les Prix de Vertu, par MM. de BARANTE, THIERS, etc. 2 v. avec portraits sur acier et gravures sur bois.

LE LANGAGE DES FLEURS

Par madame CHARLOTTE DE LA TOUR; nouvelle édition, ornée de 12 magnifiques planches en noir. 1 vol. grand in-18 jésus. . . . . . 3 fr. 50
Le même ouvrage, gravures coloriées avec le plus grand soin. 5 fr.

COLLECTION DE JOLIS VOLUMES IN-8 ANGLAIS

BROCHÉS: 3 FR. LE VOL.
Reliés toile mosaïque, dorés sur tranches, 5 fr.

Astronomie pour la jeunesse, par BERQUIN, illustrée de bois dans le texte. 1 vol.

Histoire naturelle pour la jeunesse par BERQUIN, ill. de bois dans le texte. 1 vol.

Fables de Florian, illustrées d'un grand nombre de bois dans le texte, 1 vol.

Le Livre des jeunes filles, par l'abbé DE SAVIGNY, 200 bois dans le texte. 1 vol.

Paul et Virginie, par BERNARDIN DE SAINT-PIERRE, 100 vignettes par BERTALL. 1 vol.

Mystères du collége, par D'ALBANÈS, illustrés de 100 vignettes dans le texte. 1 vol.

La Pantoufle de Cendrillon, par A. HOUSSAYE, illustrée de 100 vignettes. 1 vol.

Alphabet français, nouvelle Méthode de lecture en 80 tableaux, illustré de 29 gravures, par madame DE LANSAC. 1 vol.

Les Nains célèbres, par A. D'ALBANÈS et G. FATH. 100 vignettes. 1 vol.

La Mythologie de la jeunesse, par L. BAUDET, 120 vignettes par SÉGUIN. 1 vol.

L'AMI DES ENFANTS

Par BERQUIN. 1 vol. grand in-8, illustré de 150 gravures. . . . . 10 fr.

    Ce livre, qui répond si bien à son titre, est toujours, en effet, la lecture privilégiée de l'enfance, surtout lorsque les gravures viennent expliquer le texte.
    Le livre de Berquin, animé et rehaussé par des vignettes qui mettent les divers sujets en action, et qui en doublent par conséquent le mérite aux yeux des jeunes lecteurs, est resté, comme il restera longtemps, l'un des livres de prédilection de l'enfance.

ROBINSON SUISSE

Par M. WYSS, avec la suite donnée par l'auteur, traduit de l'allemand par madame ELISE VOIART; précédé d'une Notice de CHARLES NODIER. 1 vol. grand in-8 jésus, illustré de 200 vignettes d'après les dessins de M. CH. LEMERCIER. . . . . 10 fr.

AVENTURES DE ROBINSON CRUSOÉ

Par DE FOE, illustrées par GRANDVILLE. 1 beau vol. grand in-8 raisin. 10 fr.

VOYAGES ILLUSTRÉS DE GULLIVER

Dessins par GRANDVILLE. 1 beau vol. in-8, sur papier satiné et glacé. 10 fr.

FABLES DE FLORIAN

1 vol. in-8, illustré par GRANDVILLE de 80 grandes gravures et 25 vignettes dans le texte. . . . . 10 fr.

LES VEILLÉES DU CHATEAU

Ou Cours de morale à l'usage des enfants, par Mme la comtesse DE GENLIS, Nouvelle édition, illustrée de dessins par STAAL, gravés par CARDONNEAU, DELANGLE, GUSMAN, LAMBERT, LECLERC, MANINI, PLAUD, VINET et YON. 1 vol. grand in-8 raisin, imprimé avec le plus grand soin, papier satiné glacé . . . . 10 fr.

Demi-reliure des quatre volumes ci-dessus, plats toile, doré sur tranche, ou reliure toile mosaïque doré sur tranche, à. . . . . 4 fr.

FABLES DE LA FONTAINE

Illustrations de GRANDVILLE. 1 superbe vol. grand in-8, sur papier jésus, glacé, satiné, avec encadrement des pages et un sujet à chaque fable. Édition unique par le talent, la beauté et le soin qui y ont été apportés. 18 fr.; net. 15 fr.

GRANDVILLE

Album de 120 sujets tirés des Fables de la Fontaine. 1 vol. gr. in-8. 6 fr.

Cette charmante collection de gravures, contenant une partie des illustrations du célèbre artiste, peut convenir à tous ceux qui n'ont pas la magnifique édition du *la Fontaine* de *Grandville*. Elle peut être offerte aux enfants, qui ont souvent entre les mains des éditions plus ordinaires, et qui seront charmés de faire connaissance avec les délicieuses vignettes de GRANDVILLE, en attendant qu'on leur offre la grande édition.

PAUL ET VIRGINIE

Suivi de la *Chaumière indienne*, par J. H. BERNARDIN DE SAINT-PIERRE. Édition FURNE; illustrée d'un grand nombre de vignettes sur bois par TONY JOHANNOT, MEISSONNIER, FRANÇAIS, ISABEY, etc., etc., de sept portraits sur acier et d'une carte de l'île de France; précédée d'une notice historique et littéraire sur Bernardin de Saint-Pierre, par M. C. A. SAINTE-BEUVE, de l'Académie française; augmentée d'un abrégé de la Flore de l'île de France. 1 beau vol. grand in-8. . . . . 15 fr.

AVENTURES DE TÉLÉMAQUE

Par FÉNELON, avec des notes géographiques et littéraires. 2 grands vol. in-8. Véritable édition de luxe à bon marché, 15 fr.; net. . . . . 7 fr. 50

MUSÉE UNIVERSEL

Histoire, littérature, sciences, arts, industrie, voyages, nouvelles. 1 vol. grand in-8, illustré de 283 belles gravures sur bois, et d'un portrait de Cuvier, sur acier, peint par Mme DE MIRBEL, gravé par RICHOMME. . 6 fr.

LE VICAIRE DE WAKEFIELD

Par GOLDSMITH, traduction par CH. NODIER. Nouvelle édition illustrée de 10 grav. sur acier, par TONY JOHANNOT. 1 vol. grand in-8 jésus. 10 fr.

REVUE CATHOLIQUE

Recueil illustré d'environ 800 gravures. 1 vol. grand in-8. . . . . 5 fr.
Reliure toile, tranche dorée. . . . . 3 fr. 50

PAUL ET VIRGINIE

Suivi de la *Chaumière indienne*, par BERNARDIN DE SAINT-PIERRE. Édition V. LECOU; nouvelle édition, richement illustrée de 180 bois dans le texte et de 14 gravures sur chine tirées à part. 1 volume grand in-8 jésus. . . . . 8 fr.

SILVIO PELLICO

Mes Prisons, traduction de M. ANTOINE DE LATOUR, illustrées par TONY JOHANNOT de 100 beaux dessins gravés sur bois. Nouvelle édition. Paris, 1855. 1 volume grand in-8 jésus vélin, glacé, satiné. . . . 10 fr.
Relié toile, tranche dorée, plaque spéciale. . . . . 5 fr.

HISTOIRE DE LA DÉCOUVERTE ET DE LA CONQUÊTE DE L'AMÉRIQUE

Par J. H. CAMPE, précédée d'un essai sur la vie et les ouvrages de l'auteur par CH. SAINT-MAURICE. 1 volume grand in-8 raisin, illustré de 120 bois dans le texte et à part. . . . . 10 fr.

PREMIERS VOYAGES EN ZIGZAG

Excursions d'un pensionnat en vacances dans les cantons suisses et sur le revers italien des Alpes, par R. TOPFFER, magnifiquement illustrés, d'après les dessins de l'auteur, de 54 grands dessins par CALAME, et d'un grand nombre de bois dans le texte ; nouvelle édition, imprimée par Plon frères. 1 volume grand in-8 jésus, papier glacé satiné. . . . . 12 fr.

NOUVEAUX VOYAGES EN ZIGZAG

A la Grande Chartreuse, au mont Blanc, dans les vallées d'Herenz, de Zermatt, au Grimsel et dans les Etats Sardes, par R. TOPFFER, splendidement illustrés de 48 gravures sur bois tirées à part, et de 520 sujets dans le texte, dessinés d'après les dessins originaux de Topffer, par MM. CALAME, KARL GIRARDET, FRANÇAIS, D'AUDIGNY, DE BAR, FOREST, HADAMARD, ELMERIC, STOPP, GAGNET, VEYRASSAT, et gravés par nos meilleurs artistes. 1 volume grand in-8 jésus, papier glacé et satiné, imprimé par Plon frères. . . . . 12 fr.

LES NOUVELLES GÉNEVOISES

Par TOPFFER, illustrées d'après les dessins de l'auteur, au nombre de 610 dans le texte et 40 hors texte ; gravures par BEST, LENOIR, HOTELIN et RÉGNIER. 1 charmant volume in-8 raisin. Broché . . . . 12 fr.

PRIX DE LA RELIURE POUR LES TROIS OUVRAGES CI-DESSUS :
Reliure toile mosaïque, plaque spéciale tr. d. le vol. . . . . 6 fr.
— demi-chagrin, plats toile, tr. dorée. . . . . 6 fr.

PICCIOLA

Par X. B. SAINTINE. Nouvelle édition, illustrée par TONY JOHANNOT et NANTEUIL. 1 vol grand in-8. . . . . 10 fr.

HISTOIRE DE PARIS

par TH. LAVALLÉE. 207 vues par CHAMPIN. 1 vol. grand in-8 jésus. . 12 fr.

HISTOIRE DE L'EMPIRE OTTOMAN

Depuis les temps les plus anciens jusqu'à nos jours, par M. Théophile Lavallée. 1 magnifique volume grand in-8, accompagné de 18 belles gravures anglaises sur acier, représentant des scènes historiques, des vues, des portraits, etc., 18 fr.; net. . . . . 15 fr.

L'auteur a résumé avec son talent d'historien très-apprécié le tableau de ce pays, dont l'étude est une des nécessités de notre époque.

HISTOIRE DE LA MAISON ROYALE DE SAINT-CYR
(1686-1738)

Par Théophile Lavallée. Paris, Furne, 1856. 1 magnifique volume grand in-8 jésus vélin glacé satiné, et illustré de vignettes sur acier, de plans et de fac-simile. . . . . 10 fr.

Ouvrage couronné par l'Académie française, et recommandé par Monseigneur l'Archevêque de Paris.

HISTOIRE DE LA MARINE CONTEMPORAINE

De 1784 à 1848, par Léon Guérin. Paris, 1855. 1 fort volume grand in-8 jésus vélin, de près de 750 pages, illustré de gravures sur acier, plans, etc.; au lieu de 15 fr., net. . . . . 12 fr. 50

L'ESPAGNE PITTORESQUE, ARTISTIQUE ET MONUMENTALE

Mœurs, usages et costumes, par MM. Manuel de Cuendias et V. de Féréal. 1 volume grand in-8, orné de 50 planches à part, dont 25 costumes coloriés et 25 vues et monuments à deux teintes; du portrait de la reine Isabelle, et de 100 vignettes dans le texte, par C. Nanteuil. 20 fr.; net. . . . . 15 fr.

L'ESPAGNE est un de ces beaux ouvrages, imprimés à la presse à bras, sur papier de luxe, qui deviennent de plus en plus rares, et que l'invasion de la fabrication à bon marché ne permet plus de reproduire dans les mêmes conditions.

BIBLIOTHÈQUE CHOISIE

Collection des meilleurs ouvrages français et étrangers, anciens et modernes, format grand in-18 (dit anglais), papier jésus vélin. Cette collection est divisée par séries. La première et la deuxième série contiennent des volumes de 400 à 500 pages, aux prix de 3 fr. 50 c. le volume pour la première série, et net 3 fr. pour la deuxième série. La troisième et la quatrième série se composent de volumes de 250 à 300 pages environ, aux prix de 2 fr. net pour la troisième série et 1 fr. 50 net pour la quatrième série. La majeure partie des volumes est ornée d'une vignette ou d'un portrait sur acier

PREMIÈRE SÉRIE. — Volumes à 3 fr. 50 cent.

Causeries du Lundi, par M. Sainte-Beuve, de l'Académie française. Ce charmant recueil, renfermant des appréciations aussi justes que spirituelles sur les personnages les plus éminents, se compose de 13 vol. grand in-18. Chaque volume, contenant des articles complets, se vend séparément.

Portraits littéraires, par M. Sainte-Beuve, suivis des *Portraits de femmes*, des *Derniers Portraits*. vol. grand in-18.

Portraits contemporains et divers, par M. Sainte-Beuve. 5 forts vol. grand in-18.

Matinées littéraires. Cours complet de littérature moderne, par Ed. Mennechet. Troisième édition. 4 vol. gr. in-18. . . . . 14 fr.

Histoire de France depuis la fondation de la monarchie, par Ed. Mennechet. Troisième édition. 2 forts vol. grand in-8 jésus. . . . . 8 fr.

Ouvrage dédié aux pères de famille et couronné par l'Académie française.

Étude sur Virgile, suivie d'une *Étude sur Quintus de Smyrne*, par M. SAINTE-BEUVE, de l'Académie française. 1 vol.

Essais d'histoire littéraire, par M. GÉRUZEZ. 2 vol. 1er vol : *Moyen âge et Renaissance*. 2e vol. : *Temps modernes*.

Le Livre des affligés, Douleurs et Consolations, par le vicomte ALBAN DE VILLENEUVE-BARGEMONT. 2 vol. gr. in-18, ornés de vignettes.

Les Prix de vertu, par MM. DE BARANTE, THIERS, DE SÉGUR, VILLEMAIN, DE JOUY, NODIER, DE SALVANDY, FLOURENS, SCRIBE, DUPIN, etc., etc. 2 volumes ornés de vignettes.

Œuvres de J. Reboul, de Nîmes. Poésies diverses ; le Dernier Jour, poëme, 1 vol. avec portrait.

Histoire de la Révolution de 1848, par LAMARTINE. Quatrième édit. 2 vol. grand in-18 jésus.

Histoire intime de la Russie sous les empereurs Alexandre et Nicolas, par J. M. SCHNITZLER. 2 forts vol.

Messieurs les Cosaques, par MM. TAXILE DELORD, CLÉMENT CARAGUEL et LOUIS HUART. 2 vol. grand in-18 anglais, ill. de 100 vignettes par Cham.

Le Whist rendu facile, suivi des Traités du Whist de Gand, du Boston de Fontainebleau et du Boston russe ; par un amateur. Deuxième édition, revue et en partie refondue. 1 vol. grand in-18 anglais.

Pierre Dupont. *Études littéraires* vers et prose. 1 vol.

Correspondance de Jacquemont avec sa famille et plusieurs de ses amis pendant son voyage dans l'Inde (1828-1832). Nouvelle édition, augmentée de lettres inédites et d'une carte. 2 vol.

Mémoires de Beaumarchais, nouvelle édition, précédée d'une appréciation tirée des *Causeries du Lundi*, par M. SAINTE-BEUVE, de l'Académie française. 1 vol. gr. in-18. Depuis longtemps, les Mémoires de Beaumarchais n'avaient pas été imprimés séparément, et ils sont demandés en librairie.

Causeries de chasseurs et de gourmets. 1 fort vol.

La Musique ancienne et moderne, par SCUDO. Nouveaux mélanges de critique et de littérature musicales. 1 v.

Cours d'hygiène, par le docteur A. TESSEREAU, professeur d'hygiène ; ouvrage couronné par l'Académie impériale de médecine. 1 vol.

Voyage dans l'Inde et en Perse, par SOLTYKOFF. 1 vol. orné d'une carte.

Lamennais. *Paroles d'un croyant*. — *Une voix de Prison*. — *Le Livre du Peuple*. 1 vol. grand in-18 jésus.

Les Femmes de la Révolution, par J. MICHELET, membre de l'Institut. 1 beau vol. gr. in-18 jésus, papier vélin, glacé satiné.

Œuvres de E. T. A. Hoffmann, traduites de l'allemand par LOEVE-WEIMAR. Contes fantastiques. 2 vol.

Souvenirs de la marquise de Créqui (1718-1803). Nouvelle édition, revue, corrigée et augmentée de notes. 10 vol. brochés en 5 vol. avec gravures sur acier.

Nouveau Siècle de Louis XIV, ou Choix de chansons historiques et satiriques, presque toutes inédites, de 1654 à 1712, accompagnées de notes 1 vol.

Excursion en Orient, l'Égypte, le mont Sinaï, la Palestine, la Syrie, le Liban, par M. le comte CH. DE PARDIEU. 1 vol.

Lettres adressées à M. Villemain, secrétaire perpétuel de l'Académie française, sur la *Méthode* en général et sur la définition du mot *fait*, etc., par M. E. CHEVREUL, de l'Académie des sciences. 1 vol.

Éducation progressive, ou Étude du cours de la vie, par madame NECKER DE SAUSSURE. 2 vol.
Ouvrage qui a obtenu le prix Monthyon.

Diodore de Sicile. Traduction nouvelle, avec une préface, des notes importantes et des index, par M. FERDINAND HŒFER. 4 volumes gr. in-18.

Jérusalem délivrée, traduction en prose, par M. V. PHILIPPON DE LA MADELAINE ; augmentée d'une description de Jérusalem, par M. DE LAMARTINE. 1 vol.

Les Commencements du monde, Genèse selon les sciences, par PAUL DE JOUVENCEL. « *J'écris pour les femmes et les jeunes filles.* » 2 vol. grand in-18.

Genèse selon les sciences, 1 vol.

La Vie, par *le même*. 1 vol.

DEUXIÈME SÉRIE. — Volumes, au lieu de 3 fr. 50 c., net, 3 fr.

Œuvres politiques de Machiavel. Traduction revue et corrigée, contenant le *Prince* et le *Discours sur Tite-Live*. 1 vol.

Mémoires, Correspondances et Ouvrages inédits de Diderot, publiés sur les manuscrits confiés, en mourant, par l'auteur, à Grimm. 2 v.

Œuvres de Rabelais, augmentées de plusieurs fragments et de deux chapitres du cinquième livre restitués d'après un manuscrit de la Bibliothèque impériale, et précédées d'une notice historique sur la vie et les ouvrages de Rabelais. Nouv. édit., revue sur les meilleurs textes, et particulièrement sur les travaux de J. le Duchat, de S. de l'Aulnaye et de P. L. Jacob, bibliophile; éclaircie, quant à l'orthographe et à la ponctuation, accompagnée de notes succinctes et d'un glossaire, par Louis Barré, ancien professeur de philosophie. 1 fort vol. gr. in-18, de 650 pages.

Contes de Boccace, traduits par Sabatier, de Castres. 1 vol.

Les Mondes nouveaux, voyage anecdotique dans l'Océan Pacifique, par Paulin Niboyet. 1 vol. in-18.

Primel et Nola, par Brizeux. 1 vol.

De l'Éducation des femmes, par madame de Rémusat, avec une Préface par M. Ch. de Rémusat. Paris, 1843. 1 vol. in-18.

Œuvres morales de Plutarque. Traduites du grec par Ricard. Nouvelle édition, revue et corrigée. Paris, Lefèvre, 1844, 5 forts vol. gr. in-18 jésus vélin, glacé, satiné, de plus de 600 pages chacun.

Histoire générale de Polybe. Traduction nouvelle, plus complète que les précédentes, précédée d'une Notice, accompagnée de Notes et suivie d'un Index, par M. Félix Bouchot. 3 v. grand in-18 jésus vélin.

Lettres sur l'Angleterre (*Souvenirs de l'Exposition universelle*), par Edmond Texier. 1 vol.

Térence, traduit par Nisard. 1 vol.

TROISIÈME SÉRIE. — Volumes, au lieu de 3 fr. 50 c., net, 2 fr.

Vies des Dames galantes, par le seigneur de Brantôme. Nouvelle édition, revue et corrigée sur l'édition de 1740, avec des remarques historiques et critiques. 1 vol.

Légendes du Nord, par M. Michelet 1 vol.

Curiosités dramatiques et littéraires, par M. Hippolyte Lucas. 1 v.

Théâtre de Corneille, nouvelle édition, collationnée sur la dernière édition publiée du vivant de l'auteur. 1 beau vol. gr. in-18 de 540 pages.

Œuvres de Boileau, nouvelle édition conforme au texte donné par M. Berriat Saint-Prix, précédée d'une Notice sur la vie et les ouvrages de Boileau, par C. A. Sainte-Beuve, de l'Académie française. 1 fort vol in-18 jésus, papier glacé.

Raphaël, Pages de la vingtième année, par A. de Lamartine, 3ᵉ édition. 1 vol.

Hégésippe Moreau (Œuvres contenant le *Myosotis*, etc. 1 vol. gr. in-18 jésus.

Œuvres de Gilbert. Nouvelle édition, précédée d'une notice historique sur Gilbert, par Charles Nodier. 1 beau vol. grand in-18 jésus.

La Princesse de Clèves, suivie de **la Princesse de Montpensier**, par madame de La Fayette. Nouvelle édit. 1 beau volume grand in-18 jésus.

Histoire de Manon Lescaut et du chevalier des Grieux, par l'abbé Prévost. Nouvelle édition, collationnée avec le plus grand soin sur l'édition publiée à Amsterdam en 1753, précédée d'une notice historique sur l'abbé Prévost, par Jules Janin. 1 vol.

Le Secrétaire universel. Renfermant des modèles de lettres sur toutes sortes de sujets, de bonne année, de fête, de condoléance, de félicitations, d'excuses, de reproches, de remercîments, de recommandations; lettres d'amour et de mariage, lettres d'affaires et de commerce, pétitions à l'Empereur, à l'Impératrice, aux ministres, etc.; billets d'invitations, lettres de faire part, modèles d'actes sous seing privé, avec des instructions détaillées sur ces actes, choix de lettres des écrivains les plus célèbres, etc., etc., par M. Armand Dunois. 1 beau vol. grand in-18 jésus.

Simple Histoire, par mistriss INCH-BALD, traduction nouvelle, par LÉON DE WAILLY. 1 vol. grand in-18 jésus, vélin.

Lettres sur la Russie, 2ᵉ édition, entièrement refondue et considérablement augmentée, par X. MARMIER. 1 vol.

Du Danube au Caucase, voyages et littérature, par X. MARMIER. 1 vol.

Nouveaux Souvenirs de Voyage et Traditions populaires, par X. MARMIER. 1 vol. grand in-18, jésus vélin.

Les Perce-Neige, nouvelles du Nord, traduites par X. MARMIER, auteur des *Lettres sur la Russie*. 1 vol.

La Cabane de l'oncle Tom. Cet ouvrage, dû à la plume de madame HENRIETTE STOWE, est un des écrits de notre époque qui ont obtenu le plus de succès. La version que nous offrons au public est la plus exacte et la plus complète. 1 vol. in-12.

A travers Champs, souvenirs et propos divers, par M. TH. MURET. 2 vol. gr. in-18 jésus.

Dictionnaire du Pêcheur. Traité de la pêche en eau douce et en eau salée, par ALPHONSE KARR. 1 vol.

Histoire du procès Lesurques, rédigé d'après les pièces du procès et les documents émanés de la famille Lesurques, par ARMAND FOUQUIER, rédacteur de la Collection des Causes célèbres de tous les peuples. 1 vol. in-18 Charpentier.

Anacréon, traduit en vers par M. HENRI VESSERON. Nouvelle édition. 1 vol. grand in-18.

Histoire de Napoléon, par ÉLIAS REGNAULT, ornée de 8 gravures sur acier, d'après Raffet et de Rudder. 4 vol. contenant la matière de 8 vol. in-8.

Congrès de Vérone. Guerre d'Espagne, négociations, colonies espagnoles, par CHATEAUBRIAND. 2 vol.

QUATRIÈME SÉRIE. — Volumes, au lieu de 3 fr. 50 c. et 1 fr. 75 c., net, 1 fr. 50 c.

Application de la géographie à l'histoire, ou Etude élémentaire de géographie et d'histoire générale comparées, par EDOUARD BRACONNIER, membre de l'Université et de plusieurs sociétés savantes. Ouvrage classique précédé d'une Introduction par BESCHERELLE aîné, de la Bibliothèque du Louvre. 2 vol.

Voyage à Venise, par ARSÈNE HOUSSAYE. 1 vol. imprimé sur papier vélin.

Œuvres de George Sand. *Indiana*, 1 vol. — *Jacques*, 1 vol. — *André, la Marquise, Métella. Lavinia, Mattéa.* 1 vol. — *Lélia et Spiridion*, 2 vol. — *Simon, l'Uscoque*, 1 vol. — *Le Compagnon du tour de France*, 1 vol.

De l'Instruction publique en France, par E. DE GIRARDIN. 1 vol.

Inondations de 1856. Voyage de S. M. l'Empereur, par CH. ROBIN, auteur de l'*Histoire de la Révolution de 1848*. 1 joli vol. gr. in-18 anglais.

Mémorial de Sainte-Hélène, par le comte DE LAS CASES. Nouvelle édition revue par l'auteur. 9 vol. 9 gravures.

Les Satiriques des dix-huitième et dix-neuvième siècles. Première série, contenant Gilbert, Despaze, M. J. Chénier, Rivarol, Satires diverses. 1 vol.

Comédies de S. A. R. la princesse Amélie de Saxe, traduites de l'allemand par PITRE-CHEVALIER. 1 vol. avec portrait.

L'Ane mort et la Femme guillotinée, par J. JANIN. 1 vol. avec vign.

Le Chevalier de Saint-Georges, par ROGER DE BEAUVOIR. 2ᵉ édit. 4 vol. avec vignettes.

Une Soirée au Théâtre-Français (24 avril 1841) : le Gladiateur, le Chêne du roi, par ALEXANDRE SOUMET et madame GABRIELLE D'ALTENHEIM. 1 vol.

Une Journée d'Agrippa d'Aubigné. Drame en 5 actes, en vers; par EDOUARD FOUSSIER. 1 vol. gr. in-18.

BIBLIOTHÈQUE DE POCHE

Par une société de gens de lettres et d'érudits. Paris, PAULIN et LECHEVALIER, 1845 à 1855. La Bibliothèque de poche, variétés curieuses et amusantes des sciences, des lettres et des arts, se compose des 10 volumes suivants, format grand in-18, le volume. . . . . 2 fr.

Curiosités littéraires, LUDOVIC LALANNE. 1 vol.

Acrostiches, anagrammes, centons, imitation, emprunt, similitude d'idées, analogie de sujets, plagiat, supposition d'auteurs, idées bizarres et singulières ouvrages allégoriques, méprises, bévues, mystifications, académies, sociétés et réunions, odes burlesques, etc., etc.

Curiosités bibliographiques, par LUDOVIC LALANNE. 1 vol.

Particularités relatives aux anciennes écritures. — Matières et instruments propres à l'écriture. — Des formes des livres et des lettres dans l'antiquité. — Copistes et manuscrits. — Bévues des copistes, écritures abrégées et secrètes. — Des livres d'images et des Donats. — Éditions grecques, caractères hébraïques, chronologie de l'imprimerie, éditions du quinzième siècle. — Libraires dans l'antiquité, au moyen âge, au dix-septième siècle, au dix-huitième siècle, etc., etc.

Curiosités biographiques. 1 vol.

Particularités physiques relatives à quelques personnages célèbres. — Bizarreries, habitudes et goûts irréguliers de quelques personnages célèbres. — Fécondité de quelques écrivains. — Surnoms historiques. — Morts singulières de quelques personnages célèbres. — Personnages célèbres morts de chagrin, de joie, de peur, etc.

Curiosités des Traditions, des Mœurs et des Légendes, par LUDOVIC LALANNE. 1 vol.

De la croyance des chrétiens aux traditions païennes. — Des présages. — De la divination par la Bible. — Des prophéties et des prédictions. — Des visions. — De la magie. — Des sorciers, des esprits familiers. — Des saints et des reliques. — Des miracles au moyen âge, etc., etc.

Curiosités militaires. 1 vol.

Armes défensives. — Armes offensives. — Chars et éléphants de guerre. — Machines de guerre. — Feu grégeois, fusées. — Poudre à canon. — L'artillerie à diverses époques. — Arquebuses et mousquets, fusils, pistolets. — Projectiles. — Armées dans l'antiquité. Armées du moyen âge. — Armées en France depuis le treizième siècle. — Siéges à diverses époques. — Prisonniers de guerre. — Discipline. — Horreurs de la guerre. — Mélanges.

Curiosités de l'Archéologie et des Beaux-Arts. 1 vol.

Architecture : — Villes de l'antiquité. Villes du moyen âge. — Edifices religieux. — Habitations. — Palais. — Théâtres. — Ponts. — Puits. — Matériaux. — Constructions.
Sculpture : — Statues. — Bas-reliefs. Portes sculptées.
Peinture : — Procédés divers de peinture. — Peintures chez les anciens. — Différences d'inventions. — Impiétés naïves. — Peintures singulières. — Trompe-l'œil. — Peintures licencieuses. — Modèles. — Portraits. — Musées. — Mosaïques. — Céramiques. — Emaux. — Ornements d'or et d'argent. — Verrerie. — Vitraux peints. — Broderies. — Tapisseries. — Toiles peintes. — Numismatique. — Sceaux. — Gravure. — Inscriptions. — Erreurs archéologiques, etc., etc.

Curiosités philologiques, géographiques et ethnologiques. 1 vol.

Philologie. — Prolégomènes. — Langues anciennes. — Langue française. — Orthographe. — Versification. — Etymologies — Noms propres. — Néologisme. — Philologie conjecturale. — Philologie emblématique. — Singularités. — Mélanges. — Géographie — Ethnologie.

Curiosités historiques. 1 vol.

Incertitudes de l'Histoire. — Perpétuité des traditions. — Rapprochements historiques. — Grands événements produits par de petites causes. — Coups de main. — Compilations, etc. — Misères royales. — Couleurs nationales. — Insignes. — Devises. — Impôts singuliers. — Redevances bizarres. — Dénominations singulières données aux partis. — Morts mystérieuses et étranges. — Invraisemblances historiques, etc., etc.

Curiosités des Inventions et des Découvertes. 1 vol.

Préambule. — Alimentation. — Vêtement. — Métallurgie. — Art céramique. — Chauffage et éclairage. — Distribution d'eau.—Moyens de transport. — Communication de la pensée. — Guerre. — Inventions diverses. — Sciences.

Curiosités anecdotiques. 1 vol.

Poëtes. — Philosophes. — Académiciens. — Diplomates. — Hommes d'Etat. — Hommes de guerre. — Avocats. — Procureurs. — Gens —Jésuites.—Prédicateurs.— — Acteurs. — Actrices. — B ries. — Gasconnades. — Fa Fourberies. — Pressentimen ginalités. — Bizarreries. — A amoureuses. — Mésaventure geances conjugales. — Bons Epigrammes, etc., etc.

Chaque vol. se vend séparé

ŒUVRES DE M. FLOURENS

SECRÉTAIRE PERPÉTUEL DE L'ACADÉMIE DES SCIENCES, MEMBRE DE L'ACA
FRANÇAISE, ETC.

Il serait inutile d'insister ici sur le mérite des œuvres de M. F
Leur succès et leur débit en disent plus que tous les éloges. L
populaire ne leur est pas moins assurée que le succès scientifiq

De la Vie et de l'Intelligence. 2ᵉ édition. 1 vol. gr. in-18 angl. 3 fr. 50

Circulation du sang (histoire de sa découverte). 2ᵉ édition, revue et aug. 1 vol. grand in-18 anglais. 3 fr. 50

Cet ouvrage est le plus complet, le meilleur à tous les points de vue, qui ait été publié sur cette matière.

Éloges historiques, lus dans les séances publiques de l'Académie des sciences. 2 vol. grand in-18. Chaque volume. . . . . 3 fr. 50

On se rappelle le succès qu'ont obtenu, dans les séances publiques de l'Académie des sciences, les charmants *Éloges historiques* du secrétaire perpétuel, M. Flourens. Ce sont autant de petits chefs-d'œuvre dont l'ensemble offre une lecture aussi attrayante que variée.

Éloge historique de François Magendie, suivi d'une discussion sur les titres respectifs de MM. BELL et MAGENDIE à la découverte des fonctions distinctes des racines des nerfs. 1 vol. grand in-18 anglais. . 2 fr.

De la Longévité humaine quantité de vie sur le globe tion, revue et augmentée. 1 v in-18 anglais. . . . . . .

Des manuscrits de Buffon Fac-simile de Buffon et de borateurs. 1 volume grand sus. . . . .

Histoire des travaux et de BUFFON. 2ᵉ édition, revue 1 vol. grand in-18 anglais.

Cuvier.—**Histoire de ses t** 3ᵉ édition, revue et augment grand in-18. . . . . . .

Fontenelle, ou de la Philoso derne relativement aux scie siques. 1 vol. gr. in-18 an

De l'Instinct et de l'intellig animaux. 3ᵉ édition, entière fondue et augmentée. 1 v in-18 anglais. . . . . . .

Examen de la Phrénologi tion, augmentée d'un Essai gique sur la folie. 1 vol. gr anglais.. . . . .

ŒUVRES DE F. LAMENNAIS

Essai sur l'Indifférence en matière de religion. Nouvelle édition. 4 vol. gr. in-18 jésus, à. . . . . 3 fr. 50

LE MÊME OUVRAGE, format in-8, imprimé sur beau papier, le volume. . 5 fr.

Paroles d'un Croyant — Une Voix de prison — Le Livre du Peuple. — Esclavage moderne. 1 vol. gr. in-18. . . . . 3 fr. 50

Affaires de Rome. 1 vol. gr jésus. . . . .

LE MÊME OUVRAGE, format in-8, sur beau papier, le volume

La réimpression de ces vrages était fort demandée. pond donc à un besoin réel manquer d'être bien accueil

ESSAI BIOGRAPHIQUE SUR M. F. DE LAMENNAIS

Par A. Blaize. 1 vol. in-3. . . . . 5 fr.

MÉMOIRES COMPLETS ET AUTHENTIQUES DU DUC DE SAINT-SIMON

Sur le siècle de Louis XIV et la Régence, publiés sur le manuscrit original entièrement écrit de la main de l'auteur. Nouvelle édition, revue et corrigée. 40 vol. brochés en 20 vol. dont 1 de tables, avec 38 portraits gravés sur acier. . . . . 70 fr.

ŒUVRES DE JOSEPH GARNIER

PROFESSEUR D'ÉCONOMIE POLITIQUE A L'ÉCOLE IMPÉRIALE DES PONTS ET CHAUSSÉES
SECRÉTAIRE PERPÉTUEL DE LA SOCIÉTÉ D'ÉCONOMIE POLITIQUE

Traité d'Économie politique, Exposé didactique des principes et des applications de cette science et de l'organisation économique de la Société. Adopté dans plusieurs écoles ou universités. 1 fort v. gr. in-18. 4 fr. 50

Du Principe de population. Energie de ce principe. — Avantages et maux qui peuvent en résulter. — Obstacles qu'il rencontre ou qu'on peut lui opposer. — Remèdes pour en contre-balancer les effets. — Théories économiques, politiques, morales et socialistes auxquelles il a donné lieu : Contrainte morale ; — Réformes économiques, politiques et sociales ; — Emigration ; — Charité ; — Socialisme ; — Droit au travail, etc. 1 vol. in-18 jésus. . . . . 5 fr. 50

Traité d'Éléments de finances, faisant suite au Traité d'Economie politique. (Statistique, Impôts, Emprunts, Misère, etc.) 1 v. in-18 jés. 3 fr. 50

Ces trois ouvrages constituent un cours d'études pour les questions qu'embrasse l'Economie politique.

Abrégé des Éléments d'Économie politique, ou premières Notions sur l'organisation de la société laborieuse et sur l'emploi de la richesse individuelle et sociale, suivies d'un Vocabulaire des termes d'économie politique, etc. 1 vol grand in-32. 2 fr.

Traité de Mesures métriques (Mesures. — Poids. — Monnaies). Exposé succinct et complet du système français métrique et décimal ; avec gr. dans le texte. 1 vol. in-18. . . 75 c

MANUEL DU CAPITALISTE

Ou Comptes faits des intérêts à tous les taux, pour toutes sommes, de jusqu'à 366 jours, ouvrage utile aux négociants, banquiers, commerçant de tous les états, trésoriers, receveurs généraux, comptables, généralement aux employés des administrations de finances et de commerce et à tous les particuliers, par Bonnet, auteur du *Manuel monétaire*. Nouvelle édition, augmentée d'une Notice sur l'intérêt, l'escompte, etc., par M. Joseph Garnier, revue, pour les calculs, par M. X. Rymkiewicz, calculateur au Crédit foncier de France. 1 beau vol. in-8. . . . . . 6 fr

Ce livre, éminemment commode pour les opérations financières, qui ont pris une si grande extension, est devenu, par le soin extrême donné à sa révision, et par les excellentes additions et corrections qu'on y a faites, un ouvrage de première utilité pour tous les comptables, tous les négociants, tous les banquiers, toutes les administrations financières.

TRAITÉ DE CHIMIE APPLIQUÉE AUX ARTS

Par M. Dumas, sénateur, ancien ministre, membre de l'Académie des sciences et de l'Académie de médecine, etc. 8 vol. in-8 et 2 atlas in-4; édition de Liége, introduite en France avec l'autorisation de l'auteur, 150 fr.; net. . . . . 125 fr.

Cet ouvrage, dont l'édition française est aujourd'hui totalement épuisée, et que recommande si puissamment le nom de M. Dumas, fait autorité dans la science. Il est indispensable aux industriels comme aux savants.

DE L'UNITÉ SPIRITUELLE

Ou de la Société et de son but au delà du temps ; par M. Ant. Blanc Saint-Bonnet. 2ᵉ édit. 3 vol. in-8 de 1,800 pages, gr. raisin. . . . . 24 fr.

LE JARDINIER DE TOUT LE MONDE

Traité complet de toutes les branches de l'horticulture, par A. Ysabeau. 1 fort vol. grand in-18, ill. de gravures sur bois dans le texte. 3 fr. 50

LA MÉDECINE USUELLE
GUIDE MÉDICAL DES FAMILLES

Par A. Ysabeau. Contenant l'exposé de tous les soins nécessaires à la conservation de la santé, depuis la naissance jusqu'aux limites extrêmes de la longévité humaine. 1 beau vol. gr. in-18. . . . . . . 3 fr. 50

LE DROIT USUEL, OU L'AVOCAT DE SOI-MÊME

Nouveau Guide en affaires, contenant toutes les notions de droit et tous les modèles d'actes dont on a besoin pour gérer ses affaires, soit en matière civile, soit en matière commerciale, etc., par Durand de Nancy. 1 beau vol. grand in-18. . . . . 3 fr. 50

GUIDE DU PROPRIÉTAIRE ET DU LOCATAIRE

Par *le même*. 1 beau vol. gr. in-18. . . . . 2 fr. 50

DES OPÉRATIONS DE BOURSE

Manuel des fonds publics et des Sociétés par actions dont les titres se négocient dans les Bourses françaises, par M. A. Courtois fils. Troisième édition, entièrement refondue. 1 vol. grand in-18 jésus. . . 3 fr. 50

Le rapide succès de ce livre en indique assez le mérite. Les améliorations importantes apportées à cette nouvelle édition en font un ouvrage nouveau.

ANNUAIRE DE LA BOURSE ET DE LA BANQUE

Guide universel des capitalistes et des actionnaires, par une société de jurisconsultes et de financiers ; sous la direction de M. A. F. de Birieux, avocat, rédacteur principal. 4 vol. in-12, 20 fr.; net. . . . . . 10 fr.

NOUVEAU MANUEL THÉORIQUE ET PRATIQUE DE LA TENUE DES LIVRES

En partie double, d'après le système du Journal Grand-Livre, par M. P. Ravier, professeur de tenue des livres et de droit commercial au collége de Mâcon, arbitre de commerce à Lyon. 2ᵉ édition. 1 vol. in-8. . 4 fr

VIGNOLE — TRAITÉ ÉLÉMENTAIRE PRATIQUE D'ARCHITECTURE

Ou étude des cinq ordres, d'après Jacques Barozzio de Vignole. Ouvrage divisé en 72 planches, comprenant les cinq ordres, avec l'indication des ombres nécessaires au lavis, le tracé des frontons, etc., et des exemples relatifs aux ordres ; composé, dessiné et mis en ordre par J. A. Leveil, architecte, et gravé sur acier par Hibon. 1 vol. in-4. . . . . 10 fr.

Le beau travail de M. Leveil est le plus complet, le mieux exécuté, en même temps que le plus exact qu'on ait publié jusqu'ici d'après Barozzio de Vignole. Les planches se distinguent par une élégance et un fini remarquables. Elles sont d'ailleurs plus nombreuses que dans les autres traités sur la matière. Le texte, au lieu d'être groupé en tête de l'ouvrage, se trouve au bas des pages auxquelles il s'applique ; ce qui en rend l'usage infiniment plus commode et plus facile.

TRADUCTIONS NOUVELLES DES AUTEURS LATINS
AVEC LE TEXTE EN REGARD
OU
BIBLIOTHÈQUE LATINE-FRANÇAISE
PUBLIÉE PAR M. C. L. F. PANCKOUCKE

CHAQUE AUTEUR SE VEND SÉPARÉMENT

Au lieu de SEPT francs le volume in-8, TROIS francs CINQUANTE centimes

Papier des Vosges, non mécanique, caractères neufs.

Nous avons l'honneur de prévenir MM. les amateurs de livres que nous venons d'acquérir la BIBLIOTHÈQUE LATINE, dite de PANCKOUCKE, formée des principaux auteurs latins : cette collection a acquis dans le monde savant une haute réputation, tant par la fidélité de la traduction et par l'exactitude du texte qui se trouve en regard que par les notices et les notes savantes qui l'accompagnent, et surtout par la précision de leur rédaction. Nous avons diminué de moitié le prix de publication de chaque volume.

La plupart de ces ouvrages, convenables aux études des colléges, sont adoptés par le Conseil de l'Université.

PREMIÈRE SÉRIE
ŒUVRES COMPLÈTES DE CICÉRON
TRADUITES EN FRANÇAIS. 56 VOL. IN-8.

Les *Œuvres complètes de Cicéron*, publiées au prix de 7 fr. le volume, ont été jusqu'ici d'une acquisition difficile. Nous avons pensé en assurer le débit et les rendre accessibles à tous les amateurs de la belle et grande latinité au moyen d'un rabais considérable sur le prix de l'ouvrage. Les *Œuvres de Cicéron* doivent figurer au premier rang dans la bibliothèque de tout homme lettré ; mais beaucoup d'acheteurs reculaient devant une acquisition très-coûteuse. En faciliter l'achat et le rendre abordable par l'attrait du bon marché est donc une combinaison qui ne peut manquer de réussir.

ŒUVRES COMPLÈTES DE TACITE
TRADUITES EN FRANÇAIS. 7 VOL. IN-8.

Tacite, signalé par Racine comme le plus grand peintre de l'antiquité, est un des auteurs latins qu'on recherche le plus, et dont les œuvres sont d'un débit constant et assuré. Cette édition est fort estimée, soit pour la traduction, soit pour la correction du texte. Le format (bibliothèque Panckoucke) en est commode et maniable.

ŒUVRES COMPLÈTES DE QUINTILIEN
TRADUITES EN FRANÇAIS. 6 VOL. IN-8.

Les *Œuvres de Quintilien* font loi en matière de critique comme en matière d'éducation. Elles s'adressent donc à un grand nombre de lecteurs, et le bon marché, de même que l'excellence de la traduction, doit en faciliter la vente.

Justin, traduction nouvelle par MM. J. PIERROT, et BOITARD, avec une notice par M. LAYA. 2 vol.

Florus, traduction nouvelle par M. RACON, avec une Notice par M. VILLEMAIN, de l'Académie française. 1 vol.

Velleius Paterculus, traduction nouvelle par M. DESPRÉS. 1 vol.

Valère Maxime, traduction nouvelle par M. FRÉMION. 3 vol.

Pline le Jeune, traduction nouvelle de DE SACY, revue et corrigée par M. J. PIERROT. 3 vol.

Juvénal, traduction de M. DUSAULX, revue par M. J. PIERROT. 2 vol.

Perse, Turnus, Sulpicia, traduction nouvelle par M. A. PIERROT. 1 vol.

Ovide, *Métamorphoses*, par M. GROS, inspecteur de l'Académie. 5 vol.

Lucrèce, traduction nouvelle en prose par M. DE PONGERVILLE, de l'Académie française, avec une Notice et l'Exposition du système d'Epicure, par M. AJASSON DE GRANDSAGNE. 2 vol.

Claudien, traduction nouvelle par M. HÉGUIN DE GUERLE, et ALPH. TROGNON. 2 vol.

Valerius Flaccus, traduit pour la première fois en prose par M. CAUSSIN DE PERCEVAL. 1 vol.

Stace, traduction nouvelle, 4 vol.
— Tome I. SILVES, par MM. RINN et ACHAINTRE.
— Tomes II, III, IV. La THÉBAÏDE, par MM. ACHAINTRE et BOUTTEVILLE, professeur. L'ACHILLÉIDE, par M. BOUTTEVILLE.

Phèdre, traduction nouvelle par M. E. PANCKOUCKE. Avec un fac-simile. 1 vol.

DEUXIÈME SÉRIE

Les auteurs désignés par un * sont traduits pour la première fois en français.

Poetæ Minores : Arborius*, Calpurnius, Eucheria*, Gratius Faliscus, Lupercus Servastus*, Nemesianus, Pentadius*, Sabinus*, Valerius Cato*, Vestritius Spurinna* et le Pervigilium Veneris; traduction de M. CABARET-DUPATY, professeur au lycée de Grenoble. 1 vol.

Jornandès, traduction de M. SAVAGNIER, professeur d'histoire en l'université. 1 vol.

Censorinus*, traduction de M. MANGEART, ancien professeur de philosophie; — **Julius Obsequens, Lucius Ampellus***, traduction de M. VERGER, de la Bibliothèque impériale. 1 vol.

Ausone, traduction de M. E. F. CORPET. 2 vol.

P. Mela, Vibius Sequester*, Ethicus Ister*, P. Victor*, traduction de M. LOUIS BAUDET, professeur. 1 vol.

R. Festus Avienus*, Cl. Rutilius Numatianus, etc., traduction de MM. EUG. DESPOIS et ED. SAVIOT, anciens élèves de l'Ecole normale. 1 vol.

Varron, Economie rurale, traduction de M. ROUSSELOT, professeur. 1 vol.

Eutrope, Messala Corvinus*, Sextus Rufus, traduction de M. N. A DUBOIS, professeur. 1 vol.

Palladius, *Econ. rurale*, trad. de M. CABARET-DUPATY, prof. 1 vol.

Columelle, *Econom. rurale*, traduct. de M. LOUIS DUBOIS, auteur de plusieurs ouvrages d'agriculture, de littérature et d'histoire. 3 vol.

Histoire Auguste, tome Iᵉʳ. **Spartien, Vulcatius Gallicanus, Trebellius Pollion**, trad. de M. FL. LEGAY, prof. au collège Rollin.
— Tome II : **Lampridius**, traducti de M. LAAS D'AGUEN, membre de la Société Asiatique ; — **Flavius Vopiscus**, trad. de MM. TAILLEFERT, professeur au lycée de Vendôme, et J. CHENU.
— Tome III : **Julius Capitolinus**, traduct. de M. VALTON, prof. au lycée de Charlemagne. 3 vol.

C. Lucilius, trad. de M. E. F. CORPET; — **Lucilius junior, Salius Bassus, Cornelius Severus, Avianus*, Dionysius Caton**, traduct. de M. J. CHENU. 1 vol.

Priscianus, traduct. de M. CORPET; — **Serenus Sammonicus*, Macer*, Marcellus***, trad. de M. BAUDET. 1 v.

Macrobe, t. Iᵉʳ (*Les Saturnales*, t. Iᵉʳ), traduct. de M. UBICINI MARTELLI; — t. IIᵉ (*Les Saturnales*, t. II), traduct. de M. HENRI DESCAMPS; — t. III et dernier (*De la différence des verbes grecs et latins ; Commentaire du Songe de Scipion*), traduct. de MM. LAAS D'AGUEN et N. A. DUBOIS. 3 vol.

Sextus Pompeius Festus*, traduct. de M. SAVAGNER. 2 v.

Aulu-Gelle, t. Iᵉʳ, traduct. de M. E. DE CHAUMONT, profess. au lycée d'Angoulême. — T. IIᵉ, trad. de M. FÉLIX FLAMBART. — T. IIIᵉ, traduct. de M. BUISSON. 3 vol.

(Ne se vend pas séparément de la collection.)

Vitruve, *Architecture*, avec de nombreuses figures, trad. de M. C. L. MAUFRAS, prof. au collége Rollin. 2 vol.

C. J. Solin*, trad. de M. ALPH. AGNANT, agrégé des classes supérieures. 1 vol.

Frontin, *Les Stratagèmes et les Aqueducs de Rome*, traduction de M. CH. BAILLY. 1 vol.

Sulpice Sévère, traduction de M. HERBERT. — **Paulin de Périgueux***, **Fortunat***, trad. de M. E. F. CORPET. 2 vol.

(Cet ouvrage ne se vend pas séparément.)

Sextus Aurelius Victor, trad. de M. N. A. DUBOIS, profess. 1 vol.

N. B. — Il existe encore dans nos magasins trois ou quatre collections complètes de la Bibliothèque latine, composée de 211 volumes, au prix de 1,055 fr.

RÉIMPRESSION
DES
CLASSIQUES LATINS DE LA COLLECTION PANCKOUCKE

FORMAT GRAND IN-18 JÉSUS A 3 FR. 50 LE VOLUME

ŒUVRES COMPLÈTES D'HORACE. Nouvelle édition, précédée d'une Etude sur Horace, par H. RIGAULT. 1 vol. . . . . 3 fr. 50

ŒUVRES COMPLÈTES DE SALLUSTE. Traduction par DUROZOIR. Nouvelle édition revue par MM. CHARPENTIER et FÉLIX LEMAISTRE, et précédée d'un nouveau travail sur Salluste, par M. CHARPENTIER. 1 vol. 3 fr. 50

ŒUVRES CHOISIES D'OVIDE (les *Amours*, l'*Art d'aimer*, etc.). Nouvelle édition, revue par M. FÉLIX LEMAISTRE, et précédée d'une Etude sur Ovide, par M. J. JANIN. 1 vol. 3 fr. 50

ŒUVRES COMPLÈTES DE TITE LIVE. Traduct. par MM. LIEZ, DUBOIS, VERGER et CORPET. Nouvelle édition, revue par E. PESSONNEAUX, BLANCHET et CHARPENTIER, et précédée d'une Etude sur Tite Live, par M. CHARPENTIER. 6 vol. à . . . . . . 3 fr. 50

ŒUVRES COMPLÈTES DE SÉNÈQUE LE PHILOSOPHE. Nouvelle édition, revue par MM. CHARPENTIER et FÉLIX LEMAISTRE. 4 vol. à . . 3 fr. 50

CATULLE, TIBULLE ET PROPERCE, Traduct. par MM. HÉGUIN DE GUERLE, VATATOUR et GENOUILLE. Edit. revue par M. VATATOUR. 1 vol. 3 fr. 50

CÉSAR. Traduct. par M. ARTAUD. 1 volume . . . . 3 fr. 50

JUVÉNAL. Traduction de DUSAULX, revue par MM. JULES PIERROT et FÉLIX LEMAISTRE. 1 vol. . . . . . 3 fr. 50

LUCRÈCE. Traduct. nouvelle par LAGRANGE, nouvelle édit. 1 vol. 3 fr. 50

PÉTRONE, Trad. par M. HÉGUIN DE GUERLE. 1 vol. . . . . . . 3 fr. 50

ŒUVRES DE VIRGILE. Edit. revue par M. F. LEMAISTRE, avec une Etude par M. SAINTE-BEUVE. 1 vol. (par exception) . . . . 4 fr. 50

CLASSIQUES LATINS

Français et latin, format in-24 sur jésus (ancien in-12, édition Lefèvre). Prix de chaque vol., 3 fr. 50 c.; net . . . . 2 fr. 50

TACITE. Traduction de DUREAU DE LA MALLE, revue et corrigée, augmentée de la Vie de Tacite, du Discours préliminaire de Dureau de la Malle, des Suppléments de Brottier. 3 vol.

TÉRENCE. Ses comédies. Traduction nouvelle avec des notes, par M. COLLET. 1 vol. de plus de 600 pages.

PLAUTE. Son Théâtre. Trad. de M. NAUDET. 4 vol.

PLINE L'ANCIEN. L'histoire des Animaux, traduction de GUÉROULT, 1 vol. de près de 700 pages.

MORCEAUX EXTRAITS DE PLINE le Naturaliste. Traduction de GUÉROULT. 1 vol.

Q. HORATII FLACCI

Opera omnia, ex recensione Joannis Gasparis Orelli. 1 vol. in-24, édition Lefèvre. 1851, 4 fr.; net. 3 fr.

Édition recommandable par l'exécution typographique et la correction du texte.

CLASSIQUES FRANÇAIS

Format in-24 jésus (ancien in-12, édition Lefèvre), le vol. . . . 2 fr. 50

MONTAIGNE. Ses Essais et ses Lettres, avec les notes ou remarques de tous les commentateurs : Coste, Naigeon, A. Dubal, MM. E. Johanneau, Victor le Clerc; et une table analytique des matières. 5ᵉ édit. 3 vol.

BOSSUET. Oraisons funèbres, Panégyriques et Sermons. 4 vol.

FLEURY. Discours sur l'histoire ecclésiastique, Mœurs des Israélites, Mœurs des Chrétiens, etc. 2 vol.

ŒUVRES DE J. DELILLE, avec des notes de Delille, Choiseul-Gouffier, Feletz, Aimé, Martin. 2 vol.

ESSAI SUR L'ÉLOQUENCE DE LA CHAIRE, par Maury. 1 vol.

OUVRAGES COMPLETS AU RABAIS

Bibliothèque Cazin. — 1 fr. le vol.; net, 75 c.

Didier (Ch.). Rome souterraine. 2 vol.
Galland. Les Mille et une Nuits. 6 vo
Godwin (W.). Caleb Williams, traduit de l'anglais. 3 vol.
Eugène Sue. Paula Monti. 2 vol.
— Thérèse Dunoyer. 2 vol.
— Jean Cavalier. 4 vol.
— Latréaumont. 2 vol.
— Les Mystères de Paris. 10 vol.
— Le Juif Errant. 10 vol.
— Mathilde. 6 vol.
— Arthur. 4 vol.
— Deleytar. 1 vol.
— La Salamandre. 2 vol.
La Coucaratcha. 2 vol.
Soulié (Fr.). Les Mémoires du Diable. 5 vol.

Louis Reybaud. Jérôme Paturot à la recherche d'une position sociale. 2 volumes. . . . . 2 fr.
Jacob (P. L.) (Bibliophile). Soirées de Walter Scott à Paris. Scènes historiques et chroniques de France, le Bon Vieux Temps. 4 vol.
Tressan. Roland furieux, traduit de l'Arioste. 4 vol.
— Le petit Jehan de Saintré. 1 vol.
Benjamin Constant. Adolphe, suivi de la tragédie de *Walstein*. 1 vol.
Karr (Alph.). Sous les Tilleuls. 2 vol.
Contes de Boccace. 4 vol.
Résumé de l'Histoire de France, par Félix Bodin. 12ᵉ édition. 1 vol. in-32.

ORIGINE DE TOUS LES CULTES, OU RELIGION UNIVERSELLE

Par Dupuis (de l'Institut). Nouvelle édition, revue et corrigée avec soin, enrichie d'un nouvel atlas astronomique composé de 24 pl. gravées d'après les monuments, par Couché fils, et de la gravure du Zodiaque de Denderah. 7 forts vol. in-8 et atlas in-4, au lieu de 50 fr.; net. . 30 fr

CLASSIQUES FRANÇAIS

Format in-32, imprimés par MM. F. Didot. à 1 fr. 50 c. le vol. ; net. 75 c.

Esprit des Lois, de Montesquieu. 6 vol.

Œuvres diverses de Montesquieu. 2 vol.

Œuvres de Regnard. 4 vol.

Œuvres de Ducis. 7 vol.

Œuvres de Destouches. 5 vol.

Théâtre choisi de Voltaire. 6 vol.

La Nouvelle Héloïse. 6 vol.

Œuvres de Saint-Réal. 2 vol.

Épîtres, Stances et Odes de Voltaire. 2 vol.

Poésies et Discours en vers de Voltaire. 1 vol.

Temple du Goût et Poésies mêlées, idem. 1 vol.

BIBLIOTHÈQUE D'UN DÉSŒUVRÉ

Série d'ouvrages in-32, format Elzévirien

Œuvres complètes de Béranger, avec ses 10 dernières Chansons. 1 vol. in-32... 3 fr. 50

Œuvres posthumes de Béranger, en un seul volume, contenant les dernières Chansons et Ma Biographie, avec un appendice et un grand nombre de notes inédites de Béranger sur ses chansons. 1 vol. in-32... 3 fr. 50

Chansons et Poésies de Désaugiers nouvelle édition précédée d'une notice sur Désaugiers, par Merle, avec portraits et vignettes. 1 fort volume in-32... 3 fr.

Chansons et Poésies de Pierre Dupont. Troisième édition, augmentée de chants nouveaux. 1 vol. in-18, 3 fr.; relié en toile, tr. dor. 4 fr. 50

Lettres d'Amour, avec portraits et vignettes. 1 vol...... 3 fr.

Drôleries poétiques, avec portraits et vignettes. 1 vol...... 3 fr.

Académie des Jeux, contenant l'histoire, la marche, les règles, conventions et maximes des jeux. 1 volume illustré...... 3 fr.

La Goguette ancienne et moderne, choix de chansons guerrières, bachiques, philosophiques, joyeuses et populaires. Joli vol. orné de portraits et vignettes...... 5 fr.

Chansons populaires du comte Eugène de Lonlay. Nouvelle édition, ornée du portrait de l'auteur par Mouilleron. 1 vol. grand in-18 jésus...... 3 fr. 50

ATLAS

ATLAS DE GÉOGRAPHIE ANCIENNE ET MODERNE, à l'usage des colléges et de toutes les maisons d'éducation, dressé par MM. Monnin et Vuillemin ; recueil grand in-4 ; cet atlas comprend, outre les cartes ordinaires : *la Cosmographie, la France en 1789, l'Empire français, la France actuelle, l'Algérie, l'Afrique orientale, occidentale*, et toutes les cartes de la *Géographie ancienne*. C'est le plus *complet* de tous les Atlas *classiques*... 12 fr.

ATLAS CLASSIQUE DE GÉOGRAPHIE MODERNE (extrait du précédent), à l'usage des jeunes élèves des deux sexes ; composé de 20 cartes...... 7 fr. 50

ATLAS DE GÉOGRAPHIE ÉLÉMENTAIRE destiné aux commençants (extrait du précédent), composé de 8 cartes doubles : la mappemonde, les cinq parties du monde et la France. Prix, cartonné... 4 fr.

PARIS. — IMP. SIMON RAÇON ET COMP. RUE D'ERFURTH, 1.

A LA MÊME LIBRAIRIE

VOLUMES FORMAT GRAND IN-18 JÉSUS

LES PETITES CHRONIQUES DE LA SCIENCE (année 1861), par S. Henry Berthoud. 2 volumes grand in-18, le vol. . . . . . . 3 fr. 50

FANTAISIES SCIENTIFIQUES DE SAM, par S. Henry Berthoud. Reptiles, Mammifères, Oiseaux, Physique, Chimie, Botanique, Insectes, Inventeurs et Savants, etc., etc. 4 volumes in-18 jésus, le volume.. 3 fr. 50

LES FEMMES DES PAYS-BAS ET DES FLANDRES, par S. Henry Berthoud. 1 vol. grand in-18 jésus. . . . . 3 fr. 50

ÉDUCATION PROGRESSIVE, ou Étude du cours de la vie, par Mme Necker de Saussure. 2 volumes ; le vol. . . . . 3 fr. 50
   Ouvrage qui a obtenu le prix Montyon.

ESSAIS D'HISTOIRE LITTÉRAIRE, par M. Géruzez. 2 vol.
   Ier volume : Moyen âge et Renaissance. . . . . 3 fr. 50
   IIe volume : Temps modernes. . . . . 3 fr. 50

MANUEL ÉPISTOLAIRE A L'USAGE DE LA JEUNESSE Contenant toutes les instructions et un grand nombre d'exemples puisés dans les meilleurs écrivains, par Philippon de la Madelaine; dix-septième édition; adopté pour les lycées. 1 volume grand in-18 jésus. . . . 3 fr. 50

LA POLITESSE FRANÇAISE, manuel du savoir-vivre et des bienséances sociales, par E. Muller. 1 volume grand in-18 jésus. . . . . 2 fr. 50

THÉATRE DE CORNEILLE, nouvelle édit., collationnée sur la dernière édition publiée du vivant de l'auteur. 1 beau vol. gr. in-18 de 540 p. 3 fr. 50

ŒUVRES DE BOILEAU, avec notice de Sainte-Beuve et notes de tous les commentateurs. 1 volume grand in-18 jésus. . . . . 3 fr. 50

LA PRINCESSE DE CLÈVES, suivie de **LA PRINCESSE DE MONTPENSIER**, par Mme de la Fayette. Nouv. édit. 1 v. gr. in-18 j. 3 fr. 50

LE DROIT USUEL, OU L'AVOCAT DE SOI-MÊME. Nouveau Guide en affaires, contenant toutes les notions de droit et tous les modèles d'actes dont on a besoin pour gérer ses affaires, soit en matière civile, soit en matière commerciale, etc., par Durand de Nancy. 1 beau vol. gr. in-18. 4 fr. 50

LE JARDINIER DE TOUT LE MONDE. Traité complet de toutes les branches de l'horticulture, par A. Ysabeau. 1 fort volume grand in-18, illustré de gravures sur bois dans le texte. . . . . 4 fr. 50

LA MÉDECINE USUELLE. Guide médical des familles, par Ysabeau. 1 volume de 500 pages environ. . . . . 4 fr. 50

OEUVRES DE ÉD. MENNECHET

MATINÉES LITTÉRAIRES. Cours complet de littérature moderne. Quatrième édition. 4 volumes grand in-18 jésus. . . . . 14 fr.
   Nous n'entreprendrons point ici l'éloge du dernier ouvrage de M. Éd. Mennechet. Quelle louange pourrions-nous en faire qui parlât plus haut que le succès éclatant des leçons dont ce livre offre le recueil ? Ces leçons offrent un ensemble intéressant et varié qui instruit et amuse à la fois le lecteur. Ce livre mérite l'attention de tous ceux qui désirent connaître l'histoire de la littérature moderne.

HISTOIRE DE FRANCE, depuis la fondation de la monarchie. 2 volumes grand in-18 jésus. . . . . 7 fr.
   Ouvrage dédié aux pères de famille et couronné par l'Académie française.

COURS DE LECTURE A HAUTE VOIX. 1 volume grand in-18 jésus broché. . . . . 3 fr. 50

Paris. — Imprimerie de P.-A. Bourdier et Cie, rue Mazarine, 30.

www.ingramcontent.com/pod-product-compliance
Lightning Source LLC
Chambersburg PA
CBHW060638170426
43199CB00012B/1598